Fé

EVIDÊNCIAS CIENTÍFICAS

TAMBÉM DE GEORGE E. VAILLANT

A *história natural do alcoolismo revisitada*
Aging Well
The Wisdom of The Ego
Adaptation to Life
How Fathers Care for The Next Generation

Fé

EVIDÊNCIAS CIENTÍFICAS

George E. Vaillant

manole
editora

Título original em inglês: *Spiritual Evolution – A Scientific Defense of Faith*
Copyright © 2008 George Vaillant
Esta tradução foi publicada mediante acordo com The Doubleday Broadway Publishing,
uma divisão da Random House, Inc.

Este livro contempla as regras do Acordo Ortográfico da Língua Portuguesa de 1990,
que entrou em vigor no Brasil.

Tradução: Isabel Alves
Capa: Hélio de Almeida
Revisão e diagramação: Depto. editorial da Editora Manole

Dados Internacionais de Catalogação na Publicação (CIP)
(Câmara Brasileira do Livro, SP, Brasil)

Vaillant, George E., 1934- .
  Fé : evidências científicas / George E.
Vaillant ; [tradução Isabel Alves]. – Santana de Parnaíba, SP :
Manole, 2010.

  Título original: Spiritual Evolution – A Scientific Defense of Faith
  Bibliografia
  ISBN 978-85-204-2884-9

  1. Emoções - Aspectos religiosos 2. Espiritualidade 3. Fé
  4. Psicologia e religião 5. Psicologia positiva 6. Psicologia
  religiosa I. Título.

09-11488   CDD-200.19

Índices para catálogo sistemático:
1. Espiritualidade e psicologia : Religião
200.19

Todos os direitos reservados.
Nenhuma parte deste livro poderá ser reproduzida,
por qualquer processo, sem a permissão expressa dos editores.
É proibida a reprodução por fotocópia.
A Editora Manole é filiada à ABDR – Associação Brasileira de Direitos Reprográficos.

Edição brasileira – 2010

Direitos em língua portuguesa adquiridos pela:
Editora Manole Ltda.
Alameda América, 876
Tamboré – Santana de Parnaíba – SP – Brasil
CEP: 06543-315
Fone: (11) 4196-6000
www.manole.com.br | https://atendimento.manole.com.br/

Impresso no Brasil
Printed in Brazil

Para

S.B.V. (1908-1995),

Com o amor e a gratidão de um filho.

Creio que consigo ver uma direção e uma espécie de progresso na vida. (...) Se minha hipótese estiver correta, (...) com seu desenvolvimento cíclico, cavalo, cervo e tigre tornaram-se, como o inseto, em certa medida prisioneiros dos instrumentos de seu movimento rápido ou de seus modos predatórios. (...) No caso dos primatas, por outro lado, a evolução atuou diretamente no cérebro, negligenciando tudo o mais, o que, consequentemente, permaneceu maleável.

– PIERRE TEILHARD DE CHARDIN, *O fenômeno humano* (1959)

Sumário

	Agradecimentos	xi
1:	Emoções positivas	1
2:	A prosa e a paixão	19
3:	Três evoluções	41
4:	Fé	68
5:	Amor	85
6:	Esperança	106
7:	Alegria	123
8:	Perdão	140
9:	Compaixão	156
10:	Reverência e iluminação mística	169
11:	Diferença entre religião e espiritualidade	190
	Notas	213
	Créditos	236
	Índice remissivo	237
	Sobre o autor	249

Agradecimentos

Levei doze anos para escrever este livro e sou grato a muitas pessoas. James Lomax, M.D., sábio e competente diretor de treinamento do Baylor College of Medicine, deu o impulso inicial para esta obra quando me convidou para realizar cinco palestras, entre 1994 e 2004, na Conferência Anual de Psicoterapia e Fé do Religion and Health Institute do Baylor College of Medicine. Ele me incumbiu de falar sobre esperança, amor, fé, alegria e perdão, tópicos sobre os quais, àquela altura, eu ainda não havia escrito uma única palavra sequer. Às vezes chamados de virtudes teológicas, esses tópicos eram dons, mas, para um psiquiatra, eles eram um desafio. Uma filantropa generosa e inovadora do Texas, Loise Wessendorff, financiou essas conferências psiquiátricas.

No mesmo período, servi como representante classe A (não alcoólatra) dos Alcoólicos Anônimos. Por seis anos, membros do AA – pessoas demais para serem listadas – gentilmente me ensinaram que a espiritualidade era a "linguagem do coração", e não a linguagem das palavras escritas. Após sair do AA, passei para as mãos igualmente férteis de Martin Seligman, a fim de entrar para o comitê geral do Center for Positive Psychology da Universidade da Pensilvânia, de 2001 a 2007.

Gostaria de agradecer o apoio generoso durante os últimos 12 anos do National Institute of Mental Health e também da Fundação John Templeton.

Durante a preparação deste livro, de 2005 a 2007, essa fundação financiou seis semanas por ano no Center for Positive Psychology e forneceu recursos para serem trazidos convidados interessantes como Melvin Konner, Greg Fricchione, Stephen Post e Robert Cloninger para analisar comigo a relação entre a evolução dos mamíferos e a espiritualidade humana. A fundação também estimulou a criação deste livro ao me convidar para ministrar as Palestras Templeton Research sobre Religião e Ciência na Universidade da Pensilvânia (de 2005 a 2006).

Ao longo do caminho, muitas pessoas fizeram leituras críticas dos 11 capítulos do livro. Entre os mais prestativos leitores, destacam-se: Monika Ardelt, Dan Blazer, Maren Batalden, Brock Brower, Sara Coakley, William Clark, Debbie Cohen, Kirsten Cronlund, Mike Csikszentmihalyi, Greg Fricchione, Emily Greenfield, Diane Highum, Christine Howard, Kahlil Kahlil, Melvin Konner, Ernest Kurtz, Sue e Ilan Kutz, Irene Kontje, Ronald Lee, William Miller, Sue Mancie, Jennie Mariano, Mary McCarthy, Michael Morton, Jill Niemark, John Peteet, James Pritchard, Paulding Phelps, Stephen Post, Frank Robertson, Howard Spiro, Carolyn Spiro, Debbie Swick, Kathy Sanders, Martin Seligman, Janice Templeton, Anne Vaillant, Joanna Vaillant e Phyllis Zagano.

Caroline Vaillant, Joanna Settle, Montgomery Brower e Tom Kinder leram rascunhos do livro todo. A ajuda deles foi imensa.

O maior desafio talvez tenha sido tirar o livro do meu cérebro e colocá-lo nas mãos dos leitores. Para essa tarefa colossal, contei com quatro editoras talentosas. A primeira agente a quem eu mostrei o livro, Jill Kneerim, leu atentamente e, depois, me levou a um almoço, pelo qual sou muito grato. Um ano depois, Laura Yorke, editora e agente, generosamente ofereceu sua mente metódica para me ajudar a esquematizar e a organizar o texto. De igual importância foi ela ter levado meu livro a uma tradicional editora de Nova York e à talentosa Amy Hertz, que fez então com que meus escritos, que ainda precisavam de mais clareza, chegassem às mãos de Kris Puopolo, da Doubleway Broadway. Kris, exigente e rigorosa, conseguiu encontrar o verdadeiro foco, concluindo o trabalho que Laura havia começado. Finalmente, palavras coerentes haviam sido associadas à minha música.

Outras duas mulheres foram essenciais para este livro, mas de modos bem distintos. A primeira foi Robin Western, que, quando não estava cuidando do Study of Adult Development (meu "ganha-pão") no Brigham and Women's Hospital para que eu tivesse tempo para escrever, estava generosamente redigitando os rascunhos deste material de lenta evolução. Meus mais sinceros agradecimentos vão também para a minha esposa, Caroline, que, por quase 40 anos, tem sido meu modelo de emoções positivas de confiança, amor, esperança, perdão e compaixão. E, como se isso não fosse o bastante, ela incutiu em mim as recíprocas emoções positivas de alegria, amor e gratidão.

1
Emoções positivas

Senhor, fazei-me instrumento de vossa paz.
Onde houver ódio, que eu leve o amor.
Onde houver ofensa, que eu leve o perdão (...).
Onde houver dúvida, que eu leve a fé;
Onde houver desespero, que eu leve a esperança (...).
Onde houver tristeza, que eu leve a alegria;
Ó Mestre, fazei que eu procure
mais consolar que ser consolado.
– "Oração da Paz, de São Francisco"
ATRIBUÍDA AO PADRE ESTHER BECQUEREL (1912)

Assim como o prisma decompõe a luz branca em um espectro de cores distintas, este livro busca decompor a espiritualidade em um amplo espectro de emoções positivas. Ao enfocar essas emoções, desejo fazer pela espiritualidade o que a ciência da nutrição tem feito pelas inúmeras dietas existentes e que tanto divergem entre si. Da mesma forma como a nutrição identifica as vitaminas e os quatro grupos alimentares básicos que tornam nutritivas as dietas peculiares de cada povo, a neurociência, a antropologia cultural e a etologia identificam o amor, a formação do senso de comunidade e as emoções positivas que as religiões duradouras possuem em comum.

Uma história verídica contada pelo psicólogo clínico Jack Kornfield traz relatos de uma viagem de trem de Washington para a Filadélfia, na qual o dr. Kornfield viu-se sentado ao lado do diretor de um programa de reabilitação para jovens delinquentes voltado sobretudo para membros de gangues que haviam cometido homicídio.

Um rapaz de 14 anos que estava no programa havia baleado e matado um adolescente inocente para mostrar a sua gangue do que era capaz. No julgamento, a mãe da vítima permaneceu sentada impassível em silêncio até o final, quando o jovem foi condenado pelo crime. Depois que o veredito foi anunciado, ela levantou-se devagar, olhou diretamente para ele e disse: "Vou matar você". O jovem foi, então, levado para cumprir alguns anos na instituição juvenil.

Seis meses depois, a mãe do garoto morto foi visitar o assassino. Ele morava nas ruas quando cometeu o crime, e ela foi a única visita que ele recebeu na cadeia. Eles conversaram um pouco e, antes de ir embora, ela lhe deu dinheiro para comprar cigarro. A partir daí, ela começou, pouco a pouco, a visitá-lo com maior regularidade, levando comida e pequenos presentes. Perto do final da sentença de três anos, ela perguntou ao jovem o que ele faria quando saísse. Ele estava confuso e muito indeciso, por isso ela se ofereceu para ajudá-lo, arranjando um emprego na empresa de um amigo. Depois, ela perguntou onde ele iria morar e, como ele não tinha uma família para a qual voltar, ela permitiu que ele morasse temporariamente em um quarto desocupado em sua casa. Ele morou lá por oito meses, comeu de sua comida e trabalhou no emprego que ela lhe arranjara. Até que, certa noite, ela o chamou à sala de estar para uma conversa. Sentou-se diante dele e aguardou. Então, começou: "Você se lembra quando falei, no tribunal, que ia matar você?". "Claro", respondeu ele. "Nunca vou esquecer aquele momento." "Bem, eu esqueci", continuou ela. "Eu não queria que o garoto que foi capaz de matar meu filho sem motivo continuasse vivo. Eu queria que ele morresse. Foi por isso que comecei a visitá-lo e a levar coisas. Foi por isso que eu lhe arranjei um emprego e deixei que morasse aqui na minha casa. Foi assim que comecei a transformá-lo. E aquele garoto de antes já não existe mais. Agora eu gostaria de saber, já que meu filho está morto e o assassino não existe mais, se você quer ficar aqui. Tenho espaço e gostaria de adotar você, se me permitir."[1] E ela se tornou a mãe que ele nunca teve.

Que compaixão! Que clemência! Mas de onde vieram? Todos nós conseguimos nos identificar com o grito primitivo da mulher ao dizer: "Vou matar você". E quando, na sala de estar, ela mencionou o que havia dito no tribunal, temi pelo que viria a seguir. Mas aí tive uma surpresa. Para hindus e judeus, para budistas e cristãos, aquele momento teria sido igualmente comovente, mas essa história não traz o menor vestígio de religiosidade. O que aconteceu então? O amor abnegado subjugou tanto os genes "egoístas" de Darwin como a razão pura de Kant. O poder transformador da emoção positiva intercedeu.

Emoções positivas – não apenas compaixão, perdão, amor e esperança, mas também alegria, fé/confiança, reverência e gratidão – resultam da nossa capacidade mamífera inata de praticar o amor parental desinteressado. Elas emanam do nosso cérebro mamífero límbico e sensível e, portanto, têm raízes na nossa herança evolutiva. Todos os seres humanos estão capacitados para as emoções positivas, as quais são um denominador comum de todas as grandes doutrinas religiosas e de todos os seres humanos.

Assim, este livro é, em alguns aspectos, revolucionário. Pretendo demonstrar que possuir emoções positivas não é apenas bom, mas essencial para a sobrevivência do *Homo sapiens* enquanto espécie. Em *O erro de Descartes*, António Damásio, um sensível neurologista clínico e indiscutivelmente o mais sábio estudioso das emoções, afirma de forma bastante convincente que mente e corpo são um todo. No entanto, ele conclui: "É difícil imaginar que indivíduos e sociedades governados pela busca do prazer tanto ou mais até do que pela tentativa de evitar a dor possam sobreviver".[2] Se os leitores me permitirem definir prazer como o resultado de uma emoção positiva em vez de mero hedonismo, então Damásio está equivocado. Este livro resume as evidências científicas – reunidas ao longo dos 14 anos decorridos desde que Damásio fez tal afirmação – que sugerem que as emoções positivas são, na verdade, muito importantes. Como apontado no capítulo 6, por volta de 2003 Damásio também havia abrandado sua posição.

Emoções positivas

Neste início do século XXI, muitas pessoas – sobretudo no mundo anglófono – estão em busca de alguma forma de espiritualidade em comum. Por um lado, o crescente nível cultural e a insubordinação cada vez maior aos dogmas patriarcais levaram à constante diminuição do número de membros na maioria das religiões tradicionais. Por outro lado, essa mudança rumo ao secularismo foi contrabalançada por um aumento igualmente constante das religiões fundamentalistas que isolam seus fiéis do resto do mundo. Como consequência, a cultura contemporânea não possui uma visão universalmente aceita da natureza humana. No entanto, para que o mundo funcione, é essencial que se chegue a algum tipo de consenso sobre a natureza humana. Tal consenso deve incluir o reconhecimento de que a natureza humana é mais do que um punhado de genes "egoístas".

✦

Recentemente, em caráter experimental, comecei a discutir espiritualidade com uma amiga, uma mulher brilhante que, além disso, é membro da Igreja Anglicana. "Quando ouço a palavra 'espiritualidade', fico toda empipocada!", explodiu ela. Fiquei surpreso ao ouvi-la expressar seu sentimento com tanta intensidade, mas, para ela, espiritualidade não passava de ilusão. O problema, claro, é que essa palavra tem muitos significados. Enquanto, para muitas pessoas, espiritualidade é tanto a fonte como o produto da fé, para outras tantas é algo suspeito. Para estas últimas, espiritualidade equivale a ocultismo e curandeiros charlatões; traz à mente reencarnação, telepatia, cristais, anjos e cartas de tarô. Para outras ainda, a espiritualidade é nada mais do que narcisismo dissimulado e uma imposição *new age* de busca da felicidade. Considero tais atitudes mentais erros terríveis.

É verdade que talvez tenhamos dificuldade para definir espiritualidade, mas a reconhecemos e admiramos quando vemos. Quero mencionar três homens que estariam na lista de modelos espirituais da maioria das pessoas. Por motivos incorporados em nossos genes em evolução, é provável que a atitude destes três líderes clementes e piedosos, Nelson Mandela, Martin Luther King Jr. e Mohandas Gandhi, permaneça em nossa memória e continue a moldar o comportamento humano.

Este livro define espiritualidade como o amálgama de emoções positivas que nos une aos outros seres humanos e à nossa experiência com o divino, como quer que o concebamos. Amor, esperança, alegria, perdão, compaixão, fé, reverência[3] e gratidão[4] são as emoções positivas espiritualmente importantes tratadas aqui. Omiti da lista quatro outras emoções positivas – entusiasmo, contentamento, satisfação e sensação de controle – porque podemos experimentá-las sozinhos em uma ilha deserta. Em um nítido contraste, todas as oito emoções positivas que selecionei envolvem contato com outros seres humanos. Nenhuma delas tem a ver apenas com o indivíduo.

Emoções negativas, como medo e raiva, também são inatas e de enorme importância. Voltadas à sobrevivência do ser humano, elas têm a ver apenas com o indivíduo. Já as emoções positivas, por outro lado, têm o potencial de libertar o eu de si. Tanto a vingança como o perdão são sentidos de maneira profunda, mas os resultados a longo prazo dessas duas emoções são muito diferentes. As emoções negativas costumam ser cruciais para a sobrevivência, mas apenas no momento em que ocorrem. As emoções positivas são mais expansivas e nos ajudam a ampliar e a construir.[5] Elas aumentam a nossa tolerância, ampliam a nossa moral e elevam a nossa criatividade. Elas nos ajudam a sobreviver no tempo futuro. Experimentos meticulosos documentam que, enquanto as emoções negativas limitam a atenção do indivíduo e o levam a emaranhar-se nas minúcias sem enxergar o contexto,[6] as emoções positivas, sobretudo a alegria, tornam os nossos padrões de pensamento mais flexíveis, criativos, integrados e eficientes.[7] No exemplo da mãe e do assassino do seu filho, a emoção positiva levou a uma expansão notável de suas vidas. Em contraposição, emoções negativas como aversão e desespero nos imobilizam. Quando estamos assustados, furiosos ou deprimidos, é difícil criar ou aprender coisas novas.

O efeito da emoção positiva sobre o sistema nervoso autônomo (visceral) é muito parecido com o relaxamento decorrente da meditação popularizada por Herbert Benson, professor de medicina de Harvard.[8] Em oposição às excitações metabólica e cardíaca que a resposta da emoção negativa induz em nosso sistema nervoso autônomo *simpático* – é lutar ou fugir –, a emoção positiva via sistema nervoso *parassimpático* reduz o metabolismo de base, a pressão arterial, o batimento cardíaco, a frequência respiratória e a tensão muscular.

Na verdade, enquanto o sono reduz lentamente o nosso metabolismo de base em 8%, os estados meditativos o reduzem entre 10 e 17%. Estudos de imagens de ressonância magnética funcional (RMf) realizados por Andrew Newberg e colegas na Escola de Medicina da Universidade da Pensilvânia sobre a meditação da kundalini ioga mostraram tal aumento da atividade parassimpática, produzindo relaxamento seguido por uma profunda sensação de tranquilidade.[9]

Robert Emmons, professor de psicologia na Califórnia, passou toda a sua carreira estudando a gratidão e constatou que a ingratidão diminui o eu; a gratidão, por outro lado, o expande. "Primeiramente, gratidão é o reconhecimento do bem que há na vida do indivíduo (...); em segundo lugar, ela é o reconhecimento de que as fontes do bem estão, ao menos em parte, fora do eu."[10] O prodígio da celebração norte-americana do Dia de Ação de Graças não precisa ser necessariamente religioso, mas eu me arriscaria a dizer que é mais espiritual do que humanista. Se o universo fosse constituído apenas de seres humanos, ele seria um terrível desperdício de espaço.

Emoção positiva, meditação e experiência espiritual não podem ser dissociadas. Uma pesquisa revelou que 45% das pessoas sentiam o sagrado durante a meditação e 68% o experimentavam após o nascimento de uma criança.[11] Benson relata que 80% dos participantes que meditavam escolheram um símbolo sagrado como mantra para a meditação.[12]

Espiritualidade, portanto, não significa apenas buscar a felicidade; ela tem uma profunda base psicobiológica, uma realidade arraigada nas emoções humanas positivas que precisa ser mais bem compreendida. Hoje, muitos temem ou desprezam a religião por causa da associação que fazem dela ao "terror santo" e ao "ataque à razão". Acredito, porém, que, ao levar a ciência das emoções positivas a sério, podemos tornar a espiritualidade palatável, e até mesmo útil, para os críticos das religiões. Ao mesmo tempo, podemos ajudar aqueles escravizados por suas tradições religiosas a compreender o que eles têm em comum com as tradições religiosas de outras pessoas.

A emoção positiva é uma atividade cerebral da qual todos os humanos partilham, pois é inata. Richard Davidson, neuropsicólogo da Universidade de Wisconsin, dedicou sua célebre carreira a demonstrar que o córtex préfrontal direito (acima da cavidade ocular direita) de pessoas com personalidades sombrias e introvertidas é biologicamente mais ativo do que o córtex pré-frontal esquerdo. Em pessoas com personalidades radiantes e expansivas, o córtex pré-frontal esquerdo é mais ativo do que o direito. Ao estudar a atividade cerebral de um devoto monge tibetano com décadas de meditação dedicada, Davidson descobriu que a atividade no córtex pré-frontal esquerdo do monge era mais intensa do que no de qualquer um dos 175 ocidentais que ele havia examinado.[13]

Ao reconhecermos que a espiritualidade tem bases biológicas, percebemos que temos de evoluir para ela. Então, não é demais esperar que, à medida que a seleção natural avança – se não destruirmos ou mandarmos nosso planeta pelos ares antes –, os seres humanos possam se tornar ainda mais espiritualizados.

Esta obra baseia-se nas disciplinas científicas relativamente novas da etologia (comportamento animal) e da neurociência, que permitiram o estudo científico de emoções positivas como o amor, a alegria, a reverência e a compaixão. Cada uma dessas emoções tem uma base neurobiológica e uma arquitetura evolutiva que serão exploradas em capítulos individuais. O mecanismo exato por meio do qual a evolução espiritual ocorre é objeto de especulação, mas, nos últimos 15 anos, ele se tornou mais claro. Sem dúvida, tem a ver com o fato de que "as emoções são peculiares adaptações que constituem parte inseparável do mecanismo por meio do qual os organismos regulam a sobrevivência".[14] A evolução tem a tarefa hercúlea de organizar 100 bilhões de neurônios em um cérebro adaptável, utilizando apenas 45 mil genes. Tudo que os genes podem fazer é fornecer os meios para que o ambiente consiga realizar o pesado trabalho de escultura do cérebro.

Ao longo dos últimos 15 anos, quatro cientistas sugeriram a maneira como a seleção natural poderia levar a um comportamento pró-social. Em 1992, Gerald Edelman lançou seu conceito de "darwinismo neural": a escultura do cérebro pelos ambientes individual e cultural, sintetizada em um livro de peso, *Bright Air, Brilliant Fire*.[15] Poucos anos depois, António Damásio, com o livro *O erro de Descartes*, e Jaak Panksepp, com o magistral, mas menos conhecido, *Affective Neuroscience*, reuniram evidências de que o sistema emocional geneticamente habilitado dos mamíferos poderia oferecer o conjunto de valores que permitiram a evolução dos nossos comportamentos pró-sociais e dos nossos sistemas "de procura".[16] Finalmente, David Sloan Wilson forneceu, com *Darwin's Cathedral*, evidências convincentes da seleção de grupo positiva.[17]

Entretanto, essa arquitetura e essa evolução não se referem somente à seleção natural genética. Na prática, existem três formas de evolução que são relevantes aqui: a genética, a cultural e a individual. Para que os répteis egoístas evoluíssem e se tornassem mamíferos amorosos, foi necessária a evolução genética, que levou ao desenvolvimento do sistema límbico, a região do cérebro que está na base das nossas emoções positivas. Para que os mamíferos amorosos, brincalhões e passionais se tornassem cientistas criativos e teólogos intelectuais, a evolução genética levou ao desenvolvimento do enorme neocórtex humano, a região do cérebro que constitui a sede da nossa ciência e dos nossos dogmas religiosos. Embora essas duas diferentes regiões cerebrais sejam tão ricas neurologicamente em conexões entre si, às vezes tratam uma à outra como se fossem estranhas. Emoção e razão, espiritualidade e dogma religioso geralmente não conseguem se compreender mutuamente.

Para os seres humanos evoluírem e se tornarem samaritanos que costumam colocar a compaixão, o perdão e o amor desinteressado acima da mentalidade segundo a qual o poder justifica tudo, foi necessária a evolução cultural, pois ela é mais rápida e flexível do que a evolução genética. É bem verdade que o mal provavelmente continue ocorrendo na mesma proporção *per capita* que ocorria na Idade do Ferro. No entanto, a cada novo século, já que a compreensão científica das emoções positivas não cumpre este papel, a consciência cultural dessas emoções ganha terreno e contribui para a sobrevivência da comunidade. As emoções positivas têm sido demonstradas experimentalmente para ajudar os seres humanos a se comportarem melhor e de forma mais criativa na coletividade e aprenderem com maior rapidez.[18]

O terceiro tipo de evolução é a evolução do indivíduo ao longo da vida. Nos meus 35 anos como diretor do Study of Adult Development [Estudo sobre o Desenvolvimento de Adultos], em Harvard, tenho analisado a maturação do cérebro e a crescente consciência social que se desenvolvem em todos nós à medida que amadurecemos de adolescentes autocentrados a avós produtivos.

A evolução rumo à espiritualidade não ocorre apenas nos campos genético e cultural, mas também na vida de cada um de nós à medida que nosso foco amadurece e se transforma do "eu" em coletivo, da larva em borboleta. Isso é ilustrado pela citação de um homem de 45 anos que faz parte da minha pesquisa; segundo ele: "Dos 20 aos 30, acho que aprendi a conviver com a minha esposa. Dos 30 aos 40, aprendi a ter sucesso no trabalho. E, a partir dos 40, tenho me preocupado menos comigo e mais com os filhos".

O desenvolvimento de adultos, porém, não para na meia-idade. Vejamos a vida do australiano Donald Bradman, que, no início da vida, era um jovem isolado, ensimesmado, tentando aprender críquete. Aos 25 anos, ele era Babe Ruth, superastro do *test cricket*.* Aos 40, tornou-se o competente capitão do time de críquete que, indiscutivelmente, foi o maior que já existiu. Na velhice, seus talentos passaram a pertencer ao mundo e ele era chamado de "o maior australiano vivo". Entre 60 e 70 anos, no mundo do críquete internacional, ele combateu o apartheid e, em seu país, em vez de comandar jogadores de elite, fomentou o críquete entre os aborígines australianos e ganhou a admiração de Nelson Mandela. Mas Bradman iniciou a vida como todos nós: um adolescente autocentrado e não muito prestativo.

Apesar de as emoções positivas serem meu foco, isso não quer dizer que pretendo ignorar o mal. O Holocausto, os homicídios, os vícios, as torturas e os abusos infantis serão todos abordados. Tampouco vou negar que genes "egoístas" e emoções negativas como dor, ira e luto sejam extremamente valiosas. O luto, por exemplo, atrai outras pessoas para a companhia de quem está desolado pela perda de um ente querido. Os leprosos tornam-se desfigurados simplesmente porque as vias nervosas da dor localizadas em suas extremidades são destruídas. A raiva nos protege contra a violação. Entretanto, en-

---

* N.T.: Modalidade de críquete disputada em nível internacional. É um jogo muito longo, cuja partida pode durar até cinco dias.

quanto a dor, a ira e o luto trazem benefícios de curto prazo, as emoções positivas trazem benefícios de longo prazo. Por um lado, somos uma espécie entrincheirada face a dificuldades. Aquecimento global, bombas nucleares, decadência urbana, superpopulação, capitalismo egoísta descontrolado e destruição dos recursos naturais ameaçam o nosso planeta. Por outro lado, por mais espantoso que possa parecer, estamos aprendendo a viver em paz uns com os outros em números cada vez maiores.

A evolução genética que levou às emoções positivas demorou 200 milhões de anos, mas a evolução cultural nas relações entre Europa e África ocorreu em apenas 500 anos. Nos séculos XIV e XV, os judeus e os mouros africanos com elevado nível cultural foram mortos ou expulsos pela Inquisição Espanhola. Genes egoístas tornam o *Homo sapiens* xenofóbico. Em termos intelectuais, a Espanha nunca se recuperou plenamente dessa limpeza étnica cruel.

Nos séculos XVII e XVIII, a vida dos africanos foi preservada; em compensação, as potências europeias dominantes os vendiam como escravos nas Américas. Os genes egoístas tornam o *Homo sapiens* hierárquico e explorador de estrangeiros. A América ainda se recupera desse uso abominável do poder.

Nos séculos XVIII e XIX, percebendo que a escravidão era uma calamidade espiritual para todos, os piedosos cristãos europeus lutaram para que ela fosse abolida, mas apenas para afirmar que a superioridade da sua ciência e da sua religião cristã lhes dava o direito moral de reivindicar todas as terras africanas para si. Os genes egoístas levam a natureza humana a disputar territórios e a adorar as certezas. Em vez de conduzir ao sucesso darwiniano, o colonialismo europeu contribuiu intensamente para a eclosão da Primeira Guerra Mundial, que, por sua vez, levou à extinção dos próprios imperadores europeus que haviam promovido a construção do império. Para que a seleção natural humana seja bem-sucedida, talvez seja necessária uma forma de evolução coletiva mais propícia à adaptação do que aquela oferecida pelos genes egoístas.

O que vem a seguir? Em 1913, em seu minúsculo hospital na África equatoriana, Albert Schweitzer, médico e mestre em Bach, forneceu a toda a Europa um exemplo inspirador de compaixão, amor e esperança, emoções orientadas para o outro e possibilitadas pela genética. Até 2008, o exemplo de Schweitzer, diferentemente daquele dos imperadores (que saíram de moda), multiplicou-se centenas de vezes. Inicialmente, a supostamente esclarecida França capturou o "inimigo" dr. Schweitzer – que, na verdade, seria incapaz de matar até mesmo um mosquito – em seu hospital e, em 1917, fez dele prisioneiro de guerra. Mais tarde, o exemplo de Schweitzer inspiraria a França na criação dos Médicos sem Fronteiras. A organização foi fundada em 1971, pois a França foi a primeira grande nação ocidental a ter uma compreensão ampla da tragédia humana que estava ocorrendo na distante Biafra durante a guerra civil nigeriana.* Ainda que lentamente, os seres humanos aprendem com seus erros; isso é evolução cultural. Para a sobrevivência da humanidade, a evolução genética e a evolução cultural são ambas muito importantes.

Ao longo do último século, com tiranos desaparecendo e religiões de Estado enfraquecidas, a Europa concordou, em uma unanimidade crescente, que a África pertence aos africanos e que a Europa precisa lhes pedir perdão. A todas as epidemias e crises de escassez de alimento africanas, a Europa respondeu com crescente compaixão, ainda que imperfeita. E acredito que a diferença se deva à evolução cultural. Assim como o sistema límbico com suas emoções positivas, originado geneticamente, facilitou a sobrevivência dos mamíferos em detrimento dos dinossauros, o crescente foco cultural nas emoções positivas contribuiu para a sobrevivência coletiva e para o êxito do *Homo sapiens*. Desde o início da história de que se tem registro, 60 anos (de 1945 até o presente) é o período mais longo no qual uma nação europeia permaneceu sem declarar guerra a uma outra.

A religião tem tido um papel muito inconsistente nessa evolução cultural. Se, por um lado, as doutrinas religiosas forneceram a justificativa cultural para alguns dos comportamentos humanos mais egoístas e abomináveis já cometidos, por outro, apesar de seus dogmas intolerantes, as religiões ofereceram às comunidades uma visão unificadora da condição humana e, muitas vezes, o pórtico através do qual as emoções positivas são trazidas à aten-

---

* N.T.: Em 1967, a região sudeste da Nigéria declarou a própria independência e se auto-denominou Biafra. O governo central não aceitou, o que resultou em uma guerra civil que se estendeu até 1970, quando o território foi reincorporado.

Emoções positivas

ção da consciência. Se nem Freud nem os livros acadêmicos de psiquiatria jamais mencionaram emoções como a alegria e a gratidão, os salmos e hinos religiosos, por sua vez, reservam a essas emoções um lugar de honra.

Portanto, a minha pretensão é que este livro crie um meio-termo para os leitores que buscam ter tanto sua essência espiritual como seu intelecto científico levados a sério. A ciência e o lado esquerdo do cérebro estão corretos ao afirmar que minha breve história da Europa foi mais retórica do que imparcial e que a evolução do amor e da compaixão humana tem sido um processo árduo de seleção natural, sorte e tentativa e erro que já dura mais de 100 milhões de anos. Enquanto isso, o lado direito do cérebro e o cérebro límbico estão corretos ao cantar:

> Minha vida é canto sem fim,
> Além do mundano sofrer.
> Ouço o hino claro e distante
> Que saúda o novo ser.
>
> Temporal nenhum me abala
> Enquanto à Rocha agarrar.
> Se há amor no céu e na Terra,
> Como deixar de cantar?
> ROBERT LOWRY (1860)

Ou, como afirmava Albert Schweitzer, um cientista apaixonado e gentil: "O homem não pode mais viver apenas para ele próprio. Percebemos que toda vida é preciosa e que estamos unidos a ela. Desse conhecimento resulta a nossa relação espiritual com o universo".[19]

A esta altura, até mesmo os leitores mais tolerantes podem estar se perguntando com que direito eu, um psiquiatra pesquisador "ocidental" septuagenário que estuda o desenvolvimento de adultos, ouso escrever um livro sobre espiritualidade. Talvez a melhor resposta seja que, em virtude de eu dirigir há 35 anos o Study of Adult Development, em Harvard, que tem sete décadas de existência, tive o grande privilégio de ver adolescentes amadurecerem e tornarem-se bisavós. Tenho sido capaz de ver concretizar-se o que Gail Sheehy e Erik Erikson apenas presumiram: a evolução do adulto à medida que ela se desdobra. Ao observar as larvas adolescentes evoluírem e se tornarem bisavós borboletas, impressionei-me com a pouca importância que a classe social dos pais, o tipo de religião e até mesmo o nosso conceito convencional de QI têm para o desenvolvimento humano. Em vez disso, as relações humanas e as emoções positivas mostraram-se cruciais para a adaptação; o autor de *best-sellers* Daniel Goleman e o professor de psicologia da Yale Peter Salovey chamam isso de "inteligência emocional". Além disso, ao estudar vidas inteiras, aprendi a prestar atenção à forma como as pessoas se comportam e não ao que elas dizem, bem como à maneira como elas se comportam ao longo de décadas, não apenas na última semana.

Quando eu tinha 10 anos de idade, escrevi meu primeiro "estudo" sobre a origem do universo. Eu pensava que seria astrofísico quando crescesse. Na faculdade, impressionado com a devastação da Grande Depressão, troquei a astrofísica pela economia e, depois, desisti também da economia, porque nenhuma dessas ciências tinha um coração. Em seguida, cogitei me tornar pastor, mas abandonei a ideia porque a igreja tentava ajudar as pessoas sem lançar mão da ciência. Em vez disso, escolhi a medicina, na qual eu esperava que ciência e coração fossem inseparáveis, a compaixão límbica e a razão do lado esquerdo do cérebro trabalhassem em sincronia.

Na escola de medicina, comecei a perceber que a medicina ocidental costumava ser mais espiritual do que admitia. Quando iniciei a faculdade em 1955, o melhor tratamento "científico" disponível para a esquizofrenia era o coma induzido por insulina. A literatura acadêmica incluía 700 trabalhos mostrando que o coma por insulina – um tratamento perigoso que exigia cuidados intensivos – ajudava os esquizofrênicos. Os textos científicos nem sempre reconheciam que os pacientes submetidos ao tratamento eram vistos pela equipe do hospital como tendo maiores chances de se recuperar. Além de serem observados com esperança em vez de desespero, uma vez que o coma induzido por insulina era perigoso, esses pacientes também eram cuidados pelas enfermeiras mais competentes e eram foco de atenção e cuidados especiais em instituições públicas que, ao contrário das demais, eram humanitárias e bem-estruturadas.

No entanto, quando a medicina moderna obteve o Thorazine – um remédio que trazia alívio químico para a esquizofrenia – surgiu uma série de trabalhos científicos provando que o coma induzido pela insulina não passava de uma forma de terapia placebo ativa.[20] O Thorazine e seus descendentes farmacológicos mais eficazes agora dominam o tratamento para esquizofrenia, ao passo que o coma induzido por insulina como terapia para essa doença praticamente desapareceu. Não podemos esquecer jamais que a eficácia da fé, da esperança e do amor presentes no tratamento com o coma induzido por insulina foi inicialmente atribuída à intervenção médica realizada por 700 trabalhos científicos! Os pacientes que receberam os cuidados intensivos recuperaram-se mais rápido do que aqueles que não os receberam. Embora nenhuma revista médica chame esse tratamento de espiritual, tal comportamento atencioso, que envolvia as três "virtudes teológicas" – fé, esperança e amor –, seria considerado espiritual pela maioria das instâncias religiosas.

Entre 1960 e 1966, durante a residência médica e as subsequentes bolsas de estudo, fui exposto ao espírito da época que girava em torno do surgimento da neurociência. Eric Kandel, um amigo que fazia residência em psiquiatria comigo e que, quatro décadas depois, receberia o prêmio Nobel, já estava trabalhando em sua pesquisa revolucionária sobre a neurobiologia da memória. Depois da residência, fiz algumas pesquisas em farmacologia no quadrilátero de ciências básicas da Escola de Medicina de Harvard, o qual estava tomado pelo espírito produtivo de Stephen Kuffler, um dos pais da neurociência moderna. Meu próprio orientador, Peter Dews, o Stanley Cobb da psiquiatria, costumava consultar, comigo a tiracolo, dois colegas que futuramente seriam premiados com o Nobel de neurociência, Thorsten Wiesel e David Hubel, e que estavam estudando a neurobiologia da visão no laboratório abaixo de nós. Embora eu viesse a passar o resto da vida clinicando e fazendo pesquisas clínicas, a inspiração científica daqueles anos jamais me abandonou. Minha curiosidade acerca da origem do universo foi substituída pela curiosidade sobre as origens do cérebro humano.

Anos depois, tornei-me codiretor de um centro de desintoxicação para alcoólatras e professor de psiquiatria na Escola de Medicina de Harvard.

14   Fé – evidências científicas

Como condição para obter o emprego, durante dez anos tive de frequentar uma vez por mês uma reunião dos Alcoólicos Anônimos. Fiquei surpreso ao descobrir que essas reuniões mensais não sectárias do AA vieram mais ao encontro das minhas necessidades espirituais e das necessidades médicas dos meus pacientes alcoólatras do que qualquer uma das crenças tradicionais em que fui criado: a Igreja Episcopal e o Instituto Psicoanalítico de Boston.

Em 1998, tive a felicidade de ser escolhido como representante não alcoólatra dos Alcoólicos Anônimos. Um ano depois, um bispo, também representante não alcoólatra, confidenciou-me que havia mais "espiritualidade" nas nossas reuniões do que nas convenções da sua diocese. Acreditei. Durante seis anos, tentei compreender como era possível existir um programa espiritual com eficácia médica utilizado em 150 países, mas que *não* era religião. Esses seis anos de reflexão me levaram às ideias que deram início a este livro. Qual é a diferença entre espiritualidade e religião? Por que a primeira oferece apenas conforto enquanto a última pode trazer conforto, mas também muita dor? Por que a ênfase do AA nas emoções positivas funcionava tão bem ou melhor do que a exploração das emoções negativas que adotei como psicoterapeuta? A fim de compreender esse paradoxo, estou há sete anos no comitê-geral do Martin Seligman's Positive Psychology Center na Universidade da Pensilvânia.

Claro que não sou teólogo e, por estudar o comportamento humano ao longo da vida, é provável que eu tenha me tornado mais um psicobiólogo do que um psiquiatra. Minha pesquisa se aproxima mais de etólogos como Jane Goodall e Konrad Lorenz do que de psicanalistas como Sigmund Freud. Nas últimas quatro décadas, tenho acompanhado mudanças nas crenças espirituais em evolução dos homens que participam do meu estudo, o que tem se mostrado muito instrutivo. Com a maturidade, a crença religiosa não aumenta; ainda assim, desenvolvemos uma vida emocional com mais nuanças e uma compreensão espiritual mais aprofundada.[21] Nos primeiros 30 anos à frente desse estudo, aprendi que as emoções positivas estavam intimamente ligadas à saúde mental. Nos últimos 10 anos, passei a perceber que não é possível distinguir as emoções positivas daquilo que as pessoas entendem por espiritualidade.

A ligação entre emoção positiva e espiritualidade significa que as pessoas com infâncias mais felizes, com a vida familiar adulta mais satisfatória e com mais motivos para ter emoções positivas são as mais espiritualizadas? Não, pelo contrário. Geralmente, os indivíduos mais debilitados, com pouca ajuda dos amigos, tornam-se os mais espiritualizados. Nas palavras do dramaturgo Eugene O'Neill, cujos primeiros anos de vida foram repletos de desamor e emoções negativas, "o homem nasce quebrado, vive por meio de remendos, e a graça de Deus é a cola".[22] Para o psiquiatra e pesquisador Gail Ironson, uma das experiências mais inesperadas e comoventes ao trabalhar com vítimas da aids em fase terminal foi testemunhar a crescente presença de espiritualidade e emoções positivas em suas vidas.[23] Entre as centenas de homens que acompanhei durante muitas décadas, aqueles que inicialmente tiveram as vidas mais traumáticas muitas vezes se tornaram os mais espiritualizados.[24]

A fim de exemplificar a transmutação da dor em emoção positiva, pretendo mostrar em vez de dizer. Os próximos capítulos trarão histórias de vida. A princípio, apresentarei apenas um exemplo estatisticamente convincente do poder da emergente emoção positiva. Em uma pesquisa realizada na internet sobre 24 "traços" positivos da personalidade, dois famosos psicólogos, Christopher Peterson e Martin Seligman, traçaram o efeito dos ataques terroristas ocorridos em 11 de setembro de 2001. Eles compararam os traços de personalidade informados por 529 pessoas que responderam pela internet dois meses antes do episódio com aqueles informados por 490 pessoas que responderam nos dois meses posteriores ao bombardeio do World Trade Center. Traços cognitivos como prudência, curiosidade, coragem, autocontrole e sabedoria não mudaram significativamente. Seis traços de natureza mais emocional foram os que mais aumentaram – todos de forma muito expressiva. Esses traços foram gratidão, esperança, bondade, amor, espiritualidade e espírito de equipe.[25] O trabalho de vários outros pesquisadores tem confirmado a forte associação causal entre emoções positivas e a capacidade de se reerguer após crises.

Barbara Fredrickson e seus colegas também realizaram um estudo com os estudantes da Universidade de Michigan durante os meses anteriores e no mês seguinte ao ataque ao World Trade Center. A percepção das emoções positivas depois da crise pareceu ser um ingrediente essencial para proteger os estudantes contra a depressão ao ampliar seus recursos pós-crise.[26] Como apontei anteriormente, as emoções negativas nos ajudam a sobreviver no tempo presente, enquanto as emoções positivas nos ajudam a sobreviver no tempo futuro.

Sem dúvida, também é importante escrever sobre a violência, os acessos de raiva, a crueldade, a desonestidade, a exploração dos fracos e a loucura das multidões. A historiadora das religiões Karen Armstrong sabiamente nos lembra que "a menos que permitamos que a tristeza que pressiona de todos os lados invada a nossa consciência, não conseguiremos iniciar a nossa busca espiritual. Nesta era de terror internacional, é difícil para qualquer um de nós imaginar que vivemos no jardim dos prazeres de Buda".[27] No entanto, já existem milhares de livros sobre as emoções negativas.

Este livro percorre um caminho menos usual. Em primeiro lugar, diferentemente da ciência popular, que coloca a espiritualidade no enorme neocórtex racional do *Homo sapiens* – acredita-se que os dogmas religiosos talvez residam aí –, coloco o impulso espiritual no nosso cérebro emocional mamífero: o sistema límbico. Sustento que a espiritualidade não tem raízes em ideias, textos sacros e teologia. Em vez disso, ela compreende emoções positivas e elos sociais. *Amor* é a definição mais curta que conheço de espiritualidade. Tanto a espiritualidade como o amor resultam em sentimentos conscientes de respeito, apreço, aceitação, simpatia, empatia, compaixão, envolvimento, ternura e gratidão. Assim como a oração que serve de epígrafe a este capítulo, essas palavras nada simplistas são um bom ponto no qual buscar o que é importante na vida.

Em segundo lugar, defendo que a espiritualidade reflete tanto a urgência biológica da humanidade pela formação de vínculos e de senso de comunidade como a necessidade individual de revelações sagradas. A espiritualidade está mais relacionada ao *nós* do que ao *eu*. Assim, eu diria que a nossa espiritualidade se expressa mais pelo nosso comportamento externo do que pela nossa iluminação interior e pelas nossas orações. A título de exemplo, Jesus Cristo e Karl Marx normalmente não são colocados lado a lado, mas ambos foram revolucionários que não acreditavam na religião organizada, pois ela falava em comunidades amorosas sem de fato criá-las. Afinal de con-

Emoções positivas   17

tas, a boa forma física não tem a ver com a regularidade com que você segue o seu regime de exercícios ou, ainda pior, com que fala sobre ele. Boa forma física é funcionar bem no mundo real. O ideal budista é o de bodhisatva, alguém que voluntariamente decide ficar neste mundo e ajudar os outros em vez de entrar diretamente no nirvana.

Em terceiro lugar, afirmo que não precisamos aprender as emoções positivas. Nosso cérebro está estruturado para produzi-las. Compete à humanidade prestar atenção a elas, visto que são a fonte do nosso ser espiritual e a chave da nossa evolução cultural. Nos últimos 3 mil anos, as religiões organizadas, apesar de todas as suas limitações, têm sido o melhor meio que a comunidade encontrou para trazer as emoções positivas à reflexão consciente. Apenas ao observar as consequências de longo prazo das religiões concorrentes, podemos separar a verdade evolutiva da superstição em forma de escrituras sagradas.

Precisamos trazer as nossas emoções positivas à atenção consciente e não devemos menosprezar seu estudo por meio da ciência. Se meu objetivo como autor pudesse ser supersimplificado em um único desejo, eu o descreveria assim: restaurar a nossa fé na espiritualidade como uma aspiração essencialmente humana.

2
A prosa e a paixão

A seleção natural preparou o cérebro para sobreviver no
mundo e para entendê-lo apenas por acaso. (...)
Aos cientistas cabe diagnosticar e corrigir o desalinhamento.
– EDWARD O. WILSON, A UNIDADE DO CONHECIMENTO – CONSILIÊNCIA, 1998

Apenas recentemente, os cientistas redescobriram que a compaixão, a alegria e o amor desinteressado, tão importantes para a religião e para a mente neolítica, não são irrelevantes para a ciência. A mente neolítica, caçadora e coletora, preparada pela seleção natural, assemelhava-se mais à de uma criança de 4 anos de idade – toda constituída de imagens, animismo, magia e emoção – do que à de um adulto contemporâneo altamente instruído. À época em que a seleção natural completara o *"hardware"* cerebral do *Homo sapiens*, a dependência da palavra escrita e o uso do experimento científico para verificar a causa e o efeito imaginados estavam ainda em um futuro distante. Além disso, desde a invenção de novos *"softwares"*, como a imprensa tipográfica e o método científico, os homens têm tido cada vez menos respeito pelo cérebro supersticioso e místico que a seleção natural desenvolveu.

A tarefa de uma futura humanidade mais cuidadosa deve ser a correção do "desalinhamento" entre as nossas mentes científica e emocional. Somente nas últimas décadas, a etologia e o mapeamento mental tornaram as emoções positivas e a espiritualidade da mente neolítica "visíveis" aos cientistas que, até pouco tempo, acreditavam que poderiam prescindir delas.

Desde o aparecimento da ciência grega e, depois, da Renascença, a humanidade se empenha em entender o mundo. A parcialidade desse esforço, porém, foi demonstrada pela Revolução Francesa e pela Revolução Bolchevique, que tentaram abolir todos os traços das fábulas apavorantes do cérebro caçador-coletor. As igrejas foram convertidas em "templos da ciência", mas a desumanidade do homem contra o próprio homem não mudou. Um psiquiatra amigo meu, professor Russell D'Souza, caracterizou a dicotomia entre a mente espiritual e a mente científica nos seguintes termos: "A iluminação de Buda foi considerada boa demais para ser verdade, mas a atual iluminação ocidental é vista como verdadeira demais para ser boa".[1]

A percussão e a emoção primitivas não são melhores do que a prosa e as ideias. Elas simplesmente aparecem em regiões diferentes do cérebro. É só uma questão de conectar a prosa à paixão, o cérebro límbico ao neocortical. Essa é a principal tarefa da neurociência do século XXI. A observação prolongada pode revelar o perigo do desprezo que os cientistas têm contra o cérebro neolítico, preparado para sobreviver no mundo. Afinal de contas, nem os revolucionários franceses nem os bolcheviques saíram vitoriosos. Após algumas décadas, os templos da ciência foram reconsagrados às igrejas. O best-seller *Unsafe at Any Speed*, do ideólogo Ralph Nader, estimulou a conscientização sobre os perigos reais do automóvel; o best-seller do ideólogo Richard Dawkins, *Deus – Um delírio*, chama nossa atenção para os grandes perigos do dogma religioso. A religião, assim como o automóvel, pode causar, a cada ano, dezenas de milhares de mortes inutilmente. Entretanto, as religiões são mais valiosas para a humanidade do que o automóvel e, apesar de ter como preço a superstição, algumas vezes enganosa, as religiões mantêm o ser humano consciente das emoções pró-sociais. A sociedade ignora esse perigo para o cérebro emocional, e tanto ela como a ciência precisam tornar os automóveis e as religiões mais seguros.

Nas últimas sete décadas, houve uma revolução científica que alcançou aquilo que o Iluminismo, a psicologia freudiana e a biologia evolucionista de Darwin não conseguiram: tornar tangível a nossa vida emocional. Essa nova ciência libertou as emoções positivas da esfera do misticismo e do dogma religioso.

Todas as novas ciências – neurociência, antropologia cultural não etnocêntrica e o estudo científico do comportamento animal (etologia) – são mais recentes que a física atômica, e cada uma delas analisa nossa preferência neocortical, altamente evoluída, pela cultura, pela linguagem e pela criação de memes "religiosos" dogmáticos e intolerantes. Essas ciências chegaram a tal resultado ensinando-nos sobre nossa capacidade inarticulada, subcortical, límbica e mamífera para a emoção positiva e para a ação altruísta. Essas capacidades são inarticuladas porque não estão diretamente ligadas aos nossos centros neocorticais de linguagem. Pessoas que sofreram um acidente vascular cerebral tornam-se então mudas (afásicas) em virtude da lesão dos neocórtices esquerdos, não conseguindo pronunciar voluntariamente uma única palavra. Contudo, se os seus sistemas límbicos estiverem intactos, elas conseguirão praguejar ruidosamente caso você pise no pé delas ou aplique nelas uma injeção dolorosa.

Essas novas ciências oferecem a esperança de que nossos cérebros tenham sido construídos não somente para o progresso científico insensível e para o instinto bruto, de dentes e garras afiados, mas também para a evolução cultural amorosa. Por exemplo, a antropologia cultural tem demonstrado a universalidade das emoções positivas. Reverência, fé, esperança, amor e confiança em uma força maior estão presentes em culturas do mundo todo.[2] Todavia, até muito recentemente, a emoção não era uma convidada muito benquista à mesa dos acadêmicos porque, em geral, a paixão desestabiliza a razão e parece constituir uma ameaça à ciência do Iluminismo.

Em longos e importantes compêndios do século XIX, que constituíram a base da psicologia científica, Wilhelm Wundt e William James dedicaram um único – e um tanto desdenhoso – capítulo às emoções.[3] Na época em que os físicos modernos descobriram a mecânica quântica, a biologia ainda sabia muito pouco sobre a vida emocional do ser humano. Em 1933, o psicólogo Max Meyer, fundador do departamento de psicologia da Universidade de Missouri e antigo orientando do físico teórico Max Planck, havia profetizado: "Por que introduzir na ciência um termo desnecessário como emoção quando já existem termos científicos para tudo o que temos de descrever? (...) Em 1950, os psicólogos norte-americanos rirão desses dois termos (vontade e emoção) como curiosidades do passado".[4]

A prosa e a paixão

Conforme ele havia predito, em 1953 – uma década após a invenção da bomba atômica –, Burrhus F. Skinner, um brilhante psicólogo bastante racional, ainda proclamava com desdém: "As 'emoções' são excelentes exemplos de causas ficcionais às quais comumente atribuímos o comportamento".[5] Todos os três respeitados programas de graduação em psicologia a que estive associado – Stanford, Dartmouth e Harvard – têm, há décadas, o cuidado de excluir a psicologia clínica de seus currículos. Presumo que seja porque, quando a psicologia se preocupa demais em curar, sua ciência se emaranha excessivamente com a emoção, a superstição e a crença passional. Ainda assim, não podemos ignorar que evoluímos para nos tornar pais e profissionais de saúde compassivos e, ao mesmo tempo, cientistas imparciais.

A psiquiatria médica tem sido um pouco – apenas um pouco – mais tolerante com a emoção do que a psicologia acadêmica. Desde seu início com Sigmund Freud, ela tem ensinado muito aos profissionais de saúde sobre as emoções negativas, ao mesmo tempo em que os torna mais precavidos contra as emoções positivas, para não dizer fóbicos em relação a elas. Na década de 1890, sem qualquer possibilidade de estudar cérebros vivos, Freud, talvez o mais brilhante psicólogo da sua época, mostrou-se um pioneiro cheio de imaginação. Ele apresentou à medicina a importância clínica da emoção – a mesma emoção que, meio século depois, B. F. Skinner ainda consideraria poética demais para ser verdade.

Infelizmente, Freud ignorava as emoções positivas. Ele apresentava uma natureza humana triste e, em geral, considerava infantis as paixões adultas do "id". Como uma forma de manter os vínculos humanos sob controle, Freud falava sobre amor utilizando o conceito frio e intelectualizado de "libido". Desconfio que ele teria considerado o termo "afagar" aquém da sua dignidade – sei que ele tinha essa opinião sobre o "cantar". Freud relegava as mães e as emoções positivas ao banco traseiro, enquanto os pais, a culpa e a luxúria dirigiam o carro. Para conservar distância da paixão, ainda hoje a psicanálise costuma ser conduzida sem contato visual.

Para exemplificar como é recente o nosso entendimento da emoção humana, consideremos o fenômeno do autismo infantil, que, em suas formas menos severas, é chamado de síndrome de Asperger. O autismo infantil, uma desordem genética comum relacionada ao vínculo emocional, só foi descoberto em 1943, quando Leo Kanne, psiquiatra infantil do hospital John Hopkins, fez o diagnóstico em seu próprio filho. Vinte anos depois, em 1963, quando eu era psiquiatra residente, o autismo, descoberto em Baltimore, ainda só era diagnosticado com esse nome em casos raros e apenas em Boston e Nova York. A ciência médica ainda era limitada em sua capacidade de articular uma emoção positiva tão básica quanto a afeição. Atualmente, qualquer pediatra competente consegue reconhecer a falta congênita de empatia e a dificuldade em formar vínculos como características do autismo infantil.

Foi somente entre os anos de 1945 e 1950 que os estudos etológicos do psicanalista John Bowlby convenceram os médicos pela primeira vez de que os órfãos necessitavam de afeição tanto quanto precisavam de comida. Na década de 1950, as descobertas objetivas de Harry Harlow sobre o comportamento afetivo de macacos rhesus tornaram o amor não sexual uma realidade biológica tangível para os psicólogos.[6] As observações de Jane Goodall acerca do comportamento afetivo dos chipanzés tornaram a importância do amor primata um tópico adequado para cientistas.[7] Duas décadas depois, Paul Ekman, um neuropsicólogo da Califórnia, e seus colegas tornaram as emoções ainda mais tangíveis ao associar expressões faciais específicas e sua musculatura subjacente não apenas à descrição subjetiva das emoções, mas também ao comportamento que se seguia.[8] Pelo estudo acurado da expressão facial, Ekman pôde demonstrar que o sorriso voluntário de uma comissária de bordo era diferente do seu sorriso involuntário ao dar as boas-vindas com alegria e emoção. Pondo em dúvida a afirmação de Margaret Mead de que as emoções e suas expressões faciais eram resultado da cultura, Ekman viajou às longínquas montanhas da Nova Guiné para demonstrar que a expressiva musculatura facial utilizada para comunicar afeto era a mesma em todo o mundo e que nossas emoções sociais eram biológicas, e não culturais.

Em 1990, a ciência moderna aceitou inteiramente a realidade da emoção, mas, para muitos, as emoções positivas continuaram não mencionáveis. Para se ter uma ideia, em 2004, o importante livro norte-americano *Comprehensive Textbook of Psychiatry* dedicava, de suas 500 mil linhas, de 100 a 600 para falar de vergonha, culpa, terrorismo, raiva, ódio e pecado, outras milhares de linhas para tratar de depressão e ansiedade, mas apenas cinco para esperança, uma para alegria e nenhuma para fé, compaixão, perdão ou amor.[9]

A prosa e a paixão   23

Por outro lado, as religiões organizadas – tão desacreditadas pelos revolucionários franceses e bolcheviques e pelos cientistas políticos do século XX – têm seu foco nas emoções positivas. Para ilustrar, tomemos a sétima bênção de uma tradicional cerimônia de casamento judeu:

> Abençoado sois Vós, ó Senhor nosso Deus, Rei do universo,
> que criastes prazer e regozijo, noivo e noiva,
> alegria e exaltação, satisfação e deleite,
> amor, fraternidade, paz e confraternização.

Dez anos após escrever seu influente livro sobre psicologia, William James, um cientista menos dogmático do que Skinner, abraçou todos os tipos de emoção. Em seu trabalho original, *As variedades da experiência religiosa – um estudo sobre a natureza humana*, James faz o seguinte comentário: "Ao reler meu manuscrito, fiquei quase chocado com a quantidade de emocionalidade que encontrei nele". E continua: "É o terror e a beleza do fenômeno, a 'promessa' da alvorada e do arco-íris, a 'voz' do trovão, a 'suavidade' da chuva de verão, a 'sublimidade' das estrelas e não as leis físicas que esses fenômenos seguem, pelas quais a mente religiosa ainda continua a ser mais impressionada. (...) Agora você pode compreender por que (...) eu pareço tão inclinado a reabilitar o sentimento presente na religião e a subordinar a ele sua parte intelectual".[10] Apesar das suas convicções, William James descobriu-se apreciando a mente neolítica.

De modo similar, a neurociência moderna também nos permitiu reconhecer que temos mais do que um cérebro. Se existem diferenças importantes entre ideias e emoções, existem diferenças nas regiões do cérebro mais importantes para a apreciação de cada uma delas. Se há diferenças significativas entre letra e música, há diferenças nas partes do cérebro importantes para a criação de cada uma delas. Simplificando bastante, o hemisfério esquerdo do cérebro é especializado em detalhes, articulando e entendendo ideias, palavras e componentes. O hemisfério direito, por sua vez, é especializado em música inarticulada, em imagens visuais, no todo (*Gestalt*). O cérebro límbico é especializado em emoção.

Pensamentos cognitivos podem ser expressos em palavras e controlados voluntariamente, sendo sua expressão altamente dependente dos hemisférios cerebrais do *Homo sapiens*, o neocórtex. Os sentimentos emocionais são igualmente dependentes, mas do nosso cérebro subcortical mais mamífero, o sistema límbico e o hipotálamo.

Em primeiro lugar, analisarei a diferença entre os hemisférios direito e esquerdo; em seguida, discutirei o sistema límbico subcortical "mamífero"; e, por fim, o hipotálamo "réptil". Foi somente na década de 1960 que os estudos sobre o "cérebro dividido" estabeleceram a distinção entre os hemisférios direito e esquerdo – essa descoberta rendeu a Roger Sperry o Prêmio Nobel. Sperry e seus colaboradores do California Institute of Technology valeram-se do fato de que, algumas vezes, os hemisférios direito e esquerdo do cérebro encontram-se separados um do outro em virtude de malformações congênitas ou do tratamento cirúrgico para a epilepsia. Sua pesquisa – e, mais tarde, a de seu aluno Michael Gazzaniga – comprovou que a mão direita não sabe o que a mão esquerda faz.

O lado direito, não verbal, do cérebro se ocupa da integração entre espaço e tempo, do contexto, da empatia, das mentes dos outros e do reconhecimento facial como um todo.[11] O lado esquerdo, verbal, trabalha com o detalhe, a certeza de causa e efeito (imaginada ou verdadeira), a exegese e a comunicação verbal. Nem o aparentemente espiritual lado direito tampouco o aparentemente religioso lado esquerdo constituem um árbitro fidedigno da verdade, mas, tal como Gilbert e Sullivan, ou Rodgers e Hammerstein, o lado esquerdo e o lado direito trabalham bem juntos.

A neurociência moderna, por meio do mapeamento do cérebro e da neuroquímica, tem mostrado que os centros mais recentemente evoluídos do nosso cérebro, especialmente no neocórtex esquerdo, servem de mediadores para a linguagem, as ideias, a teologia, a análise científica e a crença religiosa individual. Por sua vez, o neocórtex direito cuida da música, das emoções, dos símbolos e do sentido do todo espiritual.[12] A mesma pequena área do cérebro que, no lado esquerdo, interpreta as palavras, no direito interpreta a música. Assim, da mesma forma como a partitura musical se liga à letra, a emoção se relaciona à ciência.

Um exemplo concreto das diferenças entre os dois hemisférios do cérebro é o fato de que, se for injetado amital sódico, um tipo de anestésico cerebral, em apenas um dos hemisférios, enquanto o lado direito permanecer adormecido, o esquerdo conseguirá falar, mas não cantar, e, enquanto o hemisfério esquerdo estiver adormecido, o direito poderá cantar, mas será incapaz de falar.[13] Sem saber italiano, não conseguimos entender o grande poeta Dante; contudo, podemos ser levados às lágrimas pelas canções de Giuseppe Verdi. Do início ao fim deste livro, cito versos evocativos de canções para elucidar pontos que não conseguiria se me valesse exclusivamente da prosa ou mesmo da retórica e da poesia.

A diferença entre nossos hemisférios cerebrais "humanos" (nosso neocórtex) e nosso sistema límbico mamífero é tão grande quanto a diferença entre os dois hemisférios neocorticais. Da mesma maneira como os dedos de um pianista, governados pelo músculo estriado voluntário, subordinam-se ao controle consciente de seu neocórtex humano, o ímpeto de uma ideia pode ser substituído voluntariamente por outra ideia. Pensemos, por exemplo, em nossas respostas em série (uma após a outra) a uma lista de compras. No entanto, assim como os músculos lisos de nossas vísceras, as emoções são fortemente controladas pelas estruturas subcorticais e não verbais do cérebro que os humanos compartilham com outros mamíferos e também não podem ser controladas pela vontade consciente. Elas podem emergir repentinamente, mas se desvanecem devagar, confundindo-se com outras emoções.

As ideias do *Homo sapiens* são neutras, "incolores" e sem valor, e não evocam qualquer sensação consciente. As emoções, por outro lado, são sentidas fisicamente no corpo e, como o músculo liso das vísceras, não podem ser rapidamente desligadas. As emoções quase sempre são "boas" ou "más" e com frequência suscitam aproximação ou repulsa; estão associadas à atividade no sistema nervoso autônomo involuntário. As emoções negativas estão ligadas ao ágil sistema nervoso simpático, ao passo que as positivas, ao tranquilo sistema nervoso parassimpático. Além de serem carregadas de valores pessoais, as emoções têm cores; por exemplo, ficamos brancos de susto, amarelos de medo, vermelhos de vergonha e roxos de raiva. Para sobreviver, precisamos tanto das ideias como das emoções, positivas ou negativas.

A evolução *cultural* do cérebro neolítico para o cérebro do século XXI aconteceu depois da evolução *biológica* do cérebro dos mamíferos para o do

Homo sapiens. Com o passar do tempo, as ideias tornaram-se cada vez mais proeminentes na vida humana. Para entender o mundo em vez de apenas sobreviver nele, há 150 mil anos os seres humanos desenvolveram a linguagem abstrata.[14] Há 4 mil anos, inventaram a escrita e, finalmente, há 900 anos, os chineses e depois, há 560 anos, o europeu Johannes Gutenberg inventaram a imprensa. Os resultados de tal evolução cultural foram espetaculares. Tornou-se desnecessário relembrar o momento do plantio por meio de algum místico observatório solar em Stonehenge ou das mágicas e sagradas árvores da fertilidade, na Boêmia, carregadas de ovos decorados com carinho, em antecipação à primavera. Com o advento da imprensa, os momentos de plantio na primavera podiam ser relegados às páginas dos almanaques, esteticamente insípidos, mas meticulosamente acurados.

Entretanto, quando a ciência concentrou-se apenas no cérebro léxico, destituído de emoção, houve problemas. O cérebro que os humanos neolíticos haviam desenvolvido para sobreviver estava destinado a considerar o afeto humano mais útil do que o cálculo, e a inteligência emocional (IE) era mais adaptável do que um QI elevado. Skinner estava errado. As emoções não eram "ficção"; eram, na verdade, essenciais para a sobrevivência.

Você experimenta (sente) um afeto. Você comunica (manifesta) uma emoção. Descartes, que em 1649 formulou pela primeira vez o conceito de emoção, podia contar seis delas: admiração, amor, ódio, desejo, alegria e tristeza. Uma geração depois, Spinoza apontava apenas três: desejo, prazer e dor. Em 1893, William James reconhecia quatro: pesar, medo, amor e raiva.

Charles Darwin, um dos primeiros a estudar a emoção cientificamente, conseguia enumerar nove.[15] Influenciado por *sir* Charles Bell (cujo nome foi dado à paralisia de Bell), um anatomista e estudioso das expressões faciais, Darwin listou como importantes emoções humanas a raiva, o terror, o entusiasmo, a perplexidade, o pesar, o despeito, a alegria, a aversão e a afeição. Além disso, foi Darwin quem demonstrou que a maioria das emoções humanas e as expressões faciais que as acompanham são compartilhadas por cães e primatas. Talvez a ciência ignore as emoções porque elas não nos diferenciam de outros mamíferos. Afinal, apenas os humanos podem fazer cálculos, ao passo que a maioria dos cães é um protótipo da emoção positiva. Suspeito que essa seja a razão para os cachorros serem "os melhores amigos do homem". Em curto prazo, as emoções negativas são particularmente necessárias à sobrevivência. Mas, em longo prazo, as emoções positivas também vieram para ficar, mesmo que, atualmente, elas recebam crédito apenas da religião e da arte.

Como antídoto para a supremacia do moderno lado direito do cérebro, dominado pela palavra, há séculos os budistas desenvolveram técnicas de meditação e os xamãs usam drogas psicoativas para acessar o cérebro neolítico dominado pelas imagens e pelas emoções. Durante séculos, a Igreja Católica, um pouco à semelhança dos advogados de hoje em dia, resistiu à ideia de traduzir a bíblia do latim para as línguas vernáculas por receio de que a compreensão cognitiva pudesse enfraquecer a reverência "espiritual" produzida pela incompreensível e sonora escritura latina. Há milênios, os artistas logram o cérebro lexical com música, pintura, poesia e retórica, mas é claro que muitos cientistas afirmam que tais experiências emocionalmente expressivas, típicas do lado direito do cérebro, são enganosas. Simplificando, para sobreviver, o cérebro humano entoa canções comunais; para compreender, escreve tratados científicos. Algumas vezes, eles são verdadeiros; outras, são pura ilusão.

Existe uma região no cérebro que serve às emoções positivas e é muito mais potente que a música do hemisfério direito e suas bonitas imagens inarticuladas do todo. Essa região cerebral é denominada sistema límbico.

A grande mudança do final do século XX que validou a emoção positiva começou, na verdade, em 1878, quando o anatomista francês Paul Broca, contemporâneo de Freud e pai da neurocirurgia, anunciou ao mundo sua importante descoberta anatômica de que os cérebros de todos os mamíferos continham um conjunto de estruturas que ele batizou de *le grande lobe limbique* [o grande lobo límbico]. Essas estruturas límbicas não existiam nos cérebros dos répteis.[16] (Na verdade, 200 anos antes de Broca, as mesmas estruturas haviam sido observadas e batizadas de *cerebri limbus* pelo neuroanatomista pioneiro Thomas Willis, mas sua descoberta permaneceu totalmente esquecida por dois séculos.) Broca também notou que o arranjo neural do córtex límbico diferia do córtex dos hemisférios cerebrais adjacentes e parecia mais "primitivo" que ele. No entanto, mais 70 anos se passaram antes que os cientistas comportamentais, em especial Paul McLean, médico e neurocientista pioneiro do National Institute of Mental Health, começassem a suspeitar que a emoção positiva e os comportamentos de aproximação (em oposição aos de esquiva) dependiam não apenas dos "instintos" hipotalâmicos, que equiparamos ao "id" freudiano, mas também do sistema límbico. As delicadas e matizadas emoções humanas como compaixão, alegria e apego materno eram mediadas por estruturas mamíferas nos íntimos recessos do cérebro, abaixo do neocórtex, mas externo ao ainda mais primitivo tronco cerebral e seu hipotálamo.

Apenas por um momento, imagine o cérebro humano dividido em três partes concêntricas. No centro, situam-se o cérebro médio e o hipotálamo. Essas estruturas evoluíram relativamente pouco nos últimos 200 milhões de anos e servem igualmente bem tanto aos cientistas como aos crocodilos. Esse cérebro mais primitivo, instintivo ou "reptiliano", coordena a maior parte das funções autônomas (p. ex., batimentos cardíacos, respiração, reflexos musculares e vigília). Quando estimuladas, essas estruturas, particularmente o hipotálamo, produzem respostas primitivas, algumas vezes chamadas de instintos, que são egoístas e, ao contrário das emoções sociais, relevantes apenas para a própria pessoa. Essas emoções primitivas são a agressividade, o medo, a fome e o sexo. Nos seres humanos, o hipotálamo tem o tamanho aproximado da ponta do dedo mínimo; sem ele, nem humanos nem crocodilos poderiam sobreviver. Quando eu estava na faculdade de medicina, na década de 1950, aprendi que é dessa região que se originam as emoções.

Esse cérebro médio reptiliano é compreendido pelo *le grand lobe limbique* de Broca (sistema límbico paleomamífero de MacLean) que, por 200 milhões de anos, evoluiu constantemente, mas apenas em nossos ancestrais mamíferos. É do sistema límbico que emergem tanto as emoções positivas como as mais nuançadas emoções negativas. Ele consiste em diferentes estruturas anatômicas que descreverei adiante. Esse sistema sintetiza informações vindas do corpo, associa emoções a memórias passadas e transfere essas informações, agora validadas, ao neocórtex para que sejam processadas como pensamento e motivação.

A prosa e a paixão

Mais do que simplesmente mediar as nossas emoções, nosso cérebro límbico estabelece a nossa conexão humana. Em sua brilhante fábula *O pequeno príncipe*, o aviador poeta francês Antoine de Saint-Exupéry explica a diferença entre os sistemas neocortical e límbico por meio de uma fala da raposa: "Só se vê bem com o coração, o essencial é invisível aos olhos".[17] Em uma linguagem mais científica, uma cascata de *inputs* sensoriais passa pelo nosso cérebro a cada segundo; o sistema límbico, poeticamente chamado pela grande maioria de "coração", seleciona as experiências que consideramos importantes e dá a elas uma coloração afetiva. Esse sistema auxilia os humanos a apreciar a diferença entre pessoas e objetos inanimados. Pense em como é diferente a sua sensação ao tocar uma pessoa atraente e ao tocar um bloco de concreto. Destrua o sistema límbico e será destruída também nossa capacidade de desejar seletivamente.

Recobrindo o sistema límbico como um capacete, aparece o neocórtex, que, em nossos ancestrais humanos (mas não nos *golden retrievers*), evoluiu de maneira espetacular – mais do que dobrou de peso – nos últimos 2 milhões de anos. Dito de maneira simples, o neocórtex gera nossa ciência, nossa cultura, nossas ideias e nossas religiões. Igualmente importante: elabora com criatividade nossas emoções positivas límbicas em consciência.

O neocórtex é a parte do nosso cérebro que teve a evolução mais recente e seu tamanho em relação ao nosso corpo é o que nos distingue dos outros mamíferos. A vaidade antropocêntrica nos levou a colocar nossas emoções mais nobres sob seu enorme laço consciente e racional. Essa nossa vaidade, porém, nos iludiu. Muitos cães, admitidamente selecionados pelos humanos para que tivessem estas qualidades, irradiam confiança, esperança, perdão e amor, ao passo que alguns teólogos e cientistas muito brilhantes não conseguem sentir essas emoções. Quando uma mulher chora, tanto um *golden retriever* como uma criança de 2 anos de idade correrão para junto dela, sem pensar nem dizer nada, mas com empatia, para lhe fornecer consolo. Por outro lado, seu médico hiperinstruído pode sugerir de um jeito hipócrita ao telefone: "Tome duas aspirinas e telefone de novo amanhã cedo". A fé cega dos gatinhos ou o choro dos bebês por causa da separação evocam amor altruísta em quase todos nós. O amor incondicional talvez não seja mais do que o amor parental dos mamíferos transformado pela maturidade e pela evolução cultural para envolver mais criaturas além dos nossos próprios bebês. Em geral, os defensores do gene "egoísta" rechaçam a ideia exageradamente otimista de que o comportamento social altruísta possa ser herdado. Recentes estudos com babuínos demonstram, entretanto, que a prole das fêmeas com redes sociais mais amplas apresenta maior número de sobreviventes.[18] O comportamento coletivo altruísta é favorecido pela seleção natural.

Os sistemas límbicos dos humanos diferem dos de outros mamíferos apenas pelo fato de os sistemas humanos serem maiores e mais bem integrados com os neocórtices, que são muito mais amplos. Dessa forma, ao combinar palavras e emoções, nossas mães e nossos melhores amigos geralmente conseguem nos confortar mais e melhor do que crianças iletradas de 2 anos ou médicos hiperinstruídos.

Localizar a emoção positiva no sistema límbico dos mamíferos tem sido um processo lento e árduo. A neurobiologia das emoções só foi surgir em 1955. James Olds, um neuropsicólogo inovador, descobriu que os ratos poderiam trabalhar mais intensamente para receber estimulação elétrica no cérebro do que ratos famintos para receber alimento. Ele fez também uma descoberta ainda mais relevante: de um total de 41 eletrodos colocados no sistema límbico dos ratos, 35 mostraram-se suficientemente compensadores para promover a autoestimulação, ao passo que apenas 2 dos 35 eletrodos colocados fora do sistema límbico apresentaram essa capacidade.[19]

O neurobiólogo Paul MacLean viria a devotar sua vida ao estudo iniciado também na década de 1950 do que chamou, primeiramente, de "cérebro visceral" e, mais tarde, de "sistema límbico". MacLean chamou a atenção para o fato de que as estruturas límbicas governam nossa capacidade mamífera não apenas para lembrar (cognição), mas também para brincar (alegria), lamentar uma separação (fé/confiança) e cuidar dos seus (amor).[20] Exceto por uma memória rudimentar, os répteis não expressam nenhuma dessas características, mas praticamente todos os mamíferos sim. Desde 1995, os modernos estudos de mapeamento do cérebro também têm sido fundamentais para confirmar a descoberta inicial de Olds de que a emoção está localizada no sistema límbico e não no neocórtex.[21]

Contudo, apesar da pesquisa de MacLean, para alguns cientistas continuou sendo difícil aceitar que as emoções positivas fossem mais do que mera imaginação da mente teológica. Também continuou sendo difícil para os leigos acreditar que a emoção positiva poderia existir em qualquer outro lugar do cérebro que não o neocórtex humano. Somente na última década, os sucessores intelectuais de MacLean, o neurobiólogo pioneiro Jaak Panksepp e seu colega Jeffrey Burgdorf, tornaram o amor e a alegria, antes indescritíveis, cientificamente tangíveis para o estudo empírico.[22] Também na última década, Jon-Kar Zubietta demonstrou baixo nível de opioides nos circuitos límbicos durante relatos pessoais de tristeza.[23]

Quando, por intermédio de reminiscências pessoais, os indivíduos experimentam estados existenciais de medo, tristeza ou felicidade, o fluxo de sangue aumenta em áreas límbicas e diminui em muitas áreas superiores do cérebro. Vários estudos têm localizado as experiências humanas prazerosas (como saborear um chocolate, ganhar dinheiro, admirar rostos bonitos, deleitar-se com música e sentir prazer sexual) nas áreas límbicas, especialmente na região orbitofrontal, no cíngulo anterior e na ínsula, os quais discutirei em breve.[24]

Iniciarei meu guia de viagem pelo sistema límbico com uma advertência. Desde 1990, a moderna neurociência tem demonstrado que a neuroanatomia da emoção é complexa e que os limites do sistema límbico são bem mais ambíguos do que Broca e MacLean imaginaram. Além disso, assim como cada pesquisador tem uma lista diferente de emoções básicas, os pesquisadores também possuem listas diferentes de estruturas que pertencem ou não ao sistema límbico. No entanto, as definições de todos mostram enormes superposições. Por exemplo, Joseph LeDoux, um sofisticado pesquisador da neurobiologia da emoção, pode declarar: "Devo dizer que (o sistema límbico) não existe"[25] e, porém, na mesma página admitir, com certa relutância, que o sistema límbico "é uma abreviatura anatômica útil para áreas naquela terra de ninguém localizada entre o hipotálamo e o neocórtex". Pode até ser uma terra de ninguém, mas se o sistema límbico não existisse, nenhum de nós teria mães amorosas.

Os cientistas precisam ter cuidado com a falta de precisão. Para o público em geral, entretanto, o conceito do sistema límbico é bastante cômodo.

Podemos dizer que o termo "sistema límbico" é tão útil quanto o conceito romântico "Broadway" para alguém que visita a cidade de Nova York. Para o geógrafo, a Broadway é uma rua específica; contudo, as fronteiras da região onde se concentram os teatros nova-iorquinos são impossíveis de serem definidas com precisão. A maioria dos visitantes de Manhattan, no entanto, pouco se importa com abstratos mapas de ruas. Em vez disso, eles se entusiasmam com a humanidade vibrante do distrito dos teatros e sabem perfeitamente bem que o termo metafórico "Broadway" não se refere a uma rua de macadame. É com esse espírito que este livro continuará a usar palavras como "límbico", "música", "amor" e "espiritualidade", que desafiam a precisão lexical de escrupulosos advogados, filósofos e neurocientistas.

Contudo, o cérebro trabalha como um todo integrado e seria uma supersimplificação designar funções antropomórficas para suas regiões específicas. Por exemplo, a emoção límbica da alegria catalisa todos os tipos de comportamentos mediados neocorticalmente, como começar repentinamente a cantar, fazer demonstrações públicas de afeto e cognições conscientes desse estado de alegria. Mais uma vez, o hipocampo, aceito universalmente como uma estrutura límbica, é tão essencial para a memória consciente e informativa como para a memória emocional. Talvez, então, seja mais prudente afirmar que o sistema límbico está no centro da nossa vida emocional, mas não é seu início, tampouco seu fim.

Todavia, a evolução humana criou um cérebro que, na realidade, são dois: um cérebro mamífero, que pode sentir, emocionar-se e chorar em um teatro da Broadway, e um cérebro de *Homo sapiens*, que pode falar, pensar, analisar e traçar o caminho para aquela rua, que cruza Manhattan diagonalmente. Paul MacLean entendeu esse ponto muito bem ao afirmar que "o cérebro visceral não é de todo inconsciente, (...) ao contrário, ele foge do alcance do intelecto porque sua estrutura animalística e primitiva impossibilita a comunicação em termos verbais".[26] Como resultado, escritores apaixonados, a começar por Martinho Lutero, desprezavam a razão tanto quanto B. F. Skinner desprezava a emoção. Lutero seria capaz de declarar que "a razão é o maior inimigo que a fé possui; ela nunca vai em socorro das questões espirituais, mas – com maior frequência – debate-se contra a palavra divina, tratando com desprezo tudo o que emana de Deus".[27]

A prosa e a paixão

No entanto, o cérebro todo não consegue trabalhar adequadamente se estiver dividido entre as ideias de Lutero e as de Skinner. O cérebro não estará "alinhado", a menos que a ciência e a paixão se deem as mãos. "Simplesmente una..." apela E. M. Forster em seu romance *Howards End*. "Simplesmente una prosa e paixão e ambas serão exaltadas, e o amor humano será visto em toda a sua grandeza."[28] Sylvan Tomkins, brilhante psicólogo de Princeton, traduz a poesia de Forster para a mente acadêmica: "Do casamento da razão com o afeto, resulta uma claridade com paixão. A razão sem o afeto seria impotente; o afeto sem a razão seria cego".[29] Devemos nos perguntar se Tomkins estaria parafraseando a famosa citação de Albert Einstein a respeito da ciência e da religião.

Após reconhecer que as funções do cérebro apresentam entretons que se integram em um grau que desafia a possibilidade de uma descrição científica precisa, passo agora a definir as principais estruturas límbicas dentro do formato supersimplificado de um guia de viagem.

Dentre as estruturas límbicas mais importantes e familiares estão a amígdala e o hipocampo. A ínsula, o giro do cíngulo anterior, o córtex pré-frontal ventromedial e a área septal também serão importantes para a discussão das emoções positivas neste livro. Essas diversas estruturas estão intimamente integradas e organizadas para nos auxiliar a procurar e reconhecer tudo o que possa ser classificado sob a rubrica do amor mamífero e da espiritualidade humana.[30]

O *hipocampo* serve tanto à memória visual como à memória verbal e sua remoção pode fazer os amigos mais íntimos parecerem estranhos. A *amígdala* confere paixão e importância às experiências emocionais – tanto passadas como presentes, positivas e, mais frequentemente, negativas. Se a área do cérebro que circunda a amígdala for retirada, os macacos machos tentarão copular com qualquer criatura que ande. Nos seres humanos, a amígdala é oito vezes maior do que nos primatas e 100 vezes maior do que nos mamíferos primitivos.[31] Os estudos de ressonância magnética funcional (RMF) da Kundalini ioga demonstram que a meditação aumenta a atividade do hipocampo e da amígdala lateral direita, que, por sua vez, leva à estimulação parassimpática e à sensação de profunda paz.[32]

Igualmente importante é o menos conhecido *giro do cíngulo anterior*, que faz parte do sistema límbico. No sentido metafórico (e, provavelmente, no sentido neuroanatômico também), o giro do cíngulo conecta a valência e a memória para criar vínculo e, em conjunto com o hipocampo, é a região do cérebro mais responsável por tornar significativo o passado. O cíngulo anterior é crucial para nos indicar de quem devemos nos aproximar e quem devemos evitar. O toque materno, o calor do corpo e o odor via sistema límbico e, em especial, via cíngulo anterior regulam o comportamento de um filhote de rato, a neuroquímica, a descarga endócrina e o ritmo circadiano.[33]

Por exemplo, o choro da criança diante da separação – mediado em parte pelo giro do cíngulo anterior – anuncia vulnerabilidade e distingue os mamíferos dos peixes e répteis. A última coisa que um crocodilo filhote quer é mostrar vulnerabilidade para sua própria espécie, ao passo que gatinhos, cachorrinhos e bebês são estruturados para ter esse comportamento.

Nos roedores, o vínculo é primariamente olfativo, mas, nos humanos, o amor é mais auditivo e visual. Desse modo, a evolução dos mamíferos resultou em um intricado aparelho auditivo com três ossos (martelo, bigorna e estribo) no ouvido interno que permite às mães roedoras ouvir os guinchos estridentes de seus filhotes quando estão separados. Esses ruídos são inaudíveis para pássaros e répteis predadores, cujo aparelho auditivo é menos evoluído. O choro diante da separação pressupõe uma confiança emocional intrínseca de que a mãe protetora o encontrará, alimentará e protegerá – uma mãe guardiã que, diferentemente do pai réptil ou da mãe peixe, não o devorará tão logo o encontre.

Em razão dessa primeira associação evolucionária com um vínculo olfativo, o sistema límbico foi chamado inicialmente de rinencéfalo, o "cérebro olfativo". Todavia, sem contato visual ou auditivo, o vínculo entre seres humanos se torna difícil. Estudos de RMF revelam, por exemplo, que o giro do cíngulo anterior não é estimulado pelo reconhecimento facial de amigos nem pela estimulação sexual em si; no entanto, eles mostram também que o giro do cíngulo se ilumina quando a pessoa olha atentamente para uma fotografia do rosto do amado ou quando uma mãe de primeira viagem ouve o choro do filho. Em um estudo, a atividade biológica do córtex cingulado anterior se mostrou mais elevada em indivíduos com níveis mais altos de consciência social (com base em testes objetivamente avaliados).[34] Crianças com cegueira congênita manifestam muitos dos sintomas apresentados por crian-

A prosa e a paixão

ças autistas, às quais, em razão de uma patologia cerebral ainda desconhecida, é negada a capacidade plena de vínculo humano. Crianças autistas e cegas recebem aleitamento materno afetuoso, mas sem resultados. O amor chega por intermédio de nossos olhos, de nossa pele e, em última instância, de nosso sistema límbico, mas não pelo nosso estômago.

Existem boas evidências de que o giro do cíngulo anterior tem uma estrutura laminar mais "primitiva" e de que sua evolução é anterior à do neocórtex.[35] O giro do cíngulo anterior regula a combinação de pensamentos e sentimentos. Sem ele, uma entrada para uma ópera no Scala de Milão, para uma final de beisebol ou para um show dos Rolling Stones se torna apenas um insignificante pedaço de papel. Em termos de vínculo, o cíngulo anterior é a área cortical que recebe as mais ricas inervações dopaminérgicas. Desse modo, o giro do cíngulo fornece motivação não apenas para os que amam, mas também para os viciados em drogas.

Por exemplo, se o giro do cíngulo anterior for danificado, perderemos nossa capacidade de sorrir de maneira espontânea, mas ainda poderemos continuar produzindo voluntariamente os falsos sorrisos de "comissária de bordo" que enganam apenas poucas pessoas. Se, no entanto, o neocórtex motor for danificado, o rosto da comissária de bordo ficará congelado, mas ela ainda poderá sorrir verdadeiramente de alegria e gargalhar quando os passageiros chatos forem substituídos por amigos queridos.[36] Nos macacos inarticulados, o giro do cíngulo anterior também afeta as vocalizações e a comunicação emocional por meio das expressões da face.[37]

Talvez nenhuma área do cérebro seja mais ambígua em sua herança evolutiva do que o nosso *córtex pré-frontal*. Ainda está em debate se essa região pertence ao sistema límbico[38] ou à porção do cérebro neocortical, fruto de evolução mais recente.[39] O certo é que o córtex pré-frontal ventromedial, ou orbitofrontal, a parte do cérebro mais próxima ao nosso nariz, está intimamente ligado a todas as outras estruturas límbicas. O córtex pré-frontal é encarregado de avaliar as recompensas e punições e desempenha um papel fundamental na adaptação e na regulação da nossa resposta emocional a situações novas. Portanto, nossos lobos frontais estão profundamente envolvidos em nossa vida emocional, moral e espiritual. Ou, nas palavras de Melvin Konner, o brilhante antropólogo da Universidade Emory, o córtex orbitofron-

36 Fé – evidências científicas

tal é "a encruzilhada da emoção e do pensamento, um lugar onde o antigo cérebro límbico encontra o grande computador humano do neocórtex".[40]

Nossa moralidade existe tanto no domínio das ideias como no domínio da emoção. Estudos de lesões e neuroimagens revelam que o córtex pré-frontal ventromedial é mais afetado pelas facetas emocionais das decisões "morais", ao passo que o córtex pré-frontal, cuja evolução se deu mais recentemente, é mais afetado pelas facetas cognitivas da moralidade.[41]

Do ponto de vista evolutivo, os lobos frontais humanos não se diferem dos lobos dos chipanzés no que concerne à quantidade de neurônios. De fato, é a matéria branca do lobo frontal, a conectividade entre os neurônios por meio das fibras mielinizadas, a responsável pelo tamanho maior dos lobos frontais nos seres humanos.[42] Essa conectividade com o sistema límbico ressalta sua função "executiva", que inclui a capacidade para retardar gratificações, compreender a linguagem simbólica e, mais importante, estabelecer o sequenciamento temporal. Por conseguir ligar a memória do passado à "memória do futuro", os lobos frontais estabelecem as relações de causa e efeito.

Se os lobos pré-frontais mediais do córtex forem destruídos, nossa capacidade de obedecer aos padrões sociais também será destruída, como aconteceu, no século XIX, com Phineas Gage, lendário trabalhador da estrada de ferro que teve seu crânio perfurado por uma barra de metal.[43] Phineas Gage era um responsável capataz até que, em uma explosão, a barra de metal que ele usava para posicionar a carga de dinamite atravessou a órbita do seu olho esquerdo até o topo do seu crânio. Apesar de ele ter sobrevivido, seus lobos frontais mediais foram destruídos, bem como sua capacidade para adotar um comportamento socialmente apropriado e empático. Seu intelecto, contudo, permaneceu intacto.

Como a amígdala, o córtex pré-frontal utiliza as memórias passadas do hipocampo para modular as respostas reflexivas do tronco cerebral, mas essa função depende enormemente da maturidade. Uma criança fica alarmada com qualquer coisa súbita ou nova; porém, aos 30 anos de idade, uma mulher pode reagir à aparição inesperada de um anel de noivado com sobressalto, alegria, lágrimas ou ainda, dependendo das circunstâncias, com todos os três. É por meio da maturação do cérebro ao longo da vida, tanto pela experiência como pelo desenvolvimento cerebral, que aprendemos a distinguir nossas emoções. Entretanto, se os lobos frontais forem removidos, o anel poderá tornar-se tão desinteressante quanto uma arruela de parafuso. Por exemplo, se a mão de uma pessoa for tocada com um pedaço de madeira, o giro somatossensório do neocórtex se iluminará, mas, se a mão for tocada com veludo, o córtex límbico orbitofrontal é que irá se acender.[44]

A remoção cirúrgica ou traumática do córtex pré-frontal ventromedial pode transformar um adulto consciencioso e responsável em um néscio imoral, sem nenhum outro sinal de dano no intelecto.[45] Muitos acreditam que, no caso de psicopatas genuínos, não existe uma resposta ordinária para a culpa e a angústia social.[46] Ao contrário dos outros seres humanos, os psicopatas, quando se deparam com uma perda ou um desastre, dizem não experimentar nenhum sentimento visceral. A elevada resposta galvânica da pele, que, em muitos de nós, reflete angústia social, é usada pelo polígrafo forense para detectar mentiras, mas é inútil no caso de alguns psicopatas.

O trabalho do psicólogo Richard Davidson e de seus colegas da Universidade de Wisconsin contribuiu muito para sustentar a importância do neocórtex pré-frontal lateral – que evoluiu mais recentemente – na nossa vida emocional. Uma das contribuições de Davidson foi confirmar e expandir um trabalho anterior que demonstrava que a estimulação de uma pequena área no córtex pré-frontal esquerdo leva a uma intensificação da resposta positiva e à percepção da xícara "meio cheia". Por outro lado, a estimulação da área correspondente no córtex pré-frontal direito leva a um humor depressivo e à percepção da xícara "meio vazia". A ablação da área frontal direita por um acidente vascular cerebral ou por um experimento exacerba o humor, a esperança e a extroversão; a ablação da área esquerda, porém, leva a um predomínio do desespero.[47]

Outra contribuição de Davidson e de seus colaboradores foi mostrar que a meditação budista profunda intensifica a atividade do lado esquerdo do cérebro e reduz a ansiedade,[48] ao passo que mostrar aranhas para indivíduos aracnofóbicos aumenta a atividade nas áreas pré-frontais direitas.[49] Como resultado desse trabalho, existem agora evidências abundantes de que as técnicas de meditação talvez sejam o meio mais eficaz que os seres humanos têm – além de opioides e de outras pessoas – de levar ao relaxamento e à emoção positiva.[50]

Fé – evidências científicas

A *ínsula* é outra parte do sistema límbico que está apenas começando a ser entendida. Até a última década, ela foi deixada de lado na maioria das discussões sobre o sistema límbico. Ela é um giro cortical medial localizado entre a amígdala e o lobo frontal. Nosso cérebro não vivencia as sensações; nós apenas as sentimos em nosso corpo. A ínsula ajuda a trazer esses sentimentos viscerais à consciência: a dor em nosso coração magoado, a ternura em nosso coração afetivo, o nó de medo em nosso estômago; todos se tornam conscientes por meio da ínsula.

Tanto o cingulado anterior límbico como a ínsula parecem ativos nas emoções positivas de humor, confiança e empatia. Os grandes símios se diferenciam dos outros mamíferos por um componente neural único chamado célula fusiforme. Os seres humanos possuem 20 vezes mais células fusiformes do que os chipanzés ou gorilas. (Chipanzés adultos possuem uma média de 7 mil células fusiformes. Os humanos nascem com quatro vezes mais e, quando adultos, possuem 200 mil dessas células.) Os macacos e outros mamíferos, com exceção talvez das baleias e dos elefantes, são totalmente desprovidos dessas células especiais. Esses grandes fusos com formato de charuto, ou neurônios de "Von Economo", parecem ser indispensáveis para o controle das emoções sociais e do julgamento moral.[51] As células fusiformes, associadas às vocalizações límbicas nos primatas, podem nos ajudar a sentir o vínculo humano e, indiretamente, a refletir e reagir de acordo com esse sentimento. Nos estudos de mapeamento cerebral por imagem, a ínsula se ilumina "quando as pessoas olham para seus pares românticos, percebem a injustiça, (...) ficam envergonhadas ou, se são mães, quando ouvem seus filhos chorar".[52] As células fusiformes podem ter auxiliado os grandes símios e os humanos a integrar o sistema límbico mamífero aos seus neocórtices em expansão. Essas células estão concentradas no córtex cingulado anterior, no córtex pré-frontal e na ínsula.

Mais recentemente, os cientistas descobriram um grupo especial de "neurônios espelhos" que existem na ínsula.[53] Eles são mais bem desenvolvidos nos seres humanos do que nos primatas e parecem mediar a empatia – a experiência de "sentir" as emoções do outro. Essas células especializadas serão discutidas com mais detalhes no capítulo sobre compaixão (Capítulo 9). A meditação budista profunda realizada por praticantes experientes (p. ex.,

A prosa e a paixão

seis horas de meditação por semana durante nove anos) resulta não apenas em um aparente espessamento do córtex pré-frontal, mas também em um aumento da espessura do córtex insular direito.[54]

Uma última região límbica de interesse é a septal. Ela é mais bem conhecida porque os eletrodos colocados na área septal dos mamíferos podem levar à autoestimulação até que o animal fique exausto. Mas o septo não serve apenas ao prazer hedonista. Os comportamentos motivacionais aparentemente "morais" mediados pelo córtex pré-frontal são modulados pelo *input* do núcleo septal, especialmente à medida que amadurecemos.[55]

É oportuno que terminemos aqui nossa viagem pelos "múltiplos cérebros em um", uma vez que minha próxima tarefa será delinear como nos tornamos o que somos: criaturas cujos centros de prazer estão ligados a seus centros de comportamento moral. Esse processo exigiu três evoluções independentes: uma seleção natural de genes, que nos levou de répteis a *Homo sapiens*; uma evolução cultural, que nos levou de *Homo sapiens* a homens como Albert Schweitzer aos 40 anos de idade; e, finalmente, uma evolução ao longo da vida, que leva a maioria de nós à maturidade produtiva.

3
Três evoluções

As estratégias de sobrevivência suprainstintivas geram algo que talvez seja exclusivo aos seres humanos: um ponto de vista moral que, às vezes, pode transcender o interesse de seu grupo mais próximo e até mesmo da espécie.
– ANTÓNIO DAMÁSIO, O ERRO DE DESCARTES (1994)

Em uma carta datada de 24 de novembro de 1859, Adam Sedgwick, que havia sido professor de geologia de Charles Darwin em Cambridge, recusou uma cópia da primeira edição de A *origem das espécies*, que lhe havido sido dada de presente por seu ex-aluno, com a mordaz observação de que "o presente causava mais dor que prazer (...). É a coroação e a glorificação da ciência orgânica ligar, por meio da causa final, matéria e moralidade. Tal ligação foi ignorada. Se não interpretei errado o que sugeriu em um ou dois casos, você a violou".[1] Nascido 100 anos antes das novas ciências do fim do século XX, cedo demais para poder ser amparado por elas, o professor Sedgwick não foi capaz de compreender o quanto a seleção natural humana tem sido "moral". As evidências evolutivas atuais sugerem que não há necessidade de uma "causa final" ou de um "projeto inteligente" para explicar o quão morais são as emoções positivas e sua evolução.

Ironicamente, Richard Dawkins, descendente intelectual sem papas na língua de Darwin, questionou a moralidade do professor Sedgwick e de seus seguidores ao escrever: "Acho possível argumentar que a fé constitui um dos maiores males do mundo, comparável ao vírus da varíola, porém mais difícil de erradicar".[2] No entanto, por mais ferrenho que tenha sido o embate entre criacionistas e darwinistas, as novas disciplinas da neurociência e da etologia não tomavam partido. Em vez disso, criaram uma visão unificadora e científica da evolução humana, a qual é notavelmente decente e abnegada.

A evolução das emoções positivas não é algo recente. Tudo começou há mais de 200 milhões de anos, quando os répteis de sangue frio e cérebro minúsculo, traiçoeiros, desconfiados e destituídos de humor, lentamente evoluíram para mamíferos de sangue quente e cérebro grande, leais, esperançosos, aptos para a brincadeira, para a alegria e para o vínculo, e que cuidam de seus filhotes em vez de devorá-los.

A evolução dos mamíferos começou em ambientes escuros, para proteger os insetívoros pequenos e peludos contra os répteis carnívoros e famintos, que apreciavam o sol. No início, seu olfato era tão ou mais importante do que a visão. Por isso, esses primeiros mamíferos noturnos possuíam um sistema olfativo límbico altamente desenvolvido, o rinencéfalo, ou cérebro olfativo. A fim de encontrar comida na escuridão e permanecer junto aos demais, era necessário ter um bom olfato. Alguns cientistas denominaram esse cérebro olfativo como "sistema de busca".[3] No entanto, a busca estava relacionada tanto ao vínculo com outros insetívoros como à comida e à procriação. O cérebro dos mamíferos começou a crescer em comparação ao tamanho do seu corpo; mas, diferentemente do que aconteceu com dinossauros e peixes, teve início uma seleção que visava uma crescente complexidade cerebral, em vez de características como tamanho, dentes e cores brilhantes.

É provável que, há 65 milhões de anos, um meteoro tenha atingido a Terra, levando os poderosos dinossauros, cujo cérebro não havia crescido em 100 milhões de anos, a desaparecer para sempre, facilitando, assim, ainda mais a evolução dos mamíferos. Com o tempo, alguns desses primeiros mamíferos evoluíram e se tornaram criaturas apreciadoras da luz, cuja sensibilidade do cérebro olfativo foi substituída por um sistema visual estereoscópico e uma melhor audição. Primatas e muitos outros mamíferos ainda hoje utilizam o antigo cérebro olfativo para manter contato oral e visual – e não mais pelo odor – com seus pares, mas continua sendo difícil traduzir para a linguagem oral a linguagem límbica do vínculo. Os humanos mostram-se bastante inarticulados quando tentam descrever cheiros ou quem amam e por quê. O vínculo depende da linguagem corporal mamífera, dos aromas, do timbre da voz e das canções de ninar, não da linguagem do neocórtex esquerdo humano. Especulamos quando tentamos expressar em palavras o cheiro de uma orquídea, o aroma de um bom vinho Burgundy ou uma experiência espiritual transformadora.

No fundo, a linguagem, assim como as religiões demasiadamente articuladas, costuma separar os seres humanos. Tentamos expressar a experiência divina em palavras e, então, brigamos uns com os outros por causa de nossas definições divergentes. No entanto, as emoções, a linguagem corporal, o reconhecimento facial, o toque, os feromônios e a espiritualidade do cérebro límbico olfativo em geral nos unem. Quando damos um abraço carinhoso em outra pessoa, nós nos sentimos em paz com o mundo. Por meio da discriminação sonora, o miado do gatinho ou o choro do bebê diante da separação evoca uma resposta generosa em quase todos nós. Portanto, é do sistema límbico e do neocórtex temporal (localizado atrás da têmpora), ao qual ele serve, que vem o tipo de informação encontrada em hinos, salmos e cartas de amor – importante tanto do ponto de vista emocional como musical e místico. Tal informação é muito diferente daquela contida em almanaques, periódicos científicos e tratados teológicos.

À medida que os mamíferos evoluíam para primatas, outra mudança transformadora ocorria. O tamanho do cérebro em relação ao peso do corpo – relativamente constante em todo o reino dos mamíferos – começou a aumentar. No início, quando o cérebro do ancestral do chimpanzé evoluiu para formar o do *Australopithecus*, esse aumento relativo foi lento. Entretanto, essa expansão do cérebro logo levou a um círculo virtuoso (não vicioso). Para passar pelo canal do nascimento, os primatas com cérebro relativamente grande precisavam nascer prematuros. Isso pedia uma comunidade protetora. A complexidade cerebral necessária para a contínua evolução do amor abnegado exigia um cérebro ainda maior, prolongando ainda mais a infância. E, quanto mais longa fosse essa fase, maior e mais abnegado era o cérebro exigido não só dos pais, mas também de todo o clã ao qual a criança pertencia.

Três evoluções

Assim, o cérebro dos nossos ancestrais primatas começou a expandir-se em um ritmo acelerado: eram adicionadas duas colheres de sopa de massa cinzenta a cada 100 mil anos. "Quando o cérebro foi concluído, o córtex humano havia mais que dobrado de volume."[4] Com certeza, nenhum outro órgão, na história da vida, evoluiu mais depressa.

A evolução da função do cérebro humano baseia-se em igual medida na complexidade e na especificidade da sua bioquímica, bem como em seu tamanho neuroanatômico e em sua especialização. Afinal, manipular sem método ou objetivos claros alguns microchips em dois computadores aparentemente idênticos pode tanto aumentar em cinco vezes a velocidade de processamento como levar à rápida obsolescência.

Por exemplo, genes específicos sabidamente afetam a migração neuronal das células do cérebro durante o desenvolvimento (i. e., as conexões). Em macacos hábeis em demonstrações de cooperação e cuidados com a aparência de seus pares, a densidade dos receptores de serotonina-2 é elevada nos lobos frontais ventromediais e na amígdala; por outro lado, em macacos hostis e menos afetuosos da mesma espécie, são encontrados menos receptores de serotonina.[5] A adição de um único peptídeo, a oxitocina, ao cérebro pode transformar um rato montanhês promíscuo, antissocial e negligente no cuidado da prole em um rato de pradaria monogâmico, apto a viver em comunidade e protetor dos filhotes.[6]

Durante o primeiro milhão e meio de anos de existência, o *Homo habilis*, construtor de ferramentas, depois o *Homo erectus* e, finalmente, o *Homo sapiens* conseguiram aumentar somente de 10 para 40 centímetros o gume de 1 quilo de pedra trabalhada. Nesse período, o tamanho do seu cérebro quase dobrou. Ao longo dos últimos 600 mil anos, talvez estimulado pelas drásticas flutuações no clima global ou pela necessidade crescente de cooperação social, o tamanho do cérebro do *Homo sapiens* quase dobrou novamente, aumentando de 835 para 1.460 gramas.[7] E, mais importante, no final da era neolítica, nossos ancestrais eram capazes de produzir 2 mil centímetros de gume a partir de 1 quilo de pedra.[8] Em resumo, o tamanho do cérebro duplicou e a eficiência na produção de ferramentas cresceu 5.000%. No entanto, a partir das escassas evidências disponíveis, parecia que, até muito recentemente, a evolução na organização social humana não havia acompanhado a evolução na produção de ferramentas.

Apenas entre 170 mil e 200 mil anos atrás, ocorreu uma mudança radical, comumente chamada de "explosão criativa".[9] O *Homo neanderthalensis*, produtor de ferramentas dotado de um cérebro grande, estava bem estabelecido na Europa há cerca de 400 mil anos e, comparativamente, até bem pouco tempo, suas habilidades inalteradas para a construção de ferramentas eram tão boas quanto qualquer outra no mundo. De repente, há menos de 200 mil anos, uma nova subespécie, o *Homo sapiens sapiens*, da qual descendem todos os seres humanos, evoluiu na região atualmente conhecida como Quênia e Etiópia.[10] Fósseis e evidências mitocondriais indicam que essa transformação teria ocorrido 170 mil anos a.C.[11] De um momento para outro, o kit de ferramentas dos primos africanos dos homens de Neandertal tornou-se progressivamente mais complexo. Em vez de apenas machados feitos de pedra, pontas de lança e raspadores, apareceram atiradores de lança, agulhas feitas de ossos, anzóis com farpas, contas decorativas e inúmeras maneiras mais eficientes de produzir ferramentas de pedra. Entre 40 mil e 60 mil anos atrás, esses humanos modernos chegaram à Europa para ficar. Tais mudanças, além de permitir caçadas mais eficientes e com maior cooperação, levaram também a um crescimento exponencial da população humana moderna em comparação à do homem de Neandertal.

A explicação mais plausível para essa explosão criativa verificada nos humanos modernos foi o desenvolvimento de uma linguagem melhor devida tanto à evolução genética como à evolução cultural. Tratemos primeiro aqui da evolução genética. A habilidade linguística moderna talvez se deva a uma mutação fortuita em genes como o FOXP2, que contribui para o controle da musculatura facial. Ele difere do FOXP2 dos chimpanzés em apenas dois aminoácidos, mas foi selecionado positivamente em todos os seres humanos atuais.[12] Estima-se que essa mutação tenha ocorrido entre 100 mil e 200 mil anos atrás, coincidindo com o surgimento dos humanos modernos.[13] Defeitos congênitos no FOXP2 humano levam ao comprometimento dos músculos da língua.

Três evoluções

A mutação do gene microcefalina (MCPA1), que regula o tamanho do cérebro, parece ter aumentado rapidamente nas populações humanas há cerca de 40 mil anos.[14] Já a mutação de um outro gene humano, o ASPM, que aparentemente também regula o tamanho do cérebro, pôde ser observada há mais de 6 mil anos e, desde então, espalhou-se pelas populações humanas sob forte seleção positiva.[15] Apenas o tempo vai mostrar se essas últimas supostas mutações evolutivas contribuíram de maneira significativa para o desenvolvimento da humanidade.

A evolução cultural, mediada pela linguagem, é tão importante para a sobrevivência humana quanto a complexidade cerebral, mediada pela evolução genética, é para a sobrevivência dos mamíferos. Afinal de contas, a evolução cultural é mais rápida e mais flexível que a evolução genética. Graças à comunicação cultural eficaz, o conhecimento acumulado ao longo da vida não precisava mais morrer com o indivíduo. O conhecimento começou, assim, a se expandir e, à semelhança dos juros compostos, o estoque de conhecimento humano aumentou de maneira exponencial. A capacidade de se desenvolver culturalmente deu aos humanos modernos uma vantagem evolutiva extraordinária em relação ao homem de Neandertal. Foi como se o *hardware* do cérebro humano agora permitisse a adição de *software*.

Em virtude de sua vulnerabilidade física a predadores, o *Homo sapiens* tornou-se a mais social das criaturas da savana africana. Para conseguir se proteger, os humanos modernos passaram a sobreviver não apenas por meio dos genes "egoístas" e da sobrevivência daquele mais apto, mas também transcendendo o interesse pessoal em prol dos demais.[16] Assim, do mesmo modo como a existência da comunidade se faz necessária para a criação das crianças – sejam elas descendentes de caçadores-coletores ou de citadinos do século XXI –, a evolução nas relações de partilha de alimentos exige que os indivíduos compartilhem sua comida em períodos de fartura para que, nas épocas de vacas magras, beneficiem-se da generosidade alheia.

Nos últimos 50 mil anos, a evolução da força e da ferocidade humana passou a contribuir cada vez menos para a sobrevivência. Em vez disso, há boas evidências de que a melhora na comunicação possibilitou organizações sociais maiores e mais complexas.[17] Tais mudanças resultaram na maior partilha, pela comunidade, dos grandes animais abatidos na caçada e em um aumento na disposição para cuidar dos deficientes e doentes. O *Homo sapiens sapiens*, criativo e mais esbelto, passou a viajar para locais mais distantes e realizar comércio, aprender e se acasalar com outros membros de sua espécie dos quais não era parente e que moravam a centenas de quilômetros de distância. O homem de Neandertal, musculoso, de cérebro grande e despreparado para percorrer grandes distâncias, permaneceu enraizado em sua caverna nas montanhas, com seus mesmos antigos costumes e, talvez, tenha se tornado prisioneiro genético de redes exclusivas de consanguinidade.

Para Derek Bickerton, linguista altamente conceituado, a evolução da linguagem moderna talvez tenha também contribuído para a evolução cultural ao permitir o domínio dos tempos verbais passado e futuro.[18] Quando se vive um dia após o outro, a vida se torna bastante mundana. No entanto, se você tem um passado, começa então a se indagar sobre suas origens; e, se possui um futuro, a querer saber, por exemplo, o que vai acontecer depois da morte. A realidade é substituída pela reverência; e tem início a vida espiritual meditativa. Quando estamos limitados apenas ao tempo presente, é difícil discutir os benefícios da gentileza. O tempo passado ajuda você a discutir as gentilezas que recebeu, e o tempo futuro, a sugerir aos demais que fazer o bem sem olhar a quem pode ser vantajoso. As consequências da gratidão, do amor e da compaixão, características límbicas, podem ser trazidas à consciência por meio de uma linguagem que inclui os tempos passado e futuro.

Seja como for, além da evolução cultural e de um kit de ferramentas mais sofisticado, uma outra mudança evolutiva ocorreu entre 30 mil e 40 mil anos atrás em lugares afastados, como a cadeia montanhosa Kimberley, na Austrália, e as cavernas calcárias de Dordogne, na França.[19] O *Homo sapiens* começou a decorar as cavernas de maneiras que ainda hoje despertam reverência espiritual e admiração por sua beleza em seus descendentes do século XXI. Por motivos ainda não compreendidos, a capacidade de criar beleza e a reverência espiritual andam de mãos dadas.

Outro desdobramento da evolução cultural nos seres humanos foi a crescente capacidade para uma consciência focada. É bem verdade que o olhar aguçado da águia pode, instintivamente, distinguir de longe uma pedra de um rato melhor do que o olho humano. O faro do cão tem maior capacidade de discriminação do que o nariz do seu dono. Mas os humanos podem refletir sobre a diferença e levar a questão dos sentimentos (Estou com fome? Sou amado?) a uma consciência reflexiva e à consciência alheia.

Os críticos de botequim da evolução cultural talvez questionem se realmente houve algum progresso. Eles podem zombar das inconsistências verificadas nas punições aplicadas pelo moderno sistema judiciário, mas, nos últimos 30 séculos, por meio da reflexão cultural consciente sobre as consequências a longo prazo de uma retaliação furiosa, a coibição do comportamento criminoso tornou-se cada vez mais pragmática e piedosa. O pessimista pós-moderno pode mencionar o índice estarrecedor de homicídios com armas de fogo verificados nas cidades norte-americanas, mas as evidências apontadas pela linha do tempo são mais encorajadoras. No século XIII, por exemplo, a taxa de homicídios na Europa era de 40 para cada 100 mil pessoas. Por volta do século XVII, essa taxa havia caído pela metade e, no século XVIII, mais uma vez foi reduzida ao meio. No final do século XX, a taxa de homicídios na Europa havia caído para aproximadamente 2% do valor observado sete séculos antes.[20] Sem dúvida, em Detroit e em muitos países do Terceiro Mundo, a taxa de homicídios ainda equivale à da Europa do século XVIII.

No século XIII, o rei Luís IX da França ordenou o massacre de centenas de supostos hereges franceses e, depois, durante as cruzadas, o genocídio de inúmeros judeus e muçulmanos. No entanto, ainda assim, ele foi canonizado e transformado em São Luís por seus admiradores europeus.[21] Sim, massacres acontecem ainda hoje, mas, em nosso século, são condenados em todo o mundo, e seus autores, geralmente punidos, não canonizados. Não há dúvidas, claro, que muito ainda precisa ser melhorado.

Ao longo dos milênios, por meio da evolução cultural, as religiões também evoluíram. Evidências de religiões organizadas já podiam ser encontradas junto às evidências de povoados fixados entre 7 mil e 12 mil anos atrás. O crescimento da religião aconteceu em paralelo ao crescimento das vilas e, posteriormente, das cidades. Entretanto, há até 2 mil anos, grandes cidades surgiram para logo desaparecer. Religiões baseadas no poder, na culpa, na retaliação e na hierarquia eram incapazes de sustentar as grandes cidades do mundo. Ur, Babilônia, Mohenjo-Daro, Cartago, Tebas, Machu Picchu, a metrópole maia Tikal e as primeiras capitais chinesas e egípcias desapareceram para sempre sob a areia, os campos e a selva.

Foi somente após um milênio transformador que se estendeu de 600 a.C. a 700 d.C. que o Budismo, o Confucionismo, o Cristianismo e o Islamismo se estabeleceram. Embora soe absurdo para alguns ouvidos modernos, essas religiões organizadas mais posteriormente enfatizavam o amor e a compaixão em vez do medo e da dominação. Foi esse milênio transformador que permitiu que as grandes cidades perdurassem. Ao contrário das primeiras cidades da história que se autodestruíram, as comunidades mais modernas transformaram a cidade de um amontoado de tribos rivais em uma colmeia mais igualitária. Jerusalém, por exemplo, é indiscutivelmente a cidade mais antiga do mundo que continua a ter relevância. Talvez não seja coincidência o fato de que, por volta de 600 a.C., a retaliativa Lei Mosaica dos judeus tenha dado lugar às sugestões amorosas de um profeta mais gentil:

> Cessem de fazer o mal,
> Aprendam a fazer o bem;
> Tratem os outros com justiça,
> Ajudem os oprimidos;
> Defendam os órfãos,
> Protejam as viúvas.
> – ISAÍAS 1:16-17

Durante os 12 séculos entre 600 a.C. e 700 d.C., os sábios e profetas espirituais desenvolveram *insights* cognitivos e rituais emocionais que utilizavam emoções límbicas positivas inatas para combater a agressão. As práticas empáticas das importantes religiões do mundo serviram para mitigar a xenofobia e a territorialidade, grandes responsáveis pela violência tribal e para as quais os seres humanos estão igualmente capacitados.

Três evoluções

Karen Armstrong, ex-freira e uma mestra na arte da autobiografia, é uma das maiores professoras vivas de religião comparada. Seguindo a orientação de 1948 do filósofo alemão Karl Jaspers, Armstrong, em seu livro magistral *Grande transformação – O mundo na época de Buda, Confúcio e Jeremias*, intitulou esse período de Era Axial, mas estabelece as datas um pouco anteriores às minhas (900-200 a.C.); no entanto, a moral da historia é a mesma. Nas palavras de Armstrong, "a Era Axial ampliou as fronteiras da consciência humana e descobriu uma dimensão transcendente no âmago do ser, mas isso não foi considerado necessariamente sobrenatural (...). Se perguntassem a Buda ou a Confúcio se acreditavam em Deus, eles provavelmente teriam hesitado e explicado, de maneira muito polida, que essa pergunta não era apropriada".[22] O que importava para Confúcio, Sócrates, Cristo e Isaías não era no que os indivíduos acreditavam, mas como se comportavam. Não fale, mostre. "Deus" era a experiência da compaixão amorosa, não um patriarca onipotente, crítico e amiúde colérico.

Para a humanidade em evolução, a Era Axial também refletia o que o franco-suíço Jean Piaget, defensor da psicologia do desenvolvimento e grande estudioso do desenvolvimento infantil, mais tarde viria a chamar de "operações formais". Sem as operações formais (definidas como a capacidade de abstrair princípios gerais a partir de observações concretas), a ciência e a moralidade madura não seriam possíveis. As religiões tiveram de se ater menos à palavra escrita e distinguir entre metáfora e mito. Além disso, por meio da introspecção disciplinada, a humanidade despertou para a vasta individualidade que jaz sob a superfície da mente e tornou-se plenamente "consciente de si mesma".[23] O trágico em todas as religiões fundamentalistas é que seu raciocínio concreto se assemelha mais ao de um aluno do terceiro ano fundamental do que ao de um estudante no final do ensino médio.

Em seu livro de 1990, *The Origin of Consciousness in the Breakdown of the Bi-cameral Mind*, o psicólogo de Princeton, Julian Jaynes, observou, talvez de maneira excessivamente romântica, que o século V a.C. trouxe uma mudança: passou-se de seres humanos dependentes de diretrizes morais externas (a sarça ardente de Moisés e a alucinação com vozes de deuses na *Ilíada* de Homero) para um mundo no qual a moralidade e a responsabilidade vinham de dentro, da introspecção responsável.[24] Em vez de estar destinado ao monte Olimpo ou ao Céu, Deus poderia residir dentro de cada um de nós.

Em lugar de deuses semelhantes às divindades gregas e astecas, que, como os répteis, devoravam sua prole (um exemplo disso foi Cronos), os seres humanos culturalmente evoluídos do século V a.C. conceberam modelos como Sócrates, Buda e, depois, Cristo, que sintetizavam o amor desinteressado e nos inspiravam a imitá-los. Durante esse milênio transformador, a gama de pessoas que um determinado indivíduo se sentia compelido a considerar como igualmente humanas aumentou enormemente. As "tribos" integraram-se em impérios – um processo que culminou na formação da Europa romana e da Ásia chinesa. Quando os romanos tribais xenofóbicos aprenderam a considerar milhões de "bárbaros" como "cidadãos", não apenas cidades, mas impérios tornaram-se viáveis. Hoje, o desafio para judeus, cristãos, hindus e muçulmanos continua sendo aprender a considerar uns aos outros como totalmente humanos. E a invenção cultural da internet pode ser um avanço nesse sentido.

Talvez não tenha sido por acaso que São Paulo levou os ensinamentos de Cristo às mesmas cidades gregas que haviam, inicialmente, concebido a empatia intertribal. O ateniense Ésquilo escreveu a tragédia *Os persas* apenas oito anos depois de ter lutado na grande batalha de Salamina, na qual o povo da Pérsia tentou destruir Atenas. Felizmente para Ésquilo, os gregos venceram, mas o dramaturgo não se regozijou. Na peça que escreveu sobre a guerra, ao contrário de Homero, ele não menciona nenhum herói grego. Em vez disso, deseja que seu público se compadeça dos persas.

> A viúva se levanta do doce leito,
> Imagem do amado assolando o espírito,
> Tira seus ricos adornos de qualquer jeito,
> E seu pesar segue num fluir infinito. [25]

Antecipando a união das nações – que até a fundação da ONU, em São Francisco, em 1944, não podia ser sequer imaginada como uma realidade possível –, Ésquilo descreve os inimigos mortais Grécia e Pérsia como "irmãs da mesma raça (...), de beleza e graça impecáveis".[26]

Em uma China dilacerada pelas disputas tribais, Kong Qiu (551-479 a.C.), cujo nome ocidental é Confúcio, desenvolveu os princípios morais do Novo

Testamento 500 anos antes de Cristo e 2.500 anos antes de Schweitzer e Gandhi. O "método" de Confúcio não levava ao Céu nem à proteção de Jeová, mas sim a um "estado de bondade transcendente",[27] o que, sem dúvida, também ajudou a catalisar a unificação da China. Se as pessoas fossem capazes apenas de subordinar o egocentrismo à empatia, então esse seria o sentido de santidade. No Ocidente, às vezes imaginamos Confúcio como alguém que simplesmente insistia para que os filhos se submetessem aos pais e as noras às sogras, mas, em Os analectos, os guerreiros são instruídos a se "submeter" aos inimigos; e os reis, aos servos. "A fim de se alicerçar, é preciso tentar alicerçar os outros. A fim de se expandir, é preciso tentar expandir os outros."[28]

Na juventude, Buda buscou aprender a compaixão por meio de práticas meditativas intensas e submissão obediente à privação física rigorosa ministrada por autoritários mestres iogues. Ele então experimentou, ao menos segundo a lenda, um *insight* repentino. Recordou-se de uma cena da infância em que observava um sulco aberto pelo arado em uma cerimônia da primavera. O jovem menino sensível notou os tufos de grama arrancados e os insetos brutalmente mortos pelo ritual, e sentiu uma profunda pontada de dor seguida de um momento de alívio espiritual e, então, pura alegria. "Será este o caminho para a iluminação?", perguntou-se o jovem Sidarta. Em vez de adotar a automortificação negativa dos iogues, talvez fosse possível atingir o nirvana comportando-se de maneira gentil e bondosa com todas as criaturas vivas. "A partir daquele momento, ele passaria a trabalhar *com* a sua natureza humana e não contra ela."[29]

Pouco antes da "grande transformação" mencionada por Armstrong, ocorreu uma outra importante mudança que transformou a mente neolítica: a invenção da escrita. Passo a passo, a evolução da primeira linguagem, depois da escrita e, finalmente, da imprensa levou à supremacia da cognição do cérebro esquerdo sobre a musicalidade e a intuição do cérebro direito. Ao mesmo tempo em que os memes culturais de religiões compassivas se espalhavam por todo o globo, a disseminação simultânea da capacidade de ler e escrever ao longo dos últimos 2 mil anos possibilitou a evolução gradual da ciência em detrimento da espiritualidade. Conforme já foi observado, a subordinação crescente da emoção positiva límbica à ciência neocortical do cérebro esquerdo prosseguiu até a última metade do século.

52   Fé – evidências científicas

Com certeza, a invenção cultural da escrita e, depois, a invenção da imprensa, há 500 anos, foram de fato passos enormes para a humanidade. Estavam criadas as ferramentas para a compreensão do mundo. As informações culturais importantes para a sobrevivência não precisariam mais ser permeadas por emoção e reverência neolítica para que fossem transmitidas adiante. Memórias importantes e neutras poderiam ser codificadas e partilhadas. Nas culturas anteriores à escrita, todo o conhecimento tinha de ser passado oralmente de uma geração para outra. Portanto, o avanço tecnológico em sociedades caçadoras-coletoras, apesar de ter sido mais rápido do que para os homens de Neandertal, ainda assim foi muito gradual. A escrita acelerou todo o processo. Antes de sua invenção, a *Ilíada* poderia existir apenas na imaginação de alguns brilhantes contadores de história com talento dramático, mas hoje ela e suas lições podem ser encontradas em panfletos baratos, impressos sem paixão, disponíveis a qualquer estudante do Alabama ao Zanzibar que tenha interesse em sua leitura. No entanto, a "música" de Homero por vezes é perdida na tradução.

O aspecto negativo, claro, foi o fato de que, além do avanço tecnológico, a escrita criou também dogmas. Ao longo dos últimos 2 mil anos, os humanos letrados "desaprenderam" a pensar com o cérebro com o qual nasceram. Quanto mais a humanidade aprendia a pensar racionalmente, mais se alienava da sua espiritualidade emocional inata. Desde o Iluminismo, esse divórcio entre emoção e razão tornou-se cabal para muitos ocidentais. Como já comentei, antes de a neurociência, a antropologia cultural e a etologia penetrarem na cultura nos últimos 50 anos, as emoções positivas estavam praticamente abandonadas como foco de pesquisa científica respeitável.

Desde o Iluminismo, humanistas como Carl Rogers e Richard Dawkins esqueceram que a reverência e os rituais religiosos muitas vezes ajudam a humanidade a se lembrar de verdades importantes. Por exemplo, quando os colonizadores ingleses letrados, científicos e com habilidades para elaborar mapas chegaram à Austrália, sentiram somente desprezo pelos aborígines neolíticos. Para eles, os aborígines eram sujos, sub-humanos, pouco inteligentes e possuíam a religião mais boba que se pode imaginar. Embora os ingleses não considerassem perigosa a espiritualidade "onírica" dos aborígines, de modo algum eles a consideravam saudável ou com alguma base além de mera superstição infantil.

Três evoluções 53

Em 1800, os "iluminados" ingleses jamais poderiam ter imaginado que aquela raça "inferior" em termos de DNA, intelecto e antepassados – datada de 100 mil anos atrás – era idêntica a eles. Tampouco poderiam ter imaginado que os ancestrais dos aborígines haviam criado artes rupestres evocativas praticamente na mesma época em que seus ancestrais ingleses de pele mais clara haviam pintado as paredes de pedra calcária em Lascaux e Altamira.[30] Os culturalmente meticulosos ingleses ainda têm dificuldades para compreender que, em algumas línguas aborígines, não existe uma palavra para "tempo" e, apenas a contragosto e lentamente, declararam-se admirados com a habilidade intuitiva de rastreamento apresentada pelo "cérebro direito" dos nativos. Alheios à moderna neurociência cognitiva, os ingleses ainda não haviam assimilado a sabedoria de parachoque de caminhão: "Não acredite em tudo o que você pensa."

Com o tempo, os ingleses aprenderam a admirar o fato de que, apesar de mapas e bússolas, os colonizadores morriam de sede nos cafundós da Austrália, enquanto os aborígines conseguiam encontrar água. Um mistério. Os ingleses *compreendiam* a doce razão da ciência do Iluminismo, mas morriam de sede; os aborígines não sabiam ler nem calcular as horas, mas conseguiam sobreviver apesar disso. Apenas recentemente, os antropólogos concluíram que o mundo "onírico", supersticioso, animista e dominado por fantasias dos aborígines australianos lhes proporcionava um mapa de sobrevivência repleto de veneração, embora nem sempre consciente. Sem a linguagem escrita ou as habilidades racionais para desenhar mapas (que evoluíram paralelamente à aquisição da escrita pelo "cérebro esquerdo"), os aborígines desenvolveram histórias emocional e espiritualmente significativas para se lembrar de toda e qualquer rocha, córrego e fonte de água existente no meio em que viviam. Essas fábulas aparentemente irracionais, mas de importância afetiva, permitiram aos aborígines encontrar água, tão vital no deserto, geração após geração. De maneira mais provocativa, podemos dizer que, na verdade, a espiritualidade "onírica" dos aborígines ofereceu aquilo que a Bíblia impressa do homem branco e seus mapas científicos apenas prometeram. "O Senhor é o meu pastor e nada me faltará (...). Ele me leva a águas tranquilas." (Salmo 23).

Indiscutivelmente, a publicação de *A origem das espécies* por Charles Darwin, em 1859, competiu com a invenção da imprensa como catalisadora da evolução cultural humana. Charles Darwin e Alfred Wallace reconheceram que, assim como a Terra não é o centro do universo, tampouco o é o *Homo sapiens*. Os humanos não passam de mamíferos em desenvolvimento. Assim como Cristo, Darwin representa um passo à frente na formação da sabedoria espiritual e da humildade.

Um século depois de Darwin, mas antes da elucidação científica das emoções positivas, dois biólogos evolucionistas realizaram um esboço ousado da possível evolução futura da humanidade. O primeiro foi Pierre Teilhard de Chardin, jesuíta francês e famoso paleontólogo que ajudou a descobrir o Homem de Pequim. De um lado, a Igreja Católica o proibiu de lecionar porque, como evolucionista, ele expressava abertamente suas opiniões; de outro, ele foi condenado por biólogos evolucionistas, como Stephen Jay Gould, por ser teísta. O colega visionário de Teilhard era *sir* Julian Huxley, o irmão ateísta de Aldous Huxley e neto de T. H. Huxley, às vezes chamado de "buldogue de Darwin". Julian Huxley podia até ser ateísta, mas foi o espiritualizado cofundador do World Wildlife Fund* (WWF) e o primeiro diretor-geral da Unesco. Além disso, também redigiu a introdução do livro mais famoso de Teilhard, *O fenômeno humano*, escrito entre 1938 e 1940, mas publicado apenas em 1955.[31] (Teilhard, assim como Galileu, foi reabilitado pela Igreja Católica somente nos últimos 50 anos).

Tanto o ateísta Huxley como o teísta Teilhard acreditavam que, se a humanidade tivesse consciência da evolução, isso tornaria possível evoluir ainda mais e que uma evolução futura, se ocorresse, seria organizada em unidades sociais cada vez mais cooperativas. O neologismo de Teilhard, "noosfera", sugeria que "o homem não é nada mais do que a evolução consciente de si mesma". Os níveis mais elevados de consciência no universo poderiam, então, ser associados à maior organização psicossocial.[32] Um sonho talvez, mas nos últimos 50 anos, a Unesco e o WWF, inimagináveis na época de Darwin, conseguiram prosperar. No século XXI, tanto os unificadores efeitos da internet como a aterradora decodificação do genoma humano espelham adições à visão de Huxley e Teilhard sobre a potencial evolução coletiva promovida pela própria humanidade.

---

* N.T.: ONG ambientalista criada em 1961 na Suíça para combater a devastação da natureza.

O mundo continua sendo um lugar muito perigoso, mas nosso entendimento das emoções positivas está melhorando. A evolução da ciência no passado bem recente nos aproximou da espiritualidade, não o contrário. A maioria dos estudos científicos citados neste livro em defesa das emoções positivas têm menos de 10 anos. Ao longo da última década, as escolas de medicina dos Estados Unidos e as ciências biológicas em geral fizeram um esforço crescente para evitar que o bebê da espiritualidade fosse jogado fora com a água de banho religiosa.[33] Atualmente, um curso sobre emoções positivas é o mais popular em Harvard.[34]

Durante milênios, os teólogos, em sua maioria homens, sugeriram que a espiritualidade estaria relacionada a questões intelectuais básicas como "Quem sou eu? Por que estou aqui? O que acontece quando morremos? Como posso agradar ao meu Deus?". Essas questões cognitivas áridas têm a ver com deuses patriarcais e com um "eu". No último século, entretanto, antropólogos culturais (como Margaret Mead), etólogos (como Jane Goodall) e neurocientistas (como Andrew Newberg) têm se inclinado a sugerir que a espiritualidade reflete questões límbicas relacionadas ao amor, à comunidade, às emoções positivas e ao sentimento de "ser uno com o universo".

Desde o Iluminismo, a espiritualidade continua a evoluir culturalmente sob a tela racional, pós-moderna e sofisticada do nosso radar. Alfred Nobel enriqueceu vendendo explosivos para o mundo; seus descendentes são hoje tão invisíveis quanto as ruínas da primeira Troia. Apenas seu legado espiritual de prêmios para a beleza, a verdade e a paz permanece vivo. Não é preciso voltar muito no tempo para encontrar uma era em que a praga das guerras intertribais que hoje assolam a África afligia todo o globo. Nos últimos 2 mil anos, grupos cada vez maiores de pessoas etnicamente diversas têm aprendido a viver juntos em cooperação. Desde a unificação da China após o caótico Período dos Reinos Combatentes há dois milênios até a União Europeia, no século XXI, a humanidade tem caminhado na direção da "unidade" mística que associamos ao êxtase espiritual. Esperança, perdão e compaixão desempenharam papéis fundamentais.

A ONU do século XXI, apesar de todas as suas dificuldades em arrebanhar países rebeldes, trabalha arduamente para promover a cooperação empática entre as nações – um fenômeno muito recente. Como no caso do famoso cão de

56   Fé – evidências científicas

Samuel Johnson, que andava sobre as patas traseiras, não devemos criticar o fato de a ONU avançar de forma hesitante, mas sim devemos aplaudir sinceramente o fato de ela lograr algum avanço. Há um século, uma Organização Mundial da Saúde que funcionasse seria tão inimaginável quanto um avião a jato.

Outro exemplo claro da capacidade de sobrevivência da espiritualidade transparece na história recente do Camboja. Em 1975, o Khmer Vermelho adquiriu o controle absoluto do país e, sistematicamente, por motivos sobretudo "marxistas", cognitivos e idealistas, tentou abolir o Budismo e o amor familiar. Pol Pot acreditava que o vínculo sentimental entre os membros da família e os templos budistas dispendiosos impediam o progresso social rápido e racional. Ele passou a punir com a morte tais vínculos ineficientes. (Não foram apenas muçulmanos e cristãos "religiosos" que fizeram da heresia um crime passível de pena capital; os ateístas também tiveram semelhante iniciativa.) O regime idealista de Pol Pot esperava instilar nas crianças, separadas de suas famílias, um apego à simplicidade da vida no campo e criar uma sociedade sem memórias da decadência urbana, da indolência monástica e sem a raiz de todo o mal: o dinheiro. É possível que Thoreau, Jefferson e Mohandas Gandhi tenham admirado alguns dos objetivos de Pol Pot – mas não os seus meios.

Quatro anos depois, quando o regime do Khmer Vermelho caiu, as crianças cambojanas, então órfãs, permaneceram afetivamente ligadas ao que restava de suas famílias ampliadas e o Budismo rapidamente se reafirmou como ponto alto da vida da comunidade. A recuperação do Camboja do desastre causado pelo cérebro esquerdo não resultou de um planejamento central generoso e sensato; ocorreu porque o cérebro humano está estruturado para a resiliência espiritual amorosa. Sim, *O senhor das moscas* contém alguma verdade e assassinos de crianças existem, mas não na mesma proporção que crianças cambojanas que valorizavam o amor e a espiritualidade em detrimento de uma sociedade planejada de forma racional e sem emoção. Desde o Iluminismo, sob a nossa visão racional de mundo, a espiritualidade humana continua a evoluir culturalmente.

Será que esse milagre da evolução humana se deve, como sugeriu Teilhard de Chardin, a um Deus solitário e amoroso que aguarda pacientemente que o universo em evolução alcance a "divinização da humanidade"?[35] Estaríamos destinados a nos tornar deuses? Eu pessoalmente duvido. No seu devido tempo, a ciência talvez revele que essa fé comovente não passa de uma metáfora, mas uma metáfora que enfatiza uma verdade poderosa. Do mesmo modo como às vezes, por meio do exercício racional do livre-arbítrio do cérebro esquerdo, somos capazes de substituir deliciosos bolinhos, uma coca-cola gelada e martinis por nossa necessidade biológica de fibras, brócolis insosso e os alimentos dos quatro grupos básicos, também somos capazes de substituir temporariamente a ciência imparcial, o humanismo morno e as instigantes emoções negativas por emoções positivas apaixonadas do coração humano mamífero. Entretanto, no longo prazo, nossa sobrevivência depende não apenas das "boas ideias", do marketing inteligente, de sexo, drogas e *rock'n'roll*, mas também das leis da nutrição biológica e espiritual. A ciência e as religiões dogmáticas também podem nos ajudar a sobreviver, mas não por muito tempo se, como no caso do Khmer Vermelho, carecerem de compaixão e humildade.

Além da evolução genética e cultural, há ainda uma terceira forma de evolução colaborando para a maturação da espiritualidade humana: o desenvolvimento do adulto. Nosso domínio das emoções positivas aumenta à medida que amadurecemos. Após esboçar o desenvolvimento (filogenia) das emoções positivas na espécie ao longo dos milênios, permita-me agora esboçar a embriologia individual (ontogenia) das emoções positivas ao longo da vida.

A maturação dos nossos órgãos está concluída, em sua maior parte, quando atingimos a puberdade. Na verdade, após os 20 anos, quase todos os órgãos do nosso corpo começam inexoravelmente a declinar. Apenas o cérebro humano e, portanto, a nossa capacidade de integrar prosa e paixão continuam a se desenvolver biologicamente até pelo menos os 60 anos de idade.[36]

A vida de John Newton nos fornece um exemplo da crescente moralidade na fase adulta.[37] No início da maioridade, o autor do hino religioso *Amazing Grace* evoluiu de marinheiro adolescente que se divertia com blasfêmias anticristãs e versos profanos para se tornar um capitão de navio que açoitava seus marinheiros por blasfemarem. Na juventude, o próprio

John Newton havia sofrido com a humilhação e as correntes da escravidão; ainda assim, quando chegou à faixa dos 30, não via problema algum em ser o capitão que transportava para as colônias e depois vendia escravos acorrentados.

A composição de hinos substituiu os versos indecentes da juventude. À maneira dos autores cristãos da *Declaração da independência*, John Newton escreveu seu hino de gratidão ao "Deus que salvou um desgraçado como eu" sem demonstrar empatia pelos desgraçados que excluía. Para o John Newton de meia-idade, assim como para o Thomas Jefferson de meia-idade, vida, liberdade e busca da felicidade não se aplicavam se você tivesse a cor de pele errada ou fosse uma mercadoria valiosa.

O cérebro humano, da mesma forma como a cultura humana, demora um tempo para amadurecer. Portanto, foram necessários tanto o desdobramento cultural do Iluminismo inglês como a maturação do sistema nervoso central para que o cristão obediente, capitão e ex-escravo – agora reverendo John Newton – se tornasse um abolicionista dedicado e apaixonado. Para ele, o processo de desenvolvimento levou 40 anos! A maturação e a espiritualidade desenvolvem-se juntas, mas devagar.

Em um trabalho magistral, Ana Maria Rizzuto, psicanalista de Boston, estudou o modo como as crianças desenvolvem sua imagem particular de Deus. Ao fazer isso, ela representou graficamente o desenvolvimento da ideação espiritual pré-verbal. "Por volta dos 3 anos de idade, a criança amadurece cognitivamente a ponto de se preocupar com noções animistas de causalidade (...). Por meio do questionamento, ela tenta chegar a uma resposta final e não se satisfaz com explicações científicas. A criança quer saber quem move as nuvens e por quê. Se disserem que é o vento, ela vai querer saber quem move o vento e assim por diante (...). Esse encadeamento incessante de causas leva inevitavelmente a um 'ser superior'."[38]

Nas modernas crianças de 3 anos, o animismo neolítico continua bem vivo. Nessa idade, meu irmão, agora avô e médico superracional, passava suas noites nova-iorquinas em um mundo emocionante povoado por *rokers* e *dophies*. À noite, quando sentia medo, ele tinha de pegar um *roker* (a parte afilada do prédio da Chrysler) para alfinetar os *dophies* (os monstros assustadores que sobrevoavam seu quarto) no teto.

Três evoluções

Rizzuto então adverte: "As criações fictícias da mente – aquelas de artistas criativos, por exemplo – apresentam o mesmo potencial para regular a nossa função psíquica que as pessoas de carne e osso ao nosso redor (...). A vida humana fica empobrecida quando essas inúmeras experiências são reprimidas por um realismo psíquico que agride a criatividade incessante da mente humana".[39] À medida que amadurecemos, esquecemos que um dia trouxemos na imaginação a imagem viva da nossa ideia de Deus. Por meio da indução gentil, Rizzuto conseguiu fazer adultos desenharem o que a maioria das crianças e muitas pessoas iletradas fazem sem indução: sua imagem de Deus. Claro que nenhuma destas era idêntica e muitos dos desenhos lembravam membros da família.

A capacidade de ler e escrever afeta o desenvolvimento da fé infantil do mesmo modo como a invenção do alfabeto e da imprensa afetou o desenvolvimento da humanidade. No jardim de infância, as crianças já são educadas para abandonar o animismo, bem como as lágrimas e a alegria ruidosa. A mente da criança começa a se esvaziar das imagens elementares, sobrenaturais, fantásticas e sagradas do "cérebro direito", que povoavam com presságios, pressentimentos e prodígios assombrosos a mente dos caçadores-coletores iletrados e das crianças pós-modernas de 3 e 4 anos. Na escola primária, a realidade maravilhosa do Papai Noel desaparece de maneira tão progressiva e inexorável como o gato de Cheshire em *Alice no país das maravilhas*. Dependendo da cultura, o poeta, o sonhador, o xamã ou o místico religioso algumas vezes retém a capacidade de voltar à mentalidade da criança de 3 anos e, assim, salvar as primeiras faculdades criativas não verbais do domínio da prosa racional do cérebro esquerdo. Esses indivíduos literalmente visionários nos ajudam a compreender com maior amplidão nosso papel pouco importante no universo.

A incorporação de rituais faz parte do desenvolvimento do adulto, mas apresenta um aspecto negativo. Uma das desvantagens do desenvolvimento emocional humano é que, às vezes, o que vibrava em nosso coração se torna cada vez mais petrificado para caber no *software* rigidamente formatado da cultura. Basta recordar como as vitorianas imobilizavam o corpo dentro de espartilhos apertados e cobriam as pernas dos pianos para que não despertassem desejo sexual.

Obviamente, há também um lado positivo no desenvolvimento do adulto. Com a maturidade, as emoções positivas voltam-se cada vez mais para o bem-estar da comunidade em vez de se focar apenas o indivíduo. Em um estudo realizado nos anos 1930 sobre os "desejos" dos adultos, entre os entrevistados que tinham 25 anos de idade, 92% dos desejos estavam diretamente relacionados ao próprio indivíduo; contudo, entre aqueles que tinham por volta de 60 anos de idade, apenas 29% dos desejos estavam voltados para o próprio eu; 32% focavam a família e 21% a humanidade em geral.[40] Os entrevistados de 25 anos, que naquela época viviam os anos de Depressão autocentrada, amadureceram, claro, e vieram a se tornar os pais que se horrorizavam diante dos excessos de seus "filhos da flor"* nos anos 1960. Como os adolescentes do começo dos tempos, o discurso dos "filhos da flor" era mais altruísta do que seus atos. Desde o início da história, as pessoas de 50 anos consideram os jovens de 20 egoístas, mas elas se esquecem que ser egoísta faz parte do desenvolvimento do jovem adulto. Conforme observa a especialista em psicologia do desenvolvimento Carol Gilligan, não teremos um eu para dar abnegadamente se antes não formos egoístas.[41]

O estudo dos desejos foi realizado por uma influente professora de Berkeley, Else Frenkel-Brunswik, que ajudou na formação de seu colega de trabalho mais famoso Erik Erikson, também de Berkeley. Erikson chamou de "generatividade" a transição da juventude para a meia-idade e via a virtude da meia-idade como uma mudança que levava o indivíduo a se importar com a geração seguinte. Em outras palavras, à medida que abandonamos nossos próprios desejos de bonecas Barbie e barulho de cascos de renas em nosso telhado, substituímos tais sonhos pela agradável tarefa de encher nossos filhos de presentes no Natal. Nossa proeza sexual declina continuamente após os 16 anos, e nossa força após os 25. No entanto, a capacidade do nosso cérebro de zelar pelas pessoas que estão fora do nosso padrão de parentesco evolui ao longo de toda a vida. É assim que está geneticamente programado o cérebro em desenvolvimento dos adultos, mas a progressão psicossocial individual deve ser catalisada pela evolução cultural.

---

* N.T.: Comunidade hippie que elegeu a flor como símbolo do movimento.

Três evoluções

Com a maturidade, chega uma habilidade crescente para modular e diferenciar nossas emoções negativas. Por exemplo, quando nossas lágrimas são de raiva, indicando que devemos afastar as pessoas, e quando são de separação, indicando que devemos mantê-las por perto? Essa é uma distinção que a maioria dos avós consegue fazer, mas muitos jovens de vinte e poucos anos não.

Jean Piaget observou que a moralidade das crianças – independentemente da instrução religiosa – amadurecia da crença egoísta primitiva para, a princípio, a piedade baseada em normas e, depois, o altruísmo adulto.[42] Esse processo de amadurecimento individual é notavelmente similar à maturação evolutiva das tradições religiosas tribais em urbanas. Piaget utilizava as regras infantis do jogo de bola de gude para ilustrar como a moralidade infantil evoluía para além da amoralidade autocentrada dos 3 anos de idade (p. ex., o poder justifica tudo, Deus está do lado dos fortes e o todo-poderoso Zeus pode dormir com quem quiser). Entre os 6 e os 10 anos de idade, as regras do jogo de bola de gude, como os Dez Mandamentos, são metaforicamente gravadas em pedra. Sem querer fazer nenhum trocadilho, Piaget chamou de "operações concretas" esse estágio do desenvolvimento do pensamento. Há apenas um modo de jogar bola de gude, todos os demais são errados. Os direitos concretos de retaliação tornam-se supremos. Impõem-se as leis retaliativas do Velho Testamento (olho por olho e dente por dente) encontradas no desenvolvimento tribal inicial. A justiça supera o zelo. Povoados vietnamitas, como os hereges de Torquemada, precisam ser destruídos para serem "salvos".

Na adolescência, tanto a paixão límbica como a intolerância intelectual neocortical são domadas pela faceta do desenvolvimento cognitivo que Jean Piaget intitulou de "operações formais". Os adolescentes descobrem que há muitas formas de jogar bola de gude e que os perdedores também merecem misericórdia e aplauso. A motivação e a causa tornam-se importantes. Quebrar uma xícara de propósito merece punição mais severa do que quebrar dez xícaras por engano. Além do mais, Piaget notou ainda que tal maturação moral resulta do desenvolvimento biológico e não verbal ocorrido fora da escola, não da instrução lexical oferecida pela "escola dominical". Apenas adultos maduros são capazes de conceitualizar a tolice dos jogos ganha-perde.

Assim como o telescópio de Galileu e o método experimental de Francis Bacon forçaram os cristãos devotos a abandonar algumas crenças e coroaram o nascimento do Iluminismo, Piaget observou que, quando as crianças chegam à adolescência, desenvolvem a capacidade de colocar princípios gerais acima do pensamento concreto. Isso pode significar aceitar que a Terra não é o centro do sistema solar. Pode significar compreender que Deus, Alá, Jeová e a reverência que se tem ao experimentar o amor desinteressado talvez signifiquem a mesma coisa.

As operações formais nos permitem mudar do específico para o abstrato, e a Regra de Ouro* é um bom exemplo disso. Como a Regra de Ouro, a capacidade para as operações formais surgiu tardiamente na filogenia da nossa espécie e, do mesmo modo, ocorre tardiamente também na evolução do indivíduo. As operações formais permitem-nos classificar tanto os membros do Hamas quanto da Festa do Chá de Boston** como combatentes da liberdade *e* terroristas. As corajosas tripulações do B-17 e do B-29, que deram a vida para destruir Hamburgo e Tóquio, eram formada por heróis patriotas e terroristas, às vezes, assassinos suicidas de dezenas de milhares de mulheres e crianças inocentes. Mas lembre-se que escrevo essas palavras como um avô de 72 anos. Aos 20, tais pensamentos hereges não teriam cruzado minha mente patriota. Aos 35, eu ainda me surpreendia ao descobrir que meus filhos nascidos após a década de 1960, quando brincavam de índios e caubóis, tomavam o partido dos nativos americanos.

Nossa capacidade de planejar e agir com maturidade é poderosamente afetada pelos lobos frontais. Embora essas estruturas costumem ser identificadas como a parte do neocórtex humano de evolução mais recente, estudos atuais sobre a função e a estrutura neural do cérebro têm sugerido, paradoxalmente, que os giros frontais mais relevantes para a emoção, sobretudo os giros ventromediais, na verdade fazem parte tanto do sistema límbico arcaico como do recentemente expandido neocórtex.[43]

---

* N.T.: É um princípio moral geral encontrado em praticamente todas as culturas e religiões que enfatiza que não se deve fazer ao próximo o que você não gostaria que fizessem contra você.

** N.T.: Em protesto contra o governo britânico, em 16 de dezembro de 1773, os colonos norte-americanos invadiram os barcos da Companhia Inglesa das Índias Ocidentais que estavam ancorados no porto de Boston e lançaram o carregamento de chá ao mar.

À medida que amadurecemos, nossos lobos frontais ligam-se ainda mais ao resto do sistema límbico. Em uma linguagem mais científica, a mielinização embriológica (insulação) dos sistemas neurais conectores aumenta pelo menos até os 60 anos de idade.[44] A mielinização das fibras nervosas acelera a condução e permite que o neocórtex module os centros emocionais mais primitivos – e seja modulado por eles – de maneira mais nuançada e baseada na experiência. Portanto, com a maturação adulta, o planejamento torna-se ligado à paixão de maneira cada vez mais harmoniosa; ficamos mais parecidos com "adultos" e menos com adolescentes. Aos 18 anos, fugir para se casar é romântico e emocionante, porém, se o casamento for durar mais que algumas semanas, parentes gratos por uma recepção amorosa são muito mais divertidos do que parentes ressentidos. E os presentes de casamento com certeza ajudam a montar o novo lar. Nós podemos planejar o presente ou o futuro; está tudo nos nossos lobos frontais.

No entanto, a maturação não ocorre da noite para o dia. Os adolescentes, assim como as religiões, lutam por identidade e unidade. Os jovens precisam de dogmas. Se você não acredita que sua identidade é única, então não possui identidade. As comunidades religiosas, à semelhança das rodinhas de adolescentes, são deliberadamente homogêneas. Tais comunidades tendem a excluir ou até mesmo atacar outras comunidades. Por isso, o humanista britânico superdarwiniano Richard Dawkins não estava totalmente errado ao afirmar que os memes culturais das religiões intolerantes, como os adolescentes patriotas belicosos de todas as idades, são análogos a um vírus perigoso.[45] Entretanto, a formação da identidade na adolescência também reflete uma necessidade do desenvolvimento.

Jane Loevinger, psicóloga do desenvolvimento da Universidade de Washington, em St. Louis, e James Fowler, psicólogo do desenvolvimento e teólogo da Universidade Emory, dedicaram a vida a aplicar as ideias de Piaget ao desenvolvimento adulto.[46] No modelo de Loevinger, a crença evolui para a confiança, e a piedade, para a tolerância. Loevinger pede que enfoquemos três estágios sequenciais do adulto: o conformista, o consciencioso e o autônomo. No estágio conformista, a moralidade é avaliada em termos de aparências concretas, e não de emoções. Você ama uma mulher se lhe der um anel de noivado. Você pode ter filhos se possuir uma certidão de casamento válida. Você era objeto de admiração se entrasse para o corpo de fuzileiros navais dos EUA em janeiro de 1942. A Rússia era o "Império do Mal" e as cores da bandeira norte-americana são destemidas. A maioria das leis e dos dogmas religiosos opera nesse nível, assim como a mente de muitos patriotas devotos em todas as nações do mundo. Se você não está do nosso lado, está contra nós.

Quando os indivíduos amadurecem, atingem o estado consciencioso de Loevinger. Amar significa colocar as necessidades do parceiro acima do próprio desejo. Você pode ter filhos quando for capaz de cuidar deles de maneira adequada. Você passa a considerar a possibilidade de que um homem continuaria sendo digno de admiração se, em 1942, preferisse a cadeia a tomar parte na guerra e matar outros seres humanos. Você valoriza as cerimônias religiosas ecumênicas e, às vezes, apoia a ONU em detrimento dos interesses do seu próprio país. Você aprende a diferenciar as suas emoções e a dominar as operações formais de Piaget.

Loevinger acredita, e eu concordo com ela, que alguns adultos, mas não a maioria, evoluem para o que ela chama de estágio autônomo. Por autônomo, ela se refere ao fato de acreditar na autonomia alheia. Em vez de dar peixe aos famintos, você lhes ensina a pescar. O amor é mais difícil do que a Regra de Ouro e envolve o paradoxo de duas pessoas com necessidades diferentes terem de encontrar soluções que satisfaçam ambas, mesmo que isso signifique separação. Mesmo tendo sido contrário à Segunda Guerra Mundial, você consegue respeitar sua neta que, com convicção patriótica, se oferece como voluntária para combater pela "libertação" do Iraque. Em outras palavras, o estágio autônomo envolve um nível profundo e empático de raciocínio moral. A prosa e a paixão, a obediência e o desejo estão perfeitamente integrados. O número de emoções que a pessoa pode trazer à consciência torna-se mais nuançado e elevado.

Mais tarde na idade adulta, o desenvolvimento cognitivo pode ir além das operações formais de Piaget e chegar ao que o psicólogo de Harvard Michael Commons chamou de "operações pós-formais".[47] Essas operações envolvem o reconhecimento da ironia e do paradoxo. Por paradoxo, entende-se aprender a confiar em um universo no qual o princípio da incerteza é o axioma básico da física quântica, no qual o bem e o mal coexistem, no qual

Três evoluções   65

crianças inocentes morrem de peste bubônica e no qual, para manter algo, você precisa renunciar a ele. Como na mecânica quântica, a certeza é uma impossibilidade. Restam apenas a fé e a confiança. O córtex frontal, sede da nossa moralidade social, pode ser límbico e neocortical ao mesmo tempo. A Igreja Católica precisou de dois milênios de evolução cultural e João Paulo II, de 80 anos de maturação pessoal para que um papa do Vaticano dominasse o paradoxo e, finalmente, se referisse a judeus e muçulmanos como "irmãos". Se a má notícia é que a maturação é um longo processo, a boa notícia é que, depois de aprender a andar de bicicleta ou entender plenamente que mulheres e homens são todos iguais, é difícil esquecer.

Um questionário do Study of Adult Development fez a um pastor presbiteriano de 75 anos perguntas provocantes: "Os tabus em relação à obscenidade, à nudez, ao sexo antes do casamento, à homossexualidade e à pornografia parecem estar mortos ou moribundos. Você acha que isso é bom ou ruim?". E ele respondeu, categórico: "Nenhuma das duas opções. Os seres humanos precisam é de limites para seu comportamento *e* de liberdade para descobrir seu verdadeiro eu; precisamos, a bem da verdade, chegar a um consenso na sociedade que equilibre limites e liberdades. Acredito que tais limites, liberdades e o equilíbrio entre eles mudam com a cultura". Em sua resposta sábia e moral, o paradoxo seguiu-se ao paradoxo.

Com a maturidade, esse pastor desenvolveu a capacidade de imaginar o mundo com olhos que não os dele. Ele percebeu que questões carregadas de emoção não poderiam ser solucionadas pelo recurso dogmático de crenças pessoais sobre o certo e o errado ou de preferências políticas. O pastor havia substituído a crença infantil em um Deus justo pela confiança no valor da consciência do grupo e compreendeu que nem todos os grupos partilham da mesma consciência. Como Albert Einstein, à medida que amadurecemos, entendemos que o tempo é uma dimensão importante que determina o formato da realidade. Mas lembre-se de que o pastor deu tal resposta aos 75 anos de idade. O aprofundamento da compreensão sobre a relatividade e a complexidade da vida transforma a crença imatura em confiança madura e a crença religiosa rígida em empatia espiritual. Ou, traduzindo a ideia para a retórica de São Paulo e para a poesia da Bíblia do Rei James:* "Quando eu era criança, falava como criança, compreendia como criança, pensava como criança; mas, quando me tornei homem, me desfiz das coisas de criança. Se antes via através de um vidro escuro, agora vejo face a face" (Coríntios 13:11-12).

Ao finalizar este capítulo, uma nota de advertência se faz necessária. Eu dei a entender que uma fé que enfatize a confiança e as emoções positivas seja mais madura do que uma fé feita de palavras, proibições e crenças rígidas. Não estou assim declarando que uma é melhor do que a outra? Ao fazer isso, arrisco inventar um círculo que me inclui, mas exclui os demais. As borboletas, porém, não são melhores do que as larvas, tampouco os avós são melhores do que seus adorados netos. As borboletas não passam de larvas em um nível diferente de maturação. Os sentimentos e a paixão não são melhores do que a prosa e a crença; eles simplesmente surgem em partes distintas do cérebro. Simplesmente uma prosa e paixão! É disso que trata a evolução humana.

Ao longo do tempo, do mesmo modo como a humanidade tem sido mais bem amparada pela ciência contra a fome e a mortalidade infantil, suas tradições religiosas – antes dependentes de emoções protetoras, mas negativas, como o medo abjeto e a fúria justiceira – podem dar lugar a emoções positivas, como fé, amor, esperança, alegria, perdão, compaixão e reverência, cujos suportes biológicos servirão de foco para os próximos sete capítulos.

---

* N.T.: Tradução inglesa da Bíblia feita a pedido do Rei James I e que se tornou a versão oficial para a Igreja Anglicana. A primeira publicação data de 1611.

4
Fé

Desde a era paleolítica, a maioria
absoluta de seres humanos neste planeta
tem sido constituída por homens e mulheres de fé.
– WILFRED CANTWELL SMITH, *FAITH AND BELIEF* (1979)

Para mim, a sua fé pode ser objeto de curiosidade ou desdém. Para você, minha fé pode consistir em um mero conjunto de crenças implausíveis. Mesmo assim, minha fé, para mim, reflete minha confiança no universo e imagino que o mesmo aconteça com você. A confiança é meu mestre e, com ela, posso ser mestre. Nunca serei a mesma pessoa que fui antes de adquirir ou readquirir minha fé no universo. Observe, porém, que, para definir fé, eu me refiro à confiança emocional, e não à crença cognitiva.

Vamos pensar em Maria, a heroína do filme *A noviça rebelde*. Ela acaba de deixar a abadia e caminha em direção à formidável mansão do capitão von Trapp. Acreditamos nela não apenas por aquilo que ela diz, mas também pela sua fé inabalável. Ela confia na luz do sol e canta. Ela também confia na chuva. (Richard Rodgers e Oscar Hammerstein, "Eu confio", *A noviça rebelde*, 1965.)

É claro que fé tem muitos significados. Podemos conceituá-la como crença e passar o resto do dia discutindo nossas diferentes realidades cognitivas.

Ou podemos concordar com Maria, que descreve fé como confiança e segurança e se torna uma companhia prazerosa por todo o filme. Certa vez, Gandhi fez o seguinte comentário a um amigo inglês: "Não tenho o seu Cristianismo em muito boa conta, mas gosto do seu Cristo".[1] Em outras palavras, as *crenças* cristãs aborreciam Gandhi; no entanto, ele confiava no *comportamento* de Cristo. Isso ilustra os dois tipos diferentes de fé: a crença em dogmas religiosos, que resultou na Inquisição Espanhola, e a confiança no homem que falava o que sentia e vivia a mensagem que pregava, como Maria estava a ponto de fazer.

Neste capítulo, discutirei fé segundo o ponto de vista da confiança. Gregory Fricchione, ilustre psiquiatra de Harvard, explica que "a confiança é uma característica diferenciada dos relacionamentos humanos (...). A atividade de aproximação confiante (...) é uma condição *sine qua non* para o altruísmo e o amor verdadeiro".[2] A maioria das tradições religiosas desenvolveu rituais místicos e meditativos de silêncio, prece, dança, ingestão de substâncias sagradas ou jejum para intensificar a experiência emocional da confiança. Em um estudo rigorosamente controlado elaborado para testar a confiança de investidores em outros investidores, os indivíduos que receberam aplicação nasal de oxitocina, algumas vezes chamada de "hormônio do abraço", mostraram-se mais propensos a confiar em seus parceiros do que os investidores expostos a placebo.[3] A oxitocina age nas estruturas límbicas dos mamíferos, não no neocórtex do *Homo sapiens*.

Quando falamos sobre a fé das pessoas, em geral nos referimos à sua tradição de fé – um amálgama de crenças religiosas, tradições culturais *e* confiança emocional no universo. "Tradição de fé" é uma definição mais ampla do que aquela que será discutida aqui. É a versão personalizada da religião que nos foi ensinada, sobreposta à nossa neurobiologia.

Fé, na acepção que usarei, envolve a confiança básica de que o mundo tem sentido e a bondade existe. Tal fé deveria ser um direito inato. Até mesmo ateus podem ter fé. Ausência de fé é niilismo, não ateísmo ou descrença em um deus. Pela forma e, quiçá, pelo conteúdo, Buda destronou os deuses hindus e, ainda assim, ninguém diria que os budistas não têm fé. Os niilistas não amam ninguém e não são amados por ninguém, não se importam com a verdade, não apreciam a beleza, perderam a esperança e desconhecem a alegria. E pior de tudo: não veem sentido na vida. Conforme observou Erik Erikson, é terrível carecer de confiança básica no universo. Cristo quis que sentíssemos, não que pensássemos, que éramos amados. Para os budistas ateus, como o Dharma* existe e a moralidade é um fato da natureza, a vida tem significado. Buda ensinou: "Do mesmo modo como a mãe defende seu único filho com a própria vida, que exista também em vossos corações e mentes amor ilimitado por todas as criaturas, sejam elas grandes ou pequenas".[4] Esse foi o ensinamento que Buda compartilhou com todos que encontrou em seus 45 anos de peregrinação pela Índia.

Em hebreu e em latim, fé não é um estado, mas um verbo ativo. Nós *fazemos* fé, não a *temos*. Quando comentei com uma amiga que a escola dominical era um lugar onde se aprendiam dogmas religiosos, ela me contradisse sem rodeios: "Não, George, para mim a escola dominical foi uma experiência amorosa". Ela não tinha fé. Ela fazia fé. A confiança básica, assim como Deus, não é um nome: é uma experiência.

A fé pode ser manifestada de três maneiras diferentes. A primeira é por meio de símbolos culturalmente determinados, crenças, rituais e preces coletivas que sustentam uma tradição de fé específica. Dessa forma, a fé, tal como a linguagem e a cultura, é uma entre muitas. Segundo, a fé pode ser expressa por meio do empenho em um comportamento compassivo e na formação do senso de comunidade. Foi nesse contexto que dois missionários apaixonados, Cristo e Buda, fizeram fé. Por último, a fé pode ser experimentada por meio da emoção positiva, da percepção pessoal de iluminação interior, de reverência e de anseio pelo sagrado. Essa foi a experiência de São Paulo na estrada para Damasco.

Nossa tradição de fé geralmente combina as crenças que nos foram transmitidas pela religião com a profundidade emocional e a confiança no universo transmitidas pela nossa espiritualidade e por aqueles que nos amam. Os termos "religião" e "crença" são diretos, de definição simples. Entretanto, "fé" e "espiritualidade", assim como as palavras para todas as emoções, resistem à definição lexical. A melhor definição de fé como emoção positiva que conheço encontra-se no magnífico romance de Albert Camus *A praga*.[5] Depois de muito

---

* N.T.: Fundamentos filosóficos do Budismo.

70   Fé – evidências científicas

sofrimento, uma criança acabou de morrer de peste bubônica. O padre Paneloux e o dr. Rieux discutem o sentido, ou a falta de sentido, da tragédia:

> — Eu entendo — disse (padre) Paneloux em voz baixa. — Esse tipo de coisa é revoltante porque ultrapassa a compreensão humana. Mas talvez devêssemos amar o que não conseguimos compreender.
>
> (Dr.) Rieux endireitou-se lentamente. Encarou Paneloux e colocou no olhar toda a força e todo o entusiasmo que conseguiu reunir para vencer o cansaço. Em seguida, balançou a cabeça.
>
> — Não, padre, tenho uma ideia muito diferente a respeito do amor. E, até o dia da minha morte, eu me recusarei a amar um esquema de coisas no qual crianças são torturadas.
>
> Uma sombra de inquietude passou pelo rosto do sacerdote.
>
> — Ah, doutor — disse ele com tristeza. — Acabo de entender o que significa "graça".

O termo paroquial utilizado pelo sacerdote, "graça", pode ser traduzido para um público comum como confiança. E, nesse ponto, não há nada mais que qualquer um deles possa fazer a não ser escolher: perder ou conservar a confiança de Maria no universo. Quando uma criança morre e nos sentimos desesperados, que caminho será mais saudável: a fé do sacerdote ou a indignação do médico? Imagino que tudo depende. Apenas ofereço a vinheta para ilustrar que a fé é a base da confiança no universo.

A fé também acentua nossa confiança no poder das emoções positivas sobre as negativas. Consideremos mais uma vez a fábula de Saint-Exupéry sobre o principezinho, a raposa e o aviador. Na parte final de *O pequeno príncipe*, Saint-Exupéry relata o seguinte diálogo:

> Então, o pequeno príncipe cativou a raposa. E quando chegou o momento da partida (morte...):
>
> — Ah — disse a raposa —, eu vou chorar.
>
> — A culpa é tua — disse o principezinho. — Eu não queria te fazer mal, mas quiseste ser cativada (... i. e., aprender a me amar e a confiar em mim ou, nas palavras de Saint-Exupéry, a "criar laços").

— Quis — respondeu a raposa.
— Então, não saíste lucrando nada.
— Lucrei — disse a raposa —, por causa da cor do trigo.[6]

Um pouco antes, a raposa havia dito ao pequeno príncipe: "Eu não como pão. O trigo para mim é inútil (...). E isso é triste! Mas tu tens cabelos da cor do ouro (...). O trigo, que também é dourado, me fará lembrar de ti. E eu amarei ouvir o vento no trigo".[7] Por meio do amor ao principezinho, a raposa aprendeu a guardá-lo no coração – e, dessa maneira, ela tem fé de que o príncipe continuará a viver. Essa é a diferença que a fé faz – continuar a amar a evidência de coisas invisíveis, a substância de coisas esperadas.

Em vez de continuar buscando uma definição lexical para fé, da qual você provavelmente discordaria, vou oferecer um exemplo ilustrativo. Durante 60 anos, Bill Graham (um pseudônimo) foi membro do Study of Adult Development. Ele cresceu sem nunca ter tido uma oportunidade na vida e, aos 68 anos de idade, quando lhe perguntaram sobre sua infância, ele respondeu: "Não tenho nenhuma recordação agradável da infância". E explicou que seus primeiros anos de vida foram repletos de "abuso, fome, falta de amor e solidão". Uma consulta aos seus arquivos, compilados há 50 anos, revelou que ele não estava exagerando.

Quando Bill tinha 3 anos e meio, sua mãe o entregou ao programa de adoção. Aos 12 anos, ele não conseguia nem mesmo se lembrar do rosto dela, porque nenhuma das pessoas que cuidaram dele havia pensado em lhe dar uma fotografia da mãe. Na verdade, ele sequer sabia onde havia vivido até os 6 anos, idade que tinha quando seu pai foi internado em um hospital estadual em razão de psicose sifilítica. Dos 6 aos 11 anos, Bill morou com uma família no sul de Boston, de quem apanhava regularmente. Ele acreditava que esses pais adotivos estavam mais interessados na ajuda financeira paga pelo Estado do que nele: "Eu sempre sabia quando vinha visita porque, então, eu era alimentado e limpo".

"Eu era pequeno e ainda sujava as calças, e eles me atiravam escada abaixo por causa disso", recordou Graham. "Eu me lembro de apanhar e passar fome." Mas ele explicou que, de longe, "o mais abusivo era ninguém se importar (...). Não ter ninguém para cuidar de mim, ninguém responsável". Quando perguntado sobre como essas experiências de abuso o afetaram na vida adulta, aos 68 anos de idade ele conseguia responder: "Aprendi a ter mais compaixão (...). Coisas ruins acontecem e você supera". Ele fazia seu poder de recuperação parecer tão simples. Mas como? Foram necessários apenas 50 anos.

Quando Graham tinha 47 anos, seu entrevistador escreveu: "Ele teve a pior infância de todos os homens que já conheci. Contudo, fiquei impressionado porque, com um passado tão degradante, ele conseguiu moldar uma vida rica e plena. Vi até hoje poucas pessoas tão entusiasmadas com suas atividades quanto Graham". Mas por quê? Porque, aos 47 anos de idade, Bill Graham havia sido fortalecido por quase duas décadas de um casamento repleto de amor.

Apesar de o garoto ter tido um passado sem esperança, com todos os fatores de risco que, segundo os pesquisadores de resiliência, condenam tais crianças malfadadas a se tornarem adultos com desempenho medíocre, Graham fez um bom casamento. Graças à alquimia de um vínculo forte – no caso de Graham, com uma mulher dez anos mais velha que o paparicava – ele finalmente encontrou a segurança emocional. Era óbvio para o entrevistador que o recém-casado Graham, então com 25 anos, estava muito orgulhoso da esposa e ela, por sua vez, informou ao pesquisador que considerava o marido maravilhoso – e que seus pais também pensavam assim. Pela primeira vez, Graham sentiu que tinha um lar de verdade.

É notável que, aos 25 anos de idade, Graham não era nem um pouco religioso. Ele frequentava a igreja apenas de vez em quando; porém, aos 45, já havia parado completamente. Em lugar da religião, ele havia encontrado seu poder superior em uma família segura e amorosa. Aos 45 anos, Graham descrevia a esposa como "devotada a mim e à família", "altruísta, afetuosa, gentil e generosa". Ele estava profundamente comovido com a compreensão da esposa e tranquilizado por ela ser confiável, atenciosa e uma dona de casa perfeita – tudo tão diferente da sordidez em que havia sido criado.

Fé

Aos 47 anos, suas atitudes amorosas falavam mais do que quaisquer palavras. Mesmo que seu pai psicótico nunca houvesse se importado com ele, Bill Graham, depois de adulto, tirou o pai das "condições desumanas do hospital estadual" para que pudessem viver juntos. Nos últimos anos de vida da mãe, quando ela estava sozinha e isolada, Graham visitava com regularidade a mulher que, décadas antes, o havia entregado aos cuidados de outros. O amor e o perdão, negados a ele quando criança, não foram aprendidos na infância ou na escola dominical, mas, acredito, pela internalização do amor desinteressado da esposa. Amar não é algo que se aprende; você apenas o inspira e absorve. O amor é límbico, não intelectual. Seja como for, na fase adulta, Graham cuidava dos pais que não haviam cuidado dele.

Mais tarde, quando Bill Graham tinha 53 anos de idade, a esposa, com quem vivera por 33 anos, morreu tragicamente de câncer. Nos sete anos seguintes, sua vida ficou imersa em confusão. Logo após a morte da esposa, Graham explicou ao entrevistador:

> "Perdi minha esposa, entende? É muito simples dizer 'perdi minha esposa', mas isso não é verdade. Não é verdade para ninguém. Sem uma sequência significativa, sem uma ordem particular de importância, digo que perdi uma amiga, perdi uma amante, perdi uma mãe, perdi uma irmã, perdi uma médica, uma enfermeira, uma professora, uma especialista em finanças, uma lutadora. Perdi muitas, muitas pessoas quando perdi essa única pessoa. Isso é muito. Uma porção de gente pensa que é simplesmente (...) uma esposa, apenas uma pessoa, uma única pessoa. Mas, a menos que você tenha trilhado esse caminho, é difícil imaginar tudo o que você, de repente, precisa fazer para si próprio."

Durante anos, Graham achou a vida sem sentido. Aos 58, cinco anos após a morte da esposa, ele foi hospitalizado, como Tom Merton, com depressão profunda; ele havia perdido o amor e não tinha mais esperança, tampouco fé. Depois de receber alta, Graham ficou fisicamente incapacitado por problemas na coluna. Ele estava mental, física e espiritualmente doente; havia sido consumido por emoções negativas: raiva, medo, desespero, dor e até fome.

Mais uma década se passou e, aos 68 anos de idade, Bill Graham era um homem muito mais feliz e bastante comprometido espiritualmente. O que havia acontecido? Apesar de ter sido criado na religião católica, Graham contou ao entrevistador: "Descobri que não servia para mim". Aos 60 anos, ao mesmo tempo em que mais um casamento bem-sucedido abrandava seu sofrimento, um padre que se autointitulava curador espiritual havia aliviado a sua dor nas costas, razão de sua incapacidade física.

Todas as formas de cura espiritual têm em comum a empatia, um círculo de pessoas caridosas, uma permissão para sentir e expressar emoção, responsabilidade compartilhada pelo sofrimento e reverência pela vida e não por si. Essas "bênçãos" diminuem a pressão sanguínea, aliviam a dor, relaxam os músculos e adiam a morte.[8]

Por querer aprender mais sobre o assunto, Graham deu início à sua própria missão de cura espiritual e, depois de começar a trabalhar como curador, encontrou mais um propósito na vida. Desde então, adentrou os "anos mais felizes da vida", porque o processo de "passar adiante" em geral beneficia mais o doador do que quem recebe. Bill Graham descreve seu trabalho como um "ministério de esperança" – a esperança de que, por uma década, ele necessitara tão desesperadamente.

A imposição das mãos para bênçãos, segundo explicou Graham, desperta um processo natural de cura no corpo. Ele estava convencido de que essa cura é eficaz, ainda que admitisse não entender como a cura pela fé funcionava. Ele não tentava colocar seu amor curador em palavras. É desnecessário. Apesar de sentir-se reconfortado por ajudar as pessoas, Graham não queria o mérito pelo processo de cura. Em vez disso, dizia: "É importante as pessoas saberem que não curo. Costumo dizer a elas: 'Não me agradeça... Dê graças a Deus'". Ele bem poderia ter dito, com a mesma precisão: "Não me agradeça... Dê graças ao amor desinteressado".

A história de Bill Graham, como a da mulher que resgata o assassino do próprio filho e as vidas de Nelson Mandela, Martin Luther King e Gandhi, ilustra a capacidade de sobrevivência da emoção positiva sobre a emoção negativa. A diferença na história de Bill Graham é que ele decidiu identificar tal emoção positiva como espiritual.

Fé é, literalmente, inspiração. *Spiro*: eu inspiro. Dependo do que não posso ver. A fé sempre envolve absorção. No entanto, ela é mais visceral que cognitiva. A confiança é fundamentada na experiência emocional do amor, do vínculo e da gratidão. Neurobiologicamente, a fé começa com a nossa confiança no choro mamífero diante da separação. Tenho fé de que, se cair e chorar, alguém vai me levantar – "antes eu estava perdido, mas agora me encontrei. Eu era cego, mas agora vejo".*

Para alguns, fé é meramente crença; para outros, é confiança; porém, existem diferenças importantes entre crer e confiar. O custo de se depender da linguagem para promover a evolução cultural é que as experiências se tornam coisificadas e o indizível se torna concreto. Por exemplo, do mesmo modo como, originalmente, a palavra "manufaturar" significava "fazer à mão", *belief* [crença, em inglês] significava "tratar com carinho, gostar" e era prima-irmã de *lieben* [amar, em alemão] e libido.⁹ Hoje, as palavras perderam seu sentido original e a crença inflexível no Credo concreto da fé cristã inadvertidamente, ou, algumas vezes, deliberadamente, incomoda as pessoas com outras crenças. A concretude do uso moderno da crença me faz recordar uma velha e conhecida anedota. Perguntou-se a um candidato a membro de uma igreja protestante conservadora se ele acreditava no batismo. "Se eu acredito no batismo?", exclamou ele. "É óbvio, eu vi isso!" O espírito límbico da fé é sempre mais atrativo do que a palavra.

Com seus argumentos inteligentes, bons advogados e líderes religiosos carismáticos nos levam a crer; boas mães, santos e emoções positivas nos ajudam a confiar. A crença é tão exata que pensamos que podemos fazer um cálculo de soma. A confiança sempre consiste em fazer o bem, e o retorno é apenas uma questão de fé, não de contrato. "Acredite no que eu digo" contrasta fortemente com "não acredite no que eu digo, mas sim no que eu faço".

A ambiguidade acerca de como a fé pode ser definida, se como uma emoção positiva ou como uma crença concreta, pode ser ilustrada com um

---

* N.T.: Trecho de *Amazing Grace*, tradicional hino religioso inglês escrito em 1772 por John Newton.

exemplo dos primórdios da igreja cristã.[10] A história de um dos primeiros padres do deserto, Abba Poemen, conta que, certa vez, alguns anciãos da igreja se aproximaram de Abba Poemen e perguntaram em tom grandiloquente: "Quando vemos irmãos cochilando durante a liturgia, devemos acordá-los para que fiquem atentos?". O padre então respondeu: "Da minha parte, quando vejo um irmão cochilando, coloco sua cabeça sobre meus joelhos e o deixo descansar".

A ciência cognitiva, outra nova disciplina do final do século XX, sugere que muito da ordem concebida pela física não passa de crença dogmática "imposta pelos prismas do nosso sistema nervoso, mero artefato do modo como a evolução estruturou o cérebro".[11]

Durante a maturação adulta, a *crença* religiosa cognitiva tende a evoluir em direção à *confiança* espiritual emocional. No entanto, a questão aqui não é simplesmente cognitiva *versus* emocional e sim imatura *versus* madura. A fé imatura desenha um círculo que exclui algumas pessoas. A fé madura, por sua vez, desenha um círculo que inclui todas as pessoas. Foi a certeza da crença que permitiu a Cotton Mather massacrar supostas bruxas em Salem, a Torquemada a queimar supostos hereges na Espanha e, recentemente, a um procurador-geral a alardear que "os Estados Unidos têm somente um Rei, cujo nome é Jesus". Quase sempre é imaturo e ilusório sustentar que "tem de ser do meu jeito ou nada feito".

Em um meticuloso estudo sobre gêmeos, Kenneth Kendler, psiquiatra da Universidade da Virgínia, observou que altos níveis de "devoção pessoal" (assiduidade à igreja, oração e busca de conforto espiritual) estavam forte e positivamente correlacionados com o aumento da idade.[12] Esse mesmo estudo, porém, apontou que, à medida que os adultos envelhecem, o seu "conservadorismo" religioso (crença literal na Bíblia e que Deus pune ou recompensa) enfraquece e eles se tornam espiritualmente mais inclusivos. Em outras palavras, com a maturidade, o modelo patriarcal segundo o qual *somente* é possível agradar a Deus atendendo às expectativas *d'Ele* deu lugar a uma espiritualidade mais maternal de perdão e amor incondicional.

A fé, assim como o humor (uma emoção positiva, mas não espiritual), permite que consideremos o sofrimento sem desespero. Isso me faz lembrar de uma amiga inglesa que ficou viúva recentemente e procurou consolo em

Fé

seu sacerdote anglicano. Ela contou a ele que, na sua dor, surpreendeu-se sentindo uma crescente empatia pelo sofrimento dos doentes de aids e pelo tormento que passavam em virtude da generalizada intolerância ao homossexualismo. Não, ela estava errada, advertiu o sacerdote; a homossexualidade era um pecado contra Deus e a condenação bíblica prova isso. Minha amiga ressentiu-se com aquelas críticas e tentou argumentar em favor de sua fé no sofrimento humano como um sentimento compartilhado por todos. Por fim, o sacerdote não conseguiu mais suportar tanta franqueza e explodiu: "Está claro que você é liberal demais para ser cristã!". A rigidez da crença do seu ministro repelia a confiança amorosa na qual minha amiga estava tentando encontrar consolo. Como a boa ciência, a fé madura pode, em geral, distinguir o todo de suas partes. Afinal, Jesus Cristo provavelmente também era liberal demais para ser "cristão" segundo o julgamento daquele sacerdote.

Nossa fé se origina de três fontes: uma é consciente (neocortical) e duas são inconscientes (límbicas). Essas três fontes são nossa necessidade cognitiva de certeza, nossa necessidade social de comunidade e nossa necessidade emocional de confiança. A primeira fonte de fé provém do desejo humano consciente de fornecer uma certeza plausível, mesmo que, geralmente, especulativa ou dogmática, em face da realidade ambígua e misteriosa. A ambiguidade nos deixa ansiosos; a certeza nos acalma e, em geral, pelo menos no início, não nos importamos se tal certeza que alivia a ansiedade é verdadeira. Essa primeira fonte chamamos de *crença*. Tanto os moradores das cavernas como Karl Marx, Sigmund Freud e os grandes líderes religiosos forneceram à assustada humanidade uma certeza, ainda que sem justificativa científica, a respeito do mundo.

Quando as pessoas que amamos morrem, precisamos acreditar que as encontraremos de novo algum dia. O perigo é que a linha entre a confiança e a ilusão autorreconfortante é muito tênue. Insanidade, toxinas, lavagem cerebral, surdez e terror podem levar à confusão mental, que, por sua vez, pode levar o cérebro a reorganizar uma percepção imperfeita transformando-a em certeza ilusória e/ou paranoide que alivia a ansiedade. Para abrandar a incerteza sobre um parceiro amoroso, podemos consultar uma cartomante ou arrancar as pétalas de uma margarida ("bem-me-quer, mal-me-quer").

Uma faceta ainda mais negativa da fé são as ilusões, em especial as ilusões persecutórias, que, em geral, são também contagiosas e, algumas vezes, nos levam a ter uma fé cega em líderes irracionais e sistemas perigosos de "crença religiosa". Entretanto, a forma de distinguir tais crenças inabaláveis é se perguntar se elas são empáticas ou paranoides. Em oposição à projeção de Hitler de que todos os males da Alemanha haviam sido causados pelos judeus, consideremos o sonho famoso e a fé mais crédula de Martin Luther King Jr.: "Eu tenho um sonho de que, um dia, meus quatro filhinhos viverão em uma nação onde não serão julgados pela cor da sua pele (...). É com essa fé que retorno ao sul (...), sabendo que um dia seremos livres". Em resumo, a fé espiritual profunda se encontra tanto no coração como no intelecto e é livre de projeções e ilusões.

Visões cognitivas do fim do mundo, quando apenas os eleitos serão salvos, como a que encontramos no livro do Apocalipse na Bíblia, geraram muitas seitas religiosas e têm pouco a ver com as emoções positivas e com a fé espiritual. Sem dúvida, a fé esperançosa de Martin Luther King Jr. salvou um número incontável de vidas, ao passo que a fé possivelmente ilusória do mórmon Joseph Smith custou muitas delas.[13] E o mesmo aconteceu com as principais religiões do mundo.

> Somos os eleitos do Senhor.
> Todos os demais serão malditos;
> Seu destino será o ardor.
> Não partilharão do Paraíso.
> – Hino batista particular do século XIX

A igreja batista particular não prosperou. Por outro lado, o reverendo King recebeu o prêmio Nobel da paz. Os patriarcas mórmons tiveram a sanidade de aprender com a experiência. Assim, em vez de entrarem em guerra com os Estados Unidos por causa da crença de Joseph Smith e Brigham Young na poligamia, aceitaram a vontade da maioria e abandonaram esse tipo de união.

Por um certo tempo, o espírito religioso da comunidade mórmon, e não suas crenças cognitivas, fez de Utah o estado mais obediente às leis da União. Ainda por uma ampla margem, Utah é o estado norte-americano com o menor índice de acidentes de automóveis fatais relacionados ao álcool. Portanto, pelos seus frutos os conhecereis.*

Uma segunda fonte de fé e confiança, menos consciente, é a nossa necessidade de uma comunidade amorosa. Sem dúvida, o amor surgiu porque precisávamos de um vínculo mamífero íntimo para cuidar das crianças, que, em geral, davam trabalho e precisávamos moderar nossas valiosas, mas muitas vezes desintegradoras, emoções negativas. Entretanto, muito da força social do amor deriva de instituições culturalmente mediadas e baseadas na confiança, como o casamento, a assistência infantil e os hospitais. Dentro desses vínculos, criamos fábulas e máximas sobre empatia e altruísmo que superam o impulso mais egoísta de autopreservação. Nossas regras conscientemente motivadas para elos familiares e reuniões comunitárias, como o Dia de Ação de Graças nos EUA, tão necessárias para nossa sobrevivência como espécie, são a nossa maneira semiconsciente de usar a fé para manter a comunidade. O perigo é que tais tradições amorosas se petrifiquem em intolerância religiosa.

Nosso cérebro límbico fornece a terceira fonte de fé e confiança, algumas vezes chamada de iluminação interior. Ela envolve a emoção involuntária, o êxtase e as experiências místicas. A iluminação interior pode ser produzida tanto por estímulos neurológicos internos (p. ex., experiência de quase morte) como externos (p. ex., por meio da meditação desejada conscientemente).

Para ser útil, a iluminação interior, assim como a intuição, nunca pode ter a ver apenas com o indivíduo. A empatia – intuição ligada ao outro – é quase sempre valiosa. A projeção – intuição ligada a si mesmo – é quase sempre nociva. Contudo, embora a crença cognitiva geralmente possa ser modificada por argumentos, se estiver cristalizada pela iluminação interior ou pela paranoia, talvez se torne inacessível. Isso é o que pode tornar a religião tão perigosa. Como as ilusões de um louco, a fé alimentada pela iluminação límbica pode tornar-se a própria antítese da razão. Como observou o psiquiatra inglês Anthony Storr: "Tendemos a lidar com amantes apaixonados com o mesmo tato dispensado

---

* N.T.: Mateus 7:20.

aos crentes cuja fé não compartilhamos e aos loucos cujas ilusões consideramos absurdas".[14] Algumas vezes, é difícil diferenciar a paixão romântica de um adolescente das convicções improváveis de um fanático religioso.

As experiências límbicas místicas de fé – sejam internas ou externas, por meio de epilepsia e/ou visitação divina, meditação disciplinada, respiração, jejum e prece – são únicas. São tão marcantes, inesquecíveis e reais quanto qualquer outra experiência emocional profunda. Essas experiências límbicas produzem a mesma sensação profunda de calma interior que discutirei nos capítulos sobre alegria, amor e reverência. A confiança e a segurança, como as demais emoções positivas, estimulam o nosso sistema nervoso parassimpático, não o simpático. O sistema nervoso simpático é *catabólico*: a reação de luta ou fuga esgota as reservas do organismo. O sistema nervoso parassimpático é *anabólico*: fé, esperança e aconchego contribuem para aumentar as reservas do organismo.

Mas como sabemos se a mensagem límbica mística provém de Deus ou do Demônio? Como sabemos se a mensagem divina que moldou nossa fé e nossa crença durante décadas está a serviço do bem ou do mal, da confiança amorosa ou da mesquinhez reptiliana? Em termos mais científicos, como distinguir de modo confiável entre a empatia e a projeção, entre a experiência mística amorosa e a psicose? Em geral, não temos a menor ideia. Afinal, tanto a empatia como a projeção contêm um "eu sei o que você está sentindo e o que é bom para você". Tanto bons professores de ensino médio como pedófilos indulgentes acreditam que seu amor está a serviço dos jovens. Assim, saber como distinguir a inspiração espiritual da mera ilusão é uma questão que há muito tem ocupado os dirigentes espirituais, sobretudo dentro das ordens religiosas católicas, tanto quanto as convicções religiosas têm sido objeto de estudo de geneticistas como Richard Dawkins e de filósofos como Daniel Dennett e Sam Harris.

O fato de a fé, por vezes, basear-se somente na iluminação interior pode torná-la extremamente perigosa, pois, em tais casos, não existe um equilíbrio de poder contra o autismo e a ilusão. As perigosas crenças fixas e a tendência da fé de impor certeza sem evidência levaram alguns críticos inteligentes da religião a jogar fora o bebê junto com a água do banho. Sam Harris seria capaz de afirmar: "Nosso inimigo não é outro senão a própria fé." Depois, caso a plateia não entendesse o que ele queria dizer com "inimigo", para se

Fé

fazer entender Harris ainda diria: "Os demônios que mais tememos são aqueles que se escondem dentro da mente humana: a ignorância, o ódio, a avareza e a *fé*, com certeza a obra-prima do demônio".[15]

Estudos recentes conduzidos por Jeffrey Saver e John Rabin elucidaram os critérios para diferenciar as experiências místicas da insanidade.[16] Nas experiências místicas, as visões costumam ser imagens que perduram por minutos ou horas. Na esquizofrenia paranoide, as alucinações são, em geral, auditivas e podem durar anos; o sentimento dominante é, com maior frequência, o terror, e as ilusões religiosas esquizofrênicas são mais comumente associadas à onipotência. Na experiência mística, o sentimento, em geral, é de alegria e êxtase; e as ilusões religiosas individuais não são de onipotência, mas a de ser um humilde servidor de um poder superior. A linguagem da experiência mística é facilmente comunicada e socialmente empática; já a linguagem da esquizofrenia é bizarra, excêntrica, difícil de entender e, em geral, socialmente inadequada. A *Segunda carta de Pedro aos coríntios* é bastante direta, benigna e fácil de entender. O *Apocalipse* é bizarro, aterrorizante e incompreensível para muitos.

Certa vez, um aluno dedicado me perguntou: "Mas por que grupos de indivíduos em busca de conexão espiritual frequentemente criam instituições brutalizantes?". A pergunta pode ser feita em relação a todas as tradições de fé, porém a resposta é a mesma. A brutalidade ocorre quando a projeção substitui a empatia. Às vezes, ao buscar a unidade em lugar da comunidade, as religiões se esquecem de amar o próximo como a si mesmas. O totalitarismo e o desejo egoísta de dominação substituem o amor desinteressado. A Inquisição Espanhola foi mais um esforço para unificar a Espanha e o México sob o poder da coroa do que para reformar e revigorar a fé católica. O conflito sangrento que ocorre entre os muçulmanos sunitas e xiitas pelo controle do Iraque não pode ser atribuído à visão espiritual de unificação do Alcorão. Quando a fé se refere a políticas egoístas ou quando a projeção substitui a empatia, ela se torna destrutiva. Assim como acontece com a paranoia, o egoísmo não é suscetível ao ponto de vista do outro. A fé, então, não é o perigo. O perigo é a falta de empatia e as falsas crenças daqueles que professam a fé. A iluminação interior, para ser segura, precisa perceber os outros com precisão.

A saúde mental e a maturidade têm duas importantes características em comum. Ambas levam em conta tanto a realidade como a outra pessoa. A do-

82   Fé – evidências científicas

ença mental, do mesmo modo como a imaturidade, ignora não apenas a realidade inanimada, mas também a realidade dos sentimentos alheios. Como as funções adaptativas da psicose, as falsas crenças da fé religiosa podem diminuir a dor do revés e do isolamento social produzindo amigos imaginários ou discípulos obedientes. As ilusões, sejam elas psicóticas ou religiosas, preservam a autoestima jogando a culpa nos outros. Em resumo, sempre que a procura pela iluminação interior amorosa se transforma em um fanático sistema de crença que tem a ver apenas com o indivíduo, o resultado é catastrófico. A fé intolerante da "maioria moral" nos Estados Unidos atualmente, do Taliban no Afeganistão, da sanguinária lei judaica no livro de Deuteronômio e da Inquisição católica é mais típica da busca egoísta pelo poder do que dos bilhões de pessoas comuns que "fazem" a fé religiosa e confiam em um universo amoroso.

A resposta sobre como diferenciar confiança amorosa de crença dogmática e, portanto, projeção de empatia pode ser encontrada somente por meio de um acompanhamento científico imparcial. A inspiração amorosa que estimula a confiança dura por séculos; a crença fanática em geral tem vida curta e, enquanto dura, precisa ser imposta pela violência. Jim Jones, a celebridade de Jonestown, David Koresh, de Waco, Texas, e Bhagwan Shree Rajneish, de Poona, Índia (e depois de Antelope, Oregon), são três dos muitos exemplos de gurus solitários e paranoides que necessitavam de guardas armados para impedir que seus "devotados" discípulos fugissem.[17] A confiança, como a experiência da minha amiga na escola dominical, é espiritual e duradoura. Crenças, gurus e religiões, à semelhança dos amores adolescentes – e até mesmo da ciência –, podem mostrar-se falsos.

Em resumo, acredito que a mesma estrutura límbica que nos prepara para receber e conservar o amor também nos fornece confiança e consolo quando o ser amado não está presente. O popular *jingle* adolescente "Não me importo se chove ou congela, estou a salvo nos braços de Jesus" contém mais verdade do que os jovens percebem. Afinal, há 3 mil anos um adulto observou: "O Deus eterno é nosso refúgio; ele sempre nos protege com seus braços". A fé profunda nos auxilia a acreditar no amor mesmo quando ele não está diante dos nossos olhos. Até mesmo Sam Harris, ateu ácido e autor de *best-sellers*, foi levado a admitir, talvez de forma um tanto relutante: "A fé permite que mui-

Fé

tos de nós suportemos as dificuldades da vida com uma equanimidade que seria quase inconcebível em um mundo iluminado somente pela razão".[18]

Além disso, os recursos pessoais adquiridos durante os estados emocionais positivos de fé e iluminação interior podem ser duradouros.[19] Uma visão mais ampla e misericordiosa do mundo permanece depois que passa a intensa experiência mística do "divino" amor ou da "divina" alegria. Nossa fé, então, torna-se um reservatório perene de emoção positiva que pode ser aproveitado em momentos futuros de crise. Ao ajoelhar para receber a comunhão, prostar-se em uma mesquita ou meditar em posição de lótus, antigas emoções positivas e as primeiras recordações do amor maternal retornam. Geralmente, a prece faz aflorar reminiscências de nossos próprios Camelots, onde "a chuva parece nunca cair antes do pôr do sol. Às oito da manhã, a bruma deve desaparecer". *

O renomado teólogo alemão Rudolf Otto (1869-1937) capturou bem a experiência da fé quando cunhou a polissilábica expressão *mysterium tremendum et fascinans* para descrever os misteriosos, inefáveis e sublimes sentimentos de admiração e conexão que a fé profunda traz.[20] William James certa vez comentou que o esforço da ciência para capturar a energia e a realidade da fé era idêntico à tentativa de apreciar, por uma fotografia, um trem de carga a oitenta quilômetros por hora. Da mesma maneira, nosso cérebro ainda muito limitado reduz a intensidade inimaginável da fusão atômica que ocorre no interior do sol à agradável e inspiradora experiência do pôr do sol.

> Grande Pai de glória, Pai de luz reluzente,
> Anjos Te velam em adoração permanente;
> Todo o louvor rendemos: ajuda-nos a ver
> Só o esplendor da luz oculta o Teu ser.
>
> Imortal, invisível, Deus de sabedoria,
> Inacessível ao olhar na luz que irradia,
> Bendito, glorioso, Rei de todos os anos,
> Poderoso, vencedor, o Teu nome louvamos.
> – WALTER CHALMERS SMITH (1867)

---

* N.T.: Do musical *Camelot*, de Alan Jay Lerner e Frederick Loewe.

5

Amor

Em cada estágio importante da vida
É a afeição humana que nos alimenta, sustenta e conforta (...)
Para mim, a imagem de uma mãe amamentando seu bebê
é o símbolo mais poderoso do amor humano.
– DALAI LAMA, *Visions of Compassion* (2002)

A etologia e a neurociência modernas deixam claro que todos os mamíferos são estruturados para o amor. No entanto, de toda a fauna terrestre, o *Homo sapiens* é o mais radicalmente dependente do amor. Em virtude disso, o etólogo Konrad Lorenz o chamou de "o produto mais maravilhoso de dez milhões de anos de evolução"; o psicanalista Erich Fromm escreveu: "Sem o amor, a humanidade não sobreviveria nem por um dia"; e São Paulo concluiu: "Agora, pois, permanecem estes três, a fé, a esperança e o amor, mas o maior deles é o amor".[1]*

O amor mamífero envolve vínculo seletivo, duradouro e, em geral, consideravelmente abnegado. E, se o ser amado parte, a dor resultante também é seletiva e duradoura. Nem todos os mamíferos manifestam tal afeto, mas muitos o fazem. Os filósofos gregos não entendiam essa realidade, pois seu

---

* N.T.: Coríntios 13:13.

ágape (amor abnegado universal) não é seletivo e o *eros* (desejo e luxúria instintivos) não é duradouro. Uma vez satisfeita sua luxúria, o trovador romântico perde o interesse. Howard Hughes foi um homem notavelmente incapaz de desenvolver amor e vínculo permanentes. Mesmo assim, teve relacionamentos ardentes de "não amor" que duraram desde semanas até anos com muitas das atrizes mais bonitas de sua época. Só que, depois do sexo, ele não tinha vontade de compartilhar a cama com elas.[2] Por outro lado, a mãe urso passa a maior parte do dia com os filhotes, e nem tente pegar um ursinho emprestado por cinco minutos!

Antes de discutir com mais detalhes a importância do amor, gostaria de narrar um caso histórico para ilustrar o que quero dizer por vínculo e evolução espiritual. Tom Merton (pseudônimo) teve uma infância deplorável e uma vida adulta deprimente. Quando era um jovem adulto, foi um dos apenas oito homens – de um total de 268 homens com curso superior participantes do Study of Adult Development – que apresentaram a menor classificação em uma escala que media a estabilidade da personalidade. A infância de Merton havia sido classificada como ainda mais lastimável do que a dos outros sete. Na fase adulta, os outros sete homens continuaram a fracassar na vida. Aos 75 anos, todos haviam morrido, com exceção de dois deles, os quais se encontravam fisicamente incapacitados. Em um contraste absoluto com isso, aos 80 anos, além de estar vivo e imensamente feliz, Tom Merton ainda competia em jogos de *squash*. Por quê? O que o havia salvado? Ou, talvez, quem o havia salvado?

Escondendo o desamor por trás de uma fachada de frágil animação, Merton entrou para a faculdade como qualquer jovem normal. Entretanto, logo revelou uma hipocondria intratável, que levou o internista da escola, geralmente compreensivo, a resmungar: "Este garoto está se tornando um completo psiconeurótico". Um psiquiatra da equipe o classificou como "distante, desconfiado, desajeitado e teimoso". Tom explicou ao entrevistador do estudo: "Meu pai e eu nunca nos demos muito bem (...). Ele não fez nada do que acho que um pai deva fazer pelos filhos (...). E minha mãe não compensava as falhas dele". A investigadora social do estudo concordou. Ela descreveu a sra. Merton como "uma das pessoas mais nervosas que já conheci. É perita em se autoenganar".

Na criação de Tom Merton foram cometidos todos os erros possíveis. Durante a infância, uma série de motoristas o levou para a escola e, muitas vezes, ele foi proibido de brincar com as crianças da vizinhança. Entretanto, a superproteção dos pais não significava que cuidassem dele. Até os 6 anos de idade, fazia as refeições sozinho, no quarto de brinquedos. Aos 46, fez com tristeza as declarações anteriores a respeito de sua família e escreveu, lacônico: "Eu não gostava dos meus pais e tampouco os respeitava". Na formatura da faculdade de medicina, Tom tentou suicídio, da mesma forma como os outros sete homens mal-amados do estudo. Tímido e solteiro, passou os sete anos seguintes sabotando os próprios esforços para se casar e ser um médico independente.

Então, aos 33 anos de idade, começou a mudar. Após um noivado fracassado, Tom Merton ficou 14 meses hospitalizado com tuberculose pulmonar. Não se sabe por que razão, aos 34 anos, abandonou o leito para tornar-se um médico independente, casar-se e virar um pai responsável e clínico-chefe. Muitos anos depois, encontramo-nos pela primeira vez. Intrigado, perguntei-lhe como havia lidado com a hospitalização. Para a maioria dos homens jovens, tal incapacidade prolongada na faixa dos 30 anos teria sido devastadora, mas não para Tom. Referindo-se à própria hospitalização como "aquele ano de molho", explicou: "Foi ótimo. Durante um ano pude ficar na cama, fazer o que queria e me sair bem". Mais tarde, confessou: "Fiquei feliz por estar doente. Minhas necessidades mal resolvidas de dependência haviam encontrado um porto aceitável".

Talvez mais importante tenha sido o fato de a doença ter lhe aberto a porta para um renascimento. Em seu leito, Tom teve uma visão de Cristo entrando em seu quarto. "Alguém com 'A' maiúsculo se importava comigo", escreveu. "Eu me senti meio doido por um período, mas, na Igreja Católica, esse fenômeno é chamado de graça." O dramaturgo Eugene O'Neill, de uma família igualmente disfuncional, interpretou da mesma maneira *sua* hospitalização por tuberculose. Quando se têm ao lado as pessoas certas tomando conta, a invalidez pode fazer com que algumas pessoas se sintam amadas.

"Aquele ano de molho" iniciou um processo que colocou Merton em contato com as pessoas que o haviam amado. O primeiro passo não foi a religião, mas a psicoterapia. Aos 50 anos, Merton relatou para o estudo: "Não vou à igreja de modo algum. Odeio as religiões organizadas". Apesar de sua experiência religiosa no hospital, dos 40 aos 60 anos a psicanálise substituiu a Igreja Episcopal como fonte de fé. "A psicanálise é o meu lar e a minha igreja." A psicanálise, no entanto, é muito diferente da maioria das religiões. Os psicanalistas desconfiam da emoção positiva, evitam o contato visual e estimulam o paciente a fazer uma psicanálise que tem a ver apenas com o "eu" individual. Por outro lado, diferentemente de muitas outras terapias, a psicanálise permite à pessoa se sentir "vista" de forma empática e emocional. O sofrimento é respeitado e não varrido para baixo do tapete.

A análise ajudou o dr. Merton a relembrar que, até os 5 anos, ele tivera um bom relacionamento com sua babá. Aos 66, explicou:

> Ela foi alguém da minha infância que redescobri nas minhas horas mais kleinianas (sua linha de psicanálise entre 1981 e 1982). Tenho razões para acreditar que era uma mulher generosa. Minha mãe se referia a ela como "Pérola, a garota suja". Eu descobri (a recordação que tenho dela) seguindo o caminho das associações para abalone e madrepérola, que, para mim, eram carregadas de afeto. Qualquer que tenha sido seu papel, e o de seus sucessores em confiança, sei que eu amava minhas professoras. Algumas delas se importavam comigo também (...). Quando fui à escola para ser devidamente instruído, aprendi como deve ser o amor.

Alguns anos depois, Merton me escreveu de novo sobre sua redescoberta da infância:

> É a redescoberta do amor que importa? Ou é a oportunidade de festejar repetidamente o laço que une? Uma imagem me vem à mente: a garrafa de vinho vazia usada como castiçal. O vinho pode ter sido o afeto inicial em vida, mas, depois que termina, resta somente a garrafa de vidro fria e vazia; até que, na memória, reacendemos a vela da alegria e, enquanto ela queima, transforma o símbolo do afeto anterior em objeto com formato e cor diferentes, reavivado com novo afeto. Os primeiros amores podem ter se "perdido" porque não foram valorizados e nunca passaram por revisões que os

reforçassem. Recordar e recontar é uma maneira de torná-los cada vez mais visuais e reais.

Antes, após um divórcio doloroso, Merton passara por uma séria depressão. Além da esposa, perdeu também suas economias, seu emprego e o contato com os colegas de profissão. "Foi como se espirrassem tinta azul-escura na minha mente." Merton precisou ser novamente hospitalizado, dessa vez em uma instituição psiquiátrica, não médica. Foi nesse ponto da vida que, pela primeira vez desde a faculdade, dr. Merton retornou à Igreja Episcopal. Aos 60 anos, descreveu da seguinte maneira seu processo de retorno à igreja: "No início, foi sonambúlico, mas, pouco a pouco, eu me envolvi (...). Algo foi colocado dentro de mim, algo que nunca esteve lá". Nos 20 anos seguintes, Merton tornou-se um dos membros mais amados da congregação. Voltar à Igreja Episcopal permitiu que sua vida focasse os outros.

Talvez a pista mais significativa da lenta transformação de jovem desestruturado em octogenário resiliente e espiritualizado tenha vindo de sua resposta para minha pergunta: "O que você aprendeu com seus filhos?". Com lágrimas nos olhos, Merton falou: "Quer saber o que aprendi com eles? Aprendi a amar". E eu acreditei nele. No mesmo ano, ele escreveu a um amigo da faculdade: "Antes havia famílias disfuncionais e eu vim de uma delas. Como relata ternamente *O coelho de pelúcia* (livro infantil que conta como um coelho de pelúcia ganhou vida graças ao amor de uma criança), apenas o amor pode nos tornar reais. Privado dele na infância, por razões que agora entendo, levei anos para reunir fontes substitutas". Em termos mais neurobiológicos, é a nossa memória hipocampal de vínculos passados que ajuda a nos sentirmos reais.

Mais uma década se passou. Aos 77 anos, Tom Merton me concedeu outra entrevista. Estava ativamente envolvido na vida da comunidade, apaixonado e cultivando um bonito jardim. Ao lado da sua cadeira, havia fotos recentes das crianças que o haviam ensinado a amar: a filha e o marido, além de uma foto de Merton com o filho em uma recente expedição de alpinismo às montanhas Teton. Ele estava muito ativo na igreja, trabalhando para torná-la um centro de vida comunitária. Ajudava na assistência pastoral e servia como ministro leigo da eucaristia, o que incluía visitar encarcerados para ministrar a comunhão. Ainda participava de competições de *squash*, mas seus oponentes agora eram muito mais jovens. Na quadra, ninguém próximo da sua idade estava no mesmo nível que ele. Saí da entrevista confiante de que Tom Merton havia se tornado um dos homens mais bem ajustados do estudo.

Desta forma, aos 77 anos, quem no passado fora desesperadamente infeliz, agora via os últimos cinco anos como os mais felizes de sua vida. Essa é a diferença que o amor faz. Vínculos amorosos seletivos e duradouros permitem que pessoas severamente destituídas se curem. Contudo, os cientistas acham difícil falar a respeito de amor.

Somos uma espécie inteligente. Podemos velejar ou mesmo voar por todo o globo sozinhos. Mas somos incapazes de, sozinhos, fazer cócegas em nós mesmos ou nos aplicar uma massagem relaxante nas costas. Howard Hughes, industrial, magnata do cinema, jogador de golfe nas horas vagas e aviador brilhante, com todos os seus milhões e a capacidade de inspirar amor em outras pessoas, morreu sozinho após 20 anos de triste ensimesmamento. Por quê? Porque Hughes não se permitia amar ou ser amado.[3] Não basta ser amado, precisamos ser capazes de receber e retribuir o amor. Hughes era incapaz de ambos. Tom Merton era capaz. Um milagre? Não, é assim que a maioria dos cérebros é estruturada.

Para entender o amor, as fontes normalmente úteis – os gregos antigos, os poetas e os psicólogos – não servem. Eles se preocuparam com a luxúria, que até os répteis são capazes de manifestar.

Os gregos e os poetas raramente entendem o amor mamífero. Para entender o amor desinteressado, precisamos confiar na etologia e na neurobiologia. Os etólogos que estudam os chipanzés e os antropólogos evolucionistas que estudam os caçadores-coletores nos mostram, mais do que dizem, o significado do amor real. Com certeza, o amor não se traduz em palavras. Significa vínculo, música, odores e o êxtase espiritual que, dependendo da escolha de palavras do orador, podemos chamar de muitos nomes, inclusive de Deus. "Deus é amor. Aquele que vive no amor vive unido com Deus, e Deus vive unido com ele" (1 João 4:16).

O espírito por trás das palavras do Novo Testamento, "Deus é amor", pode ser encontrado no Alcorão e no Bagavadguitá, nos escritos do Judaísmo, do Budismo e do Taoísmo. Mesmo a *Grande enciclopédia soviética*, que se autoproclama ateísta, explica: "O amor é o ponto de interseção de elementos opostos: biológicos e espirituais, pessoais e sociais, íntimos e universais".[4]

Um peregrino descreveu assim sua arrebatadora visita a Meca: "À medida que contornas e te aproximas da Caaba (...) és uma nova parte do povo (...). A Caaba é o sol do mundo cuja face te atrai para sua órbita (...). Foste transformado em uma partícula que gradualmente está derretendo e desaparecendo. Isso é o amor absoluto em seu apogeu".[5]

Eros, o amor inato e sensual, que brota dos instintos de nosso hipotálamo, relaciona-se com o eu e com a preservação de genes "egoístas". Eros geralmente evoca as emoções negativas do ciúme e da inveja. Por outro lado, o vínculo profundo evoca as emoções positivas da gratidão e do perdão. O abnegado amor límbico mamífero está relacionado ao outro. "O amor é a percepção surpreendente de que, para mim, a outra pessoa significa tanto ou mais do que eu mesmo."[6] Algo que as mães perceberam há milênios.

O amor mamífero é mais evoluído em primatas do que em ursos. Os primatas são capazes de se ocupar da prole durante horas – mesmo quando são seus netos. Eles satisfazem a luxúria mútua e depois passam a hora seguinte cuidando-se afetuosamente. O amor humano incondicional é uma evolução posterior do amor mamífero. Quando o córtex humano aprende a unir prosa e paixão, a cognição madura nos permite estender o abnegado amor materno mamífero para pessoas cada vez mais diferentes de nós. Criados para ser amorosos, desde filhotes os *golden retrievers* parecem dominar o amor incondicional.

Os pesquisadores Helen Fisher e Arthur Aron usaram neuroimagens para estudar o amor em estudantes na Universidade Stony Brook.[7] Eles descobriram que, nos primeiros meses em que alguém se apaixona, olhar a fotografia do ser amado estimula apenas as regiões mais primitivas do circuito de recompensa do cérebro, mas, após dois anos de vínculo amoroso, são os córtices do cíngulo anterior e insular, com suas células espelho e fusiformes, que apresentam maior atividade. Com o passar do tempo, o eros, relacionado a um eu individual, pode evoluir para um vínculo empático.

Amor é diferente de compaixão, pois esta não é específica nem duradoura. Como veremos no capítulo 7, a compaixão é o desejo de pôr fim ao sofrimento alheio. E qual é a diferença entre o amor humano duradouro e específico e o verdadeiro ágape? Imagine uma pedra atirada num lago. O primeiro círculo reflete o vínculo selvagem e irrefletido de um filho por sua mãe. O círculo maior reflete a devoção abnegada a todas as criaturas vivas (ágape) que, pelo menos em nossa imaginação, atribuímos a Cristo, Schweitzer e Buda. A maioria dos adultos maduros vive em algum ponto no meio desses círculos em expansão.

Ao escrever sobre o amor, os poetas encontram tanta dificuldade como os antigos gregos. Os poetas, presos em suas próprias palpitações subjetivas, com frequência confundem amor com desejo. Em *Como gostais*, a descrição feita por Shakespeare do amor juvenil, "suspirando como uma fornalha, com uma balada triste feita para as sobrancelhas da amada", não tem nada a ver com amor verdadeiro. O vigor da intensa experiência subjetiva vivida pelos poetas turva-lhes a percepção. Por exemplo, onde ficam os limites entre as crenças de um adolescente profundamente apaixonado e os delírios de um louco? Fico me perguntando quantos dos amores "eternos" descritos na grande poesia mundial duraram pelo menos uma década. Shakespeare, grande etólogo e poeta, adverte: "Como o amor é cego, os enamorados não conseguem ver as impagáveis loucuras que cometem" (*O mercador de Veneza*). O amor verdadeiro envolve comportamento visível e plausível tanto para o amante como para o amado.

Se os poetas são cegos para o amor, os psicólogos são completamente mudos. Durante décadas, os psicólogos tentaram nem mencionar o amor. Eles deliberadamente o ignoraram. Em 1958, em seu discurso presidencial para a American Psychological Association, o etólogo Harry Harlow afirmou: "Os psicólogos, pelo menos aqueles que escrevem livros, não só parecem não ter interesse algum pela origem e pelo desenvolvimento do amor ou da afeição, como também parecem desconhecer sua existência".[8]

A psicologia acadêmica sempre teve problemas em lidar com a realidade passional da saudade inarticulada que a criança sente dos pais, da devoção inabalável que a mãe tem por seus filhos e do laço imutável que une casais por meio século.[9] Até muito recentemente, os psicólogos descreviam a

92   Fé – evidências científicas

capacidade de amar como adquirida e não como um potencial biológico inato. O amor era considerado uma resposta aprendida e "uma emoção criada culturalmente, não uma necessidade natural".[10] Para que o amor ocorresse, as outras pessoas seriam meros "reforços secundários".[11] Por essa maneira de ver, os trovadores medievais parecem ter levado o amor para a Europa. Entretanto, nada poderia estar mais distante da verdade.

Mesmo quando os cientistas sociais finalmente reconheceram o amor, eles o fizeram soar medonho. O behaviorista John Watson considerava o amor nada mais que "uma emoção inata produzida pela estimulação cutânea das zonas erógenas".[12] Em seus esforços para serem desapaixonados, os psicanalistas também se mostraram obtusos. Apesar de Sigmund Freud ter conseguido focar sua atenção em muitas emoções que os outros consideravam insuportáveis, especialmente a tristeza e a luxúria, ele se negou a encarar o vínculo humano. Certa vez, ele chegou a reduzir o amor a "sexo inibido em sua finalidade". O que podemos dizer em defesa de Freud é que talvez ele tenha tentado inconscientemente evitar a contratransferência – Deus me livre de dizer "amor" – envolvida no vínculo intenso entre os psicanalistas e seus pacientes. Durante um tempo, John Bowlby, um psicanalista *e* etólogo que enfatizou a importância do afeto, não apenas deixou de ser lido, citado e visto como também se tornou um joão-ninguém na psicanálise.[13] Mesmo nos dias atuais, a maioria dos psicanalistas modernos considera o vínculo afetivo profundo como insípido e inanimado e rotula o amor como "relações de objeto". Mães de primeira viagem não levantam no meio da noite por causa de objetos; viúvos não choram à beira de túmulos por objetos.

Como os poetas, os primeiros psicanalistas confundiram os instintos reptilianos, como a luxúria e a fome, com a emoção mamífera positiva. O mundo psicanalítico teve dificuldade em aceitar o fato de que, para as crianças, o vínculo humano é mais importante do que a necessidade de mamar. Ana Freud descreveu assim o amor infantil: "A criança forma um vínculo com a comida – o leite – que depois evolui, a partir desse ponto, para a pessoa que a alimenta, e o amor pela comida transforma-se na base do amor pela mãe".[14] Sigmund Freud, assim como a filha, acreditava erroneamente que a ligação da criança com a mãe se dava pela boca e pelo estômago, e não pelos olhos, ouvidos e pele. A neurociência na época de Freud era incipiente demais para que ele pudesse imaginar que o cérebro da criança está muito mais conectado à pele do que a qualquer outro órgão.

Foi o trabalho de Harry Harlow com macacos *rhesus* que levou o amor à psicologia. Os estudos de observação realizados por John Bowlby com crianças reais, e não teóricas, e os estudos de Harlow, baseados na etologia e não na psicanálise, demonstraram que a visão de Freud sobre o vínculo estava categoricamente errada. (Faço essa afirmação como membro da sociedade psicanalítica freudiana.) Como observou Harry Harlow, os filhotes de macaco separados de suas mães verdadeiras tornam-se mais apegados a uma aconchegante "mãe" de pelúcia que não amamenta do que a uma "mãe" feita de arame que amamenta. O amor tem a ver com o contato visual e o aconchego, não com a fome e o sexo.

Talvez eu devesse olhar no espelho antes de ridicularizar os poetas e psicólogos. Para a maioria de nós, o amor, assim como a alegria, algumas vezes é difícil de suportar. Ele nos faz sentir tão vulneráveis que, em certas ocasiões, temos medo de aceitá-lo.

O dr. Adam Carson (pseudônimo), membro do Study of Adult Development, era um homem muito afetuoso. Ele não tinha dificuldade em falar sobre sua vida sexual, mas demonstrava diculdade em "saber" como ele se sentia em relação ao amor. Anos antes da minha última entrevista com ele, sua esposa me escreveu:

> Para mim, Adam é o homem mais extraordinário, paciente e atencioso que já conheci. Ele é muito intuitivo. Acredito que você seja a única pessoa que sabe realmente como sou sortuda. Ele se doa muito para todos os pacientes, amigos e familiares.

Alguns anos mais tarde, minha última entrevista com esse médico de 78 anos estendeu-se até o sol começar a se pôr no encantador terraço de seu jardim, em Dover, Massachusetts, e começar a esfriar. O dr. Carson interrompeu de repente o que dizia e exclamou: "Vou buscar um suéter para você, George, para que não tenha de ficar aí se preocupando em arranjar um agasalho". Como havia acontecido na entrevista realizada em 1967, agora, 30 anos mais tarde, aquecido no pulôver de caxemira que me emprestara, compreendi novamente por que os pacientes e a esposa amavam esse homem empático.

Ele confirmou duas das minhas intuições. A primeira, que seus pacientes realmente o amavam, e a segunda, que ele tinha dificuldades em levar essa dádiva de amor para o consciente. O dr. Carson então falou de repente: "Vou apanhar umas coisas". E logo depois me mostrou, um tanto tímido, uma caixa caprichosamente recoberta de seda. Dentro, havia pelo menos cem cartas de pacientes agradecidos. Ele me contou que, quando completou 70 anos, sua esposa, em segredo, havia conseguido a lista de endereços de pacientes dele e lhes pedira que enviassem a ela cartas pessoais para comemorar o longo relacionamento que tinham com o médico querido. As cartas que chegaram eram profundamente afetuosas e algumas até vinham acompanhadas por fotografias.

O dr. Carson me mostrou a coleção de cartas. Depois, virou-se para mim e comentou: "Não sei o que você vai pensar disto, George, mas nunca as li". Seus olhos estavam cheios de lágrimas e ele exclamou: "Não consigo falar sobre esse assunto". A profundidade de seu sentimento e o óbvio vínculo que tinha com os pacientes eram altamente tocantes. Mesmo assim, fiquei atordoado com sua incapacidade de saborear por inteiro o fato de os pacientes também o amarem. Nós todos precisamos nos ajudar uns aos outros a suportar não só a desgraça, mas também o amor.

O vínculo afetivo não está no estômago, onde os primeiros psicanalistas tentaram colocá-lo, tampouco está localizado no cérebro neocortical racional e lexical, onde os filósofos e teólogos tentam alocá-lo. Se o neocórtex de uma hamster for removido por completo, ela parecerá pouco inteligente em um labirinto. No entanto, ainda conseguirá amar e criar seus filhotes. Por outro lado, se o sistema límbico for apenas ligeiramente danificado, ela permanecerá uma *expert* em labirintos, mas será uma mãe completamente incompetente.

O amor tampouco está no hipotálamo (o cérebro sublímbico), que dá ímpeto ao "id" de Freud e ao eros exaltado pelos poetas apaixonados. Fica naquela parte do cérebro onde se encontram também os odores, o cuidado com os outros e a memória, em especial no giro do cíngulo anterior límbico. Graças ao sistema límbico e aos lobos temporais adjacentes, em lugar de neutralidade intelectual, existe comprometimento. Em lugar de análise, existe encontro. Em lugar de luxúria, existe união mística.

Em resumo, o amor, assim como a espiritualidade e o luto, existe no mesmo cérebro "olfativo" que encoraja a mãe rato a cheirar e encontrar os filhotes no escuro. A evolução deu aos mamíferos afinação emocional e contato visual, que eles usam para alterar a fisiologia uns dos outros, para ajustar e fortificar os ritmos neurais frágeis dos seus semelhantes em uma dança de amor cooperativa.[15] Um fator estressante que elevaria em 50% os níveis de cortisol no plasma (uma medida de estresse) de um animal isolado não aumentaria de nenhuma maneira os níveis de cortisol de um animal rodeado por conhecidos.[16]

> Se a música é o alimento do amor, continuem tocando (...)
> Oh, ela chegou ao meu ouvido como o doce som
> Que respira sobre um canteiro de violetas,
> Roubando e doando odor!
> – SHAKESPEARE, A noite dos reis

Nos seres humanos, o cérebro olfativo de memória dos primitivos mamíferos noturnos evoluiu para um cérebro mais visual-auditivo de memória que faz com que os filmes e as canções tristes evoquem amores perdidos e nos façam chorar. É claro que o travesseiro ainda com o perfume do amante ausente pode evocar a mesma resposta. O choro dos mamíferos diante da separação, uma das marcas do seu sistema límbico, está estreitamente ligado à empatia, à compaixão e ao companheirismo. E a tragédia dos indivíduos com síndrome de Asperger (uma forma de autismo) é serem capazes de qualquer forma de atividade mental humana, exceto empatia e vínculo. As crianças com síndrome de Down, por outro lado, que nos parecem tão deficientes no aspecto intelectual, são capazes de vínculos profundos e significativos.

96   Fé – evidências científicas

Conseguimos lembrar de cor nossos números de telefone e as tabuadas, em um processo cognitivo que não envolve sentimento. Podemos acessar tais recordações rápida e voluntariamente, pois elas permanecem no que os psicólogos cognitivos chamam de memória explícita. Podemos relatar essas recordações palavra por palavra – até ficarmos velhos e esquecermos. Em contrapartida, nós nos lembramos de pessoas, aromas, melodias e momentos de crise pessoal por meio da memória implícita, da mesma maneira como os cães se lembram de seus donos pelo seu cheiro único. Ao assistir a um filme, a recordação súbita de um amor perdido pode nos surpreender e nos levar a chorar inexplicavelmente. Como as regras de gramática e andar de bicicleta, o amor resulta em recordações que permanecem a menos que sejamos acometidos pela demência.

Nossa percepção dos odores começa gradualmente e permanece mesmo quando sua fonte é afastada. Do mesmo modo, recordações de relacionamentos construtivos (ou destrutivos) podem ocorrer de maneira involuntária. Lenta e inexoravelmente, alteram nossa saúde mental. Tais memórias são evocadas por aromas, pela música e por símbolos, mas não por um comando. Infelizmente, até mesmo os poetas às vezes têm dificuldades de atribuir palavras à memória dos seus entes queridos. Contudo, a lembrança do perfume da pessoa amada pode permanecer até depois que seus números de telefone, verbalizados mais facilmente, tiverem desvanecido para sempre. Bebês com pouca memória explícita (memória verbal de "fatos") podem diferenciar com precisão o aroma do leite da própria mãe do aroma do leite de qualquer outra mãe. Lembro-me de uma mulher incapacitada por Alzheimer que, ao ouvir o nome de um homem morto há 50 anos, exclamou: "Ah, o John, fui muito apaixonada por ele!".

Mais uma vez, quando nos faltam as palavras, as canções vêm em nosso auxílio. Como nos faz lembrar a letra de Oscar Hammerstein no musical *South Pacific*: "Você toca minha mão e meu braço fica mais forte". A música segue direto para o coração e para a alma; as palavras muitas vezes são aprisionadas pela mente. Sendo assim, hinos e salmos geralmente são mais reconfortantes do que sermões. Simplificando, podemos dizer que assimilamos as pessoas que amamos ao cobri-las com emoção positiva de modo que, assim, possamos internalizá-las e metabolizá-las. Então, uma vez em nosso interior, como no caso de Tom Merton, mudamos para sempre.

Amor

Então, por que a seleção natural criou o amor desinteressado? A natureza do amor humano abnegado se torna mais clara se refletirmos sobre a vida nas savanas africanas mal arborizadas há 1 ou 2 milhões de anos, onde evoluíram nossos ancestrais sem pelo, que levaram muitos anos para atingir a maturidade. Apesar de viverem em uma terra povoada por carnívoros, não conseguiam correr como a gazela, entocar-se como os coelhos, escalar árvores como o gibão, voar para longe como o flamingo ou defender-se como o elefante. Se não se agrupassem, pereceriam. Os seres humanos nem ao menos tinham pelos como o macaco para que os filhotes se agarrassem a eles; em vez disso, eram as mães humanas que precisavam se agarrar aos seus filhos. Para sobreviver, os seres humanos muitas vezes necessitavam subordinar a fome e o sexo ao desenvolvimento de uma inata organização social altruísta, da qual resultaram o vínculo duradouro e a sobrevivência dos jovens. Na savana, a jovem gazela pode sobreviver com genes "egoístas", e, assim que nasce, já pode andar. O filho do *Homo sapiens*, em contraste, se não nascer em uma comunidade humana altruísta, está destinado a tornar-se o almoço de algum predador.

O tamanho aumentado do cérebro e a prolongada dependência dos humanos em evolução catalisaram-se mutuamente. O amor incondicional e clemente tornou-se essencial para a sobrevivência da espécie humana, mas esse vínculo não é rígido e reflexivo, como a marca impressa pelo bebê ganso na mãe ou o cuidado estereotipado da mãe azulão com seu filhote. Na verdade, o amor nos primatas depende de uma tomada de decisão emocionalmente motivada e de uma escolha flexível, se não quase "livre". Dessa forma, diferentemente dos gansos e dos azulões, os humanos desenvolveram memes religiosos para reforçar os comportamentos de cuidado para com os seus. Mas isso tudo requereu um cérebro cada vez mais complexo e, portanto, maior.

Em resumo, os seres humanos sobreviveram graças a um sofisticado vínculo social caracterizado por afeto incondicional, perdão, gratidão e contato visual afetuoso. É verdade também que, muitas vezes, emoções negativas e autodestrutivas, como aversão, raiva, medo e inveja, levaram alguns humanos a expulsar outros ou a explorá-los de forma egoísta. No entanto, emoções positivas, como amor, alegria, esperança, perdão, compaixão e confiança, permitiram que os seres humanos se aproximassem uns dos outros e sobrevivessem com mais sucesso. Sim, o medo também aproxima as pessoas, mas sem que haja compartilhamento.

A evolução do sistema límbico transforma a luxúria em vínculo duradouro e específico. As duas espécies de chipanzés e o *Homo sapiens* são os únicos mamíferos a fazer contato visual enquanto amamentam; e os chipanzés bonobo e o *Homo sapiens*, as únicas espécies a fazer contato visual durante a relação sexual.[17] O *Homo sapiens* é, indiscutivelmente, a única espécie que apresenta o orgasmo feminino e um dos poucos mamíferos cuja fêmea se mantém sexualmente receptiva durante o ano todo.

A evolução libertou o amor humano da dominação neuroendócrina reflexiva do hipotálamo e, em seu lugar, levou a escolha do parceiro e o vínculo a terem por base motivações relativamente flexíveis. A mentalização "moral", madura e de causa e efeito dentro dos lobos frontais predomina sobre o impulso hipotalâmico adolescente. Com a maturidade, o vínculo empático substitui a avidez sexual.

O amor, assim como o sagrado e a nossa imagem de Deus, é eterno. O romancista Laurence Durrell nos lembra que "o amor mais rico é aquele que se submete à arbitragem do tempo". São Paulo também nos faz recordar que "o amor é sofredor, é benigno (...), tudo sofre, tudo crê, tudo espera, tudo suporta" (1 Coríntios 13:4,7). A luxúria, ao contrário, marcha a um ritmo maravilhoso, porém muito mais premente. O objeto de uma noite passional pode parecer entediante e horrendo na manhã seguinte. Mas que noite maravilhosa!

Se lêssemos os poemas e as cartas de amor de um homem que teve quatro casamentos e cinco amantes, todos poderiam parecer muito convincentes até que olhássemos sua trajetória de vida. Por outro lado, um casal falando sobre amor ao completar bodas de ouro poderia soar banal e tedioso até que acrescentássemos a dimensão temporal a essa equação. Certa vez, um sábio editor me disse: "George, não é que o divórcio seja ruim, é que amar as pessoas por longos períodos é muito melhor". Um juiz octogenário certa vez me contou que havia se apaixonado pela esposa no colegial. Aos 65 anos, ele comentou que seu amor por Susie era "muito mais profundo agora do que no início". Doze anos depois, aos 77, segredou ao estudo: "À medida que a vida fica mais curta, amo Susie ainda mais".

Entretanto, o crescimento do amor é como a passagem das horas. O amor pode evoluir tão lentamente que o processo se torna quase invisível. As geleiras avançam, as flores vicejam e nós nos apaixonamos profundamente, mas é provável que nunca percebamos de verdade esses movimentos. Quem pode negar que muitas crianças amam suas avós pela vida toda? Contudo, esse amor nunca acontece à primeira vista. O amor à primeira vista, por seu turno, pode acontecer em milissegundos, mas suspeito que metade dos casamentos que não chegaram a durar um ano começaram muito depressa. Muitas vezes, o amor à primeira vista é luxúria, ilusão, transferência ou narcisismo. Tem a ver com seios, lábios e com enxergar a si próprio na outra pessoa. Em seu poema "To his coy mistress",* Andrew Marvell incita: "Tivéssemos tempo e mundo suficientes, seu recato, senhora, não seria crime (...). Às minhas costas, porém, sempre ouço a carruagem alada do tempo correndo célere". Essas palavras, no entanto, indicam luxúria, não amor. De fato, temos de admitir que a luxúria é prazerosa, mas tem a ver apenas com um "eu" individual.

Em contraste a isso, a infinitude do amor significativo está refletida no poema que Walt Whitman escreveu após a morte de Abraham Lincoln: "Chorei quando brotaram os lilases esquecidos na porta de entrada e a grande estrela noturna cedo apareceu no céu ocidental, e sei que ainda vou chorar com o retorno de cada primavera". Acredito que poucas pessoas aprenderam a amar Abe Lincoln da noite para o dia. Ele era feio e taciturno. O amor verdadeiro exige tempo.

Na verdade, em oposição ao atual costume do Ocidente, na história da humanidade os casamentos arranjados foram bem mais comuns do que os "casamentos por amor", e os relatos sobre uniões desse tipo revelam que elas foram igualmente duradouras. A viúva idosa de um casamento hindu arran-

---

* N.T.: Em tradução livre para o português, "Para sua recatada amada".

Fé – evidências científicas

jado chora tão profundamente ao lado da pira funerária do marido como qualquer viúva de Scarsdale que tenha casado por amor choraria em uma casa funerária. O vínculo humano leva tempo.

Então, como aprendemos a amar? Como nos tornamos agentes do amor? Não é pela escola dominical, nem pela internet e nunca apenas por palavras. Aprendemos a amar por meio da neuroquímica, dos genes e da identificação.

Em parte, o amor duradouro e seletivo é catalisado pelos genes. A incapacitante limitação social do autismo infantil é quase totalmente genética. Por razões desconhecidas, mas altamente hereditárias, os indivíduos autistas são incapazes de receber amor e, portanto, de retribuí-lo. Por outro lado, o amor duradouro dos seres humanos difere daquele dos insetos. Estes possuem sistemas de comunicação genética para comportamentos "altruístas" que, algumas vezes, são impressionantemente sofisticados; mas os insetos não os inventam nem os ensinam aos outros. A dança das abelhas e a trilha odorífera das formigas contêm elementos simbólicos, mas seu desempenho e seu significado altruísta são geneticamente inatos e não podem ser alterados pela aprendizagem. Ao contrário da compaixão humana, o "altruísmo" mediado pela genética dos insetos não é transmitido pela cultura.

O amor seletivo duradouro é, em parte, catalisado também pela química. A neuroquímica apresenta modelos engenhosos de comunicação não verbal e catalisa os mecanismos da emoção positiva. O hormônio cerebral oxitocina é liberado quando todos os mamíferos dão à luz e parece permitir que eles superem sua aversão natural à extrema proximidade, por isso foi rebatizado de "hormônio do abraço". Conforme mencionado anteriormente, se forem geneticamente privados desse hormônio, os monogâmicos, maternais e afetuosos arganazes do *prado* (uma subespécie de roedores) transformam-se em outra subespécie, os arganazes da *montanha*, insensíveis, promíscuos e negligentes com os filhotes. Sem a oxitocina, a cooperação e a responsabilidade dos pais desaparecem.[18] Nos recém-nascidos humanos, existe uma breve superprodução de receptores de oxitocina.[19] Na puberdade, a produção desse hormônio volta a aumentar, paralelamente às paixonites adolescentes. Quando um recém-nascido é colocado nos braços da mãe ou a união sexual de um casal é felicitada com um orgasmo mútuo, os níveis de oxitocina no cérebro se elevam.

Os centros cerebrais dopaminérgicos, ricos em oxitocina, são uma parte íntima do sistema límbico humano. O núcleo accumbens (nos arganazes), o tegmento ventral (nos ratos) e o giro do cíngulo anterior (nos humanos) mostraram-se intimamente envolvidos no vínculo mamífero duradouro. Todos são altamente dependentes do neurotransmissor dopamina e, curiosamente, esses três centros cerebrais também contêm receptores de opiáceos e estão relacionados ao vício da heroína – um sucedâneo do amor, muitas vezes letal, que também é seletivo e duradouro. Os opiáceos são as únicas substâncias químicas que podem reconfortar um filhote de animal separado da mãe. Ou, como descreveu um viciado crônico: "Você nunca fica sozinho com a heroína. É como ter uma amante".[20]

Outro catalisador do amor seletivo duradouro é a identificação. Diferentemente das abelhas, os seres humanos não vêm ao mundo sabendo dançar. Se todo o amor humano é uma dança, são necessários dois para o tango – e, no início, geralmente também um professor experiente. Dessa forma, química, genes e sobrevivência dos mais aptos são apenas uma parte da história. É verdade que a marcha evolutiva de peixes a répteis de sangue frio e, depois, aos macacos afetuosos de Harry Harlow reflete a força dos genes para assentar os alicerces do amor. No entanto, para que ocorra o vínculo mamífero duradouro, os ambientes afetuosos e a identificação com os outros são tão cruciais quanto a química na escultura cerebral.

Se, como canta o tenente Joe Cable em *South Pacific*, "você tem de aprender a odiar e a temer", também é preciso aprender a amar. Portanto, a autorregulação comportamental que associamos ao amor não vem de um cérebro solitário, mas de um cérebro em evolução que se molda com o vínculo a um ser amado. Macacos criados em isolamento costumam comer compulsivamente e esconder-se pelos cantos. Em vez de participar de algazarras, lutam com os companheiros até a morte e nunca aprendem realmente a copular. Durante toda a vida, permanecem incapazes de fazer o que deveriam ser capazes de fazer naturalmente. Por outro lado, macacos isolados que são posteriormente criados por mães ou na companhia de irmãos por ao menos um ano aprendem a fazer algazarra e param, elegantemente, quando alcançam o domínio social, além de, com destreza, ensaiarem os passos para uma fecundação bem-sucedida. Como ilustra o exemplo de Tom Merton, é notável como ambientes afetuosos na vida adulta podem ajudar a desfazer o estrago causado pelo isolamento na infância. Sem recobrar a lembrança da babá amorosa e sem a afinidade com os próprios filhos mais tarde, ele talvez nunca tivesse aprendido a dar e a receber amor. O órfão Leo Tolstoi foi um narcisista impulsivo e sem empatia até a esposa, Sonia, entrar em sua vida.

Como sugerem as parábolas, os hinos e as narrativas edificantes das grandes religiões do mundo, a biologia do amor é catalisada pelo exemplo social. Isso foi demonstrado em uma série de experimentos engenhosos realizados por Jonathan Haidt, psicólogo da Universidade da Virgínia, e seus alunos. Quando mães de primeira viagem assistiam a fitas de vídeo sobre amor e gratidão, apresentavam um aumento na produção de leite e/ou na amamentação (ambos sinais que evidenciam a liberação de oxitocina). Esses efeitos eram muito menos evidentes quando assistiam a fitas de humor ou neutras. E, quando os pesquisadores mostraram a universitários documentários sobre heróis altruístas ou segmentos edificantes do programa de Oprah Winfrey, com manifestações de gratidão e amor incondicional, Haidt e seus colaboradores observaram que se produziram nos estudantes uma sensação de calma, um sentimento caloroso no peito e um impulso para ajudar os outros, o que não aconteceu quando os alunos viram fitas neutras.[21]

O amor, sobretudo o amor incondicional, também cura as pessoas – tanto quem dá como quem recebe. Receber amor transforma. Ao ser beijado pela princesa amorosa, o sapo desajeitado transforma-se em príncipe. Com miríades de tubos em todos os orifícios, o centenário feio e agonizante torna-se bonito de novo por causa da generosa enfermeira que segura sua mão. Como as outras emoções positivas, amor é religião sem os efeitos colaterais.

O amor curador, é claro, sempre envolve limites apropriados. Contato visual e toque, como na interação mãe-filho, sempre devem ser mantidos separados de luxúria e eros egoísta, ou a outra pessoa se sentirá violada. A enfermeira do asilo, o sacerdote comprometido com a paróquia, o assistente social dedicado e mesmo um melhor amigo precisam lembrar que é a avó preferida, e não um salva-vidas gostosão, o modelo apropriado para o afeto, o entusiasmo, o compromisso e os limites inteligentes que criam o amor terapêutico. O amor curador com frequência tem mais a ver com testemunhar (fazer com que a outra pessoa se sinta "vista") do que com socorrer.

Além do mais, a oxitocina, o "hormônio do abraço", por si só cura tanto quanto o amor que ela sustenta. A longo prazo, esse hormônio exerce efeitos contrários sobre as emoções negativas ligadas às reações de luta ou de fuga. Durante períodos prolongados de medo, ansiedade e depressão, os limiares da dor diminuem e os níveis de cortisol e a pressão sanguínea podem ser crônica e deleteriamente elevados. Por outro lado, durante períodos de liberação contínua de oxitocina, os níveis de cortisol e a pressão sanguínea são reduzidos, os limites da dor aumentam e o resultado é um estado de calma e tranquilidade.[23] Um estudo recente sobre a elevação dos níveis de cortisol e a ansiedade pós-estresse relacionada a falar em público revelou que tanto a oxitocina administrada por via nasal como o apoio social diminuíam os efeitos do estresse e eram mais eficientes quando combinados.[24] Não é de se admirar que o amor e a compaixão sejam tão valiosos no tratamento de doentes.

O psiquiatra britânico *sir* Michael Rutter apresenta talvez a melhor documentação científica que temos sobre o poder transformador do amor no desenvolvimento humano. Ele e seu colega David Quinton conduziram um instrutivo experimento ao longo de 20 anos[25] estudando 91 mulheres que haviam sido retiradas de famílias disfuncionais e criadas em orfanatos desde os 2 anos de idade. Rutter e Quinton queriam descobrir quais daquelas crianças internadas viriam a se tornar boas mães e dispensar o cuidado que elas mesmas nunca haviam recebido. Não surpreendeu o fato de que, como um todo, elas foram mães muito piores do que as mães-controle. No entanto, entre as internadas, emergiram dois profetizadores de uma maternidade bem-sucedida: primeiro, a capacidade para despertar admiração e atenção nos professores do ensino fundamental e, segundo, a boa sorte de casar-se com homens afetuosos e atenciosos. Ademais, Rutter e Quinton demonstraram que um casamento que trazia suporte não decorria de uma estabilidade psicológica preexistente na mulher. Em outras palavras, não era uma função do acasalamento preferencial (ou seja, ser relativamente mais afetuosa e, portanto, casar-se com alguém afetuoso). Em vez disso, o efeito benéfico deveria ser creditado ao próprio casamento cheio de amor. As garotas que não receberam os cuidados apropriados, assim como Tom Merton e Bill Graham, transformaram-se graças ao amor.

No Study of Adult Development, examinei a vida de homens que não tinham sido amados[26] e cheguei à mesma conclusão que Rutter e Quinton. Selecionei 30 adolescentes de uma amostra de 456 jovens da área central de uma cidade, cuja infância havia sido muito estéril e menos apropriada ao desenvolvimento adulto. Na infância, cada um desses homens havia sido amaldiçoado com as variáveis que os psicólogos do desenvolvimento infantil demonstraram *impedir* a resiliência. E suas previsões estavam corretas. Aos 25 anos, a vida dos 30 continuou desastrosa. Mas aos 50 ou 60 anos, nove deles levavam uma vida bem-sucedida e produtiva. Como aconteceu com as mulheres do estudo de Rutter e Quinton, o evento mais fundamental para a cura foi esses homens terem encontrado uma parceira afetuosa. Nós não aprendemos a amar com a educação religiosa. Aprendemos o amor por meio dos nossos genes, da nossa bioquímica e das pessoas que nos amam e nos deixam amá-las.

O desenvolvimento humano bem-sucedido envolve, em primeiro lugar, a absorção, em seguida o compartilhamento e, por último, a doação desinteressada do amor. Todas as grandes religiões, nossos amigos, nossa família, nossos genes e a química do nosso cérebro conspiram para nos guiar ao longo desse caminho. O amor sempre se multiplica como uma "moeda mágica". Como o Romeu de Shakespeare explica a Julieta: "Minha generosidade é tão ilimitada quanto o mar, meu amor igualmente profundo. Porque ambos são infinitos, quanto mais eu te dou, mais tenho". Não é à toa que algumas pessoas considerem o amor um sinônimo de Deus.

Amor

6
Esperança

*A esperança é a maior força que há na vida
e a única capaz de vencer a morte.*
– EUGENE O'NEILL[1]

O Capítulo 2 discorreu sobre a evolução dos mamíferos e o choro diante da separação do adulto, o que transmite a certeza de que a mãe não é canibal. A esperança sinaliza um avanço evolutivo ainda maior; reflete a capacidade de vincular a memória afetiva, lírica e límbica que o indivíduo possui do passado à "memória do futuro". Tal capacidade ocorre no interior dos nossos lobos frontais, produtos de uma evolução mais recente. A relativa expansão dessas estruturas cerebrais é o traço anatômico que distingue com maior clareza o *Homo sapiens* dos outros primatas. Nossas habilidades de prever, de sofrer por antecipação, de semear e de planejar o futuro estão todas baseadas nos nossos lobos frontais. Apenas um cérebro integrado consegue ter esperanças de que a agricultura realmente dará resultados, de que as sementes plantadas na fria primavera produzirão frutos no outono seguinte. E essa é a diferença que a esperança faz.

A capacidade evolutiva do *Homo sapiens* de ter esperança e "recordar o futuro" como podendo ser melhor do que o passado andou de mãos dadas com a extraordinária mudança criativa verificada nas ferramentas da Idade da

Pedra há 150 mil anos e, atualmente, ainda é vista na informática e na robótica. Para ter sucesso como caçador-coletor, bastava lembrar onde havia comida no ano anterior. Armados com essa memória do passado, os caçadores-coletores de Neandertal conseguiram sobreviver durante 400 mil anos produzindo as mesmas ferramentas da Idade da Pedra e encontrando e coletando os mesmos frutos e raízes. Então, de repente, a espécie humana aprendeu a experimentar, a fazer tentativas na esperança de encontrar algo novo. Nossos ancestrais *Homo sapiens* fizeram experiências com ossos para criar agulhas, com o trigo do ano anterior para obter colheitas mais abundantes no ano seguinte e com o marfim para esculpir deusas da fertilidade e tornar fecundo um útero estéril. Para ser um lavrador, um xamã ou um artista criativo – em outras palavras, para trazer ao mundo coisas que antes não existiam –, era preciso ter a capacidade mental de antever o futuro. Era preciso ser capaz de ter esperança de que o plantio resultaria em colheitas e que orações e rituais resultariam em bebês. Suspeito que talvez tenha sido a maturação inexorável da nossa espécie que levou os primeiros *Homo sapiens* a colocar objetos funcionais no interior de túmulos e fez deles os primeiros mamíferos a demonstrar esperança de que existia vida – ou, pelo menos, memória – após a morte.

O sofrimento equivale à esperança aniquilada e é mais do que dor: é a perda do controle, o desespero e a aniquilação da esperança. No entanto, se a perda da esperança transforma dor em sofrimento, a volta da esperança transforma novamente o sofrimento em dor tolerável. O sofrimento é a perda da autonomia; a esperança é sua restauração. Assim, as celebrações rituais da primavera do hemisfério norte relacionadas à Páscoa, ao Êxodo e a Deméter trazendo Perséfone de volta dos domínios de Hades transformam desespero em esperança.

> Dancei numa sexta quando o céu escureceu;
> É difícil dançar quando o demônio é seu;
> Enterraram meu corpo, pensaram que morri,
> Entretanto, eu sou a dança e sobrevivi.
>
> Fui derrubado e me alcei ainda mais,
> Pois sou a vida, que não morre jamais;

Viverei em você se viver em mim;

Pois sou Senhor da Dança, disse ele assim.

– Sydney Carter (1915-2004), *Lord of the Dance* (1963)

Definir esperança tomará todo este capítulo, pois não posso fazê-lo em uma sentença, nem mesmo em um parágrafo. "Sem essa!", poderão protestar os leitores. "As palavras são tudo o que temos." Mas é claro que isso não é verdade. Os sábios chineses já não nos lembravam que uma imagem vale mais que mil palavras? E os grandes editores não rogam: "Não me diga, mostre-me"? Então, para definir *espiritualidade* o Capítulo 1 não recorreu ao Aurélio, mas a uma oração, uma história, uma canção e três modelos: Mohandas Gandhi, Martin Luther King Jr. e Nelson Mandela. Para definir palavras como *amor* e *esperança*, preciso de todo o seu cérebro, não apenas do seu centro da fala; preciso do seu "coração", não apenas do seu intelecto. Espero que, ao final deste capítulo, você não *imagine* apenas, mas *saiba* o que quero dizer com *esperança*.

Para começar, preciso definir o que não é esperança. Ela deve ser diferenciada do desejo, pois os desejos estão associados às palavras e ao lado esquerdo do cérebro. Em contrapartida, a esperança é feita de imagens e tem suas raízes no lado direito do cérebro. Desejar uma estrela não demanda esforço algum; como já mencionei, se desejos fossem cavalos, mendigos seriam cavaleiros. A esperança geralmente exige um esforço enorme e molda a vida real; reflete nossa capacidade de imaginar um futuro positivo e realista. Ao observarmos duas pessoas fazerem seus votos de matrimônio, sua *fé* abrange apenas o que é passado; seu *amor* lhes permite dar um passo sacramental no presente; mas é por meio da *esperança*, e somente por meio dela, que podem, juntas, imaginar o futuro. A esperança é emocional, energizante e dá forças; o desejo é passivo, cognitivo e potencialmente debilitante.

A eficácia da oração capaz de curar costuma depender da distinção entre esperança e desejo. Se, em segredo, eu suplicar a Deus que atenda ao meu desejo e cure você do câncer ou que me faça ganhar na loteria, a eficácia das minhas boas intenções talvez seja equivalente a se iludir com um trevo-de-quatro-folhas. Se, por outro lado, você receber minhas orações na forma de amor e de um esforço sincero para partilhar minha força e minha esperança, é provável que seu sofrimento diminua, mesmo que suas células cancerígenas não necessariamente morram. "Não tenho nada a lhe oferecer", diz o padrinho dos Alcoólicos Anônimos ao novato, "apenas minha experiência, minha força e minha esperança". E, com isso, o novato se sente amparado.

A esperança tampouco é o mesmo que a confiança e a fé. O oposto da confiança é a desconfiança, mas o oposto da esperança é o desespero. É a fé que permite que a criança estabeleça uma ligação segura com o outro, tão vital e necessária. Mas é a *esperança* que permite que a criança que não possui pais afetuosos acredite no futuro. Sem confiança, nós nos tornamos cautelosos e paranoicos. Sem esperança, tornamo-nos profundamente deprimidos. O oposto da confiança corresponde a "as pessoas podem me ferir". O contrário da esperança é dizer "sou um desgraçado e nunca vai me acontecer algo bom". Paranoia e depressão são dois males muito diferentes. As pessoas destituídas de fé não têm passado. As destituídas de esperança não têm futuro.

Graças à esperança, podemos prever a mudança do desespero em possibilidades futuras. Já o amor e a fé não abarcam o tempo futuro. Assim, a sequência de desenvolvimento dos órfãos talvez seja: "Perdi minha fé, mas tenho esperança de encontrá-la outra vez".

A esperança deriva da necessidade involuntária que os mamíferos apresentam de funcionar de maneira eficaz diante dos perigos e reveses. Essa fonte de emoção reconfortante, que inclui também a oração sincera, é chamada de *esperança*, a qual nos lembra que o amanhã poderá ser melhor. O verbo *desesperar* vem do latim *disperare*, que significa estar sem esperança. Assim como o desespero, a esperança também é emocional. A verdadeira esperança tem raízes no coração, na música e na percepção cognitiva. Por exemplo, as seguintes palavras de esperança trazem à mente a sublime música coral, e não a "crença" cognitiva: "Do fundo do meu coração, acredito que um dia vamos conseguir".

Se, como no caso do padre de Camus, Rieux, a fé pode às vezes resultar em esperança, a esperança renovada pode, igualmente, restaurar a antiga fé. Isso é ilustrado na peça de Eugene O'Neill sobre sua mãe. Em *Longa jornada noite adentro*, fica claro que a mãe ali representada, Mary Tyrone, culpava o filho e quase todos os parentes por seu vício em opiáceos.[2] Na verdade, ao longo de toda a sua vida, o dramaturgo se questionou se ele era realmente culpado pelo vício de sua mãe. Ao buscar no passado pistas sobre a causa desse vício, Eugene O'Neill conseguia chegar apenas até a dor que sua mãe sentira durante seu nascimento; não podia ir além. Mas o que havia acontecido *antes* do nascimento de Eugene? Os biógrafos de O'Neill estavam mais bem informados do que ele.[3]

Mesmo antes do casamento com James O'Neill (pai de Eugene), já se havia notado que Ella Quinlan raramente sorria. Mais tarde, achando-se incapaz de cuidar dos dois primeiros filhos, um dos quais morreu por negligência, seu desespero (desesperança) piorou. Quando passou a depender da ajuda da mãe para cuidar dos filhos, Ella evitou engravidar novamente. A morte da mãe ocorreu então quando Ella estava longe demais para comparecer ao funeral. Pouco depois dessa morte não pranteada, ela engravidou de Eugene. Na peça, a mãe de O'Neill diz: "Senti medo durante toda a gestação. Eu sabia que algo terrível iria acontecer. Eu sabia que não merecia ter outra criança e que Deus me puniria se fizesse isso". No entanto, na peça, e suspeita-se que na vida real, Ella jamais mencionou sua verdadeira mãe ou seu medo de que não houvesse alguém para ajudá-la a cuidar do bebê, Eugene. A perda da mãe, seu "poder superior", pode ter sido o que realmente precipitou seu sofrimento pós-parto e o que a levou a perder a esperança.

Na peça, Mary Tyrone desloca no tempo a fonte do seu desespero e se lembra de tudo ter começado logo *após* o nascimento de Eugene: "Tudo que ele (o médico) sabia era que eu estava sentindo dor. E foi fácil para ele pôr fim à dor". Mais adiante, ela descreve a morfina como "um tipo especial de remédio. Preciso tomá-la porque não há mais nada ao meu alcance capaz de eliminar a dor – *toda* a dor". Lembre-se de que, no caso de filhotes de animais, os opiáceos são a única droga capaz de silenciar a dor diante da separação da mãe.

Antes em *Longa jornada noite adentro*, Mary Tyrone também nos revela que perdeu a fé. Assim, ela lamenta: "Se eu simplesmente conseguisse recuperar a fé que perdi, conseguiria voltar a orar". Em vez de reconhecer a dor como decorrente da perda da mãe, agarra-se ao vestido de noiva, da mesma forma como Linus, das tirinhas dos Peanuts, agarra-se ao cobertor. "O que estou procurando?", clama ela. "Sei que é algo que perdi (...), algo de que sinto uma falta enorme." À medida que a peça se aproxima do final, Mary Tyrone alucina: "Conversei com a madre Elizabeth (...). Pode ser pecado da minha parte, mas eu a amo mais do que minha própria mãe. Afinal, ela sempre me compreende". Mas Mary Tyrone continua sem esperanças. A desesperança e a depressão clínica são uma mesma coisa. Ambas podem ser fatais. No final da peça, em um devaneio psicótico, Mary Tyrone imagina o futuro: "Fui ao santuário, orei para a Santa Virgem e reencontrei a paz, pois tive certeza de que minhas preces foram ouvidas e ela sempre me amará e cuidará para que nenhum mal me aconteça desde que eu não perca a fé nela". Isso é esperança, não ilusão.

Em 1914, dois anos depois dos eventos de *Longa jornada noite adentro*, foi aprovada a Lei Harrison, que tornava ilegal a prescrição de morfina pelos médicos. Para se livrar da dependência dessa droga, então ilegal, Ella O'Neill foi enviada, providencialmente, para morar por seis meses no ambiente auspicioso de um convento. Ali, sua esperança tornou-se realidade. Ela encontrou freiras de verdade para amar e que a amparavam. Encontrou verdadeiras mães que acalentavam e transmitiam mais segurança do que seu vestido de noiva, seu marido e seus filhos bêbados ou suas fantasias autistas. Assim, no convento, Ella O'Neill pôde não só tornar-se dependente de uma instituição e encontrar uma substituta para a mãe que buscava, mas também recuperar a esperança.

Por volta de 1919, Ella O'Neill havia aprendido a sorrir e a ter esperança. Cinco anos sem morfina, após sair do convento, ela escreveu para o filho Eugene dois dias depois do nascimento do neto: "Nesta noite, sou uma das mulheres mais felizes de Nova York por saber que tenho um neto maravilhoso, mas não mais maravilhoso do que você, que nasceu pesando 4,9 kg e era bem calmo. Estou enviando uma fotografia sua tirada quanto tinha 3 meses. Espero que seu filho seja igualmente lindo".[4]

Agora, ela acompanhava a carreira promissora do filho dramaturgo com orgulho, inteligência e empatia.[5] O futuro tinha sentido outra vez. E essa é a diferença que a esperança faz – com o auxílio, claro, da fé, do amor e da sobriedade.

Esperança

Há quase 50 anos, o psiquiatra Karl Menninger, de Topeka, Kansas, comentou: "A Enciclopédia Britânica dedica muitas colunas para o tópico amor e mais ainda para fé. Mas a esperança, pobrezinha, nem é listada".[6] Ele fez esse comentário em um artigo que escreveu sobre a esperança para o *American Journal of Psychiatry*. Pelo que sei, desde então a esperança não voltou a ser discutida de forma explícita nesse periódico. Otimistas, como o "tolo otimista" de *South Pacific*, podem ser "imaturos e tremendamente ingênuos". Mas a esperança é madura e o que ela vê é real. Assim, Karl Menninger chegou ao ponto de escrever: "As esperanças que cultivamos são, portanto, uma medida da nossa maturidade".[7]

Como o humor, a criatividade e a primavera, não é possível estudar a esperança de modo objetivo ou racional. Tampouco é possível quantificar a beleza das borboletas ou a graça de crianças de 5 anos. Ainda assim, são todas reais. Talvez o mais importante seja o fato de que a esperança salva vidas. A intensidade da devoção religiosa e da esperança de um paciente permite prever com segurança sua sobrevivência após uma cirurgia de coração.[8] Como observado há muitos anos por Curt Richter,[9] neuropsicólogo do Johns Hopkins, se ratos nadarem até a exaustão e forem salvos, no futuro poderão nadar sem se afogar por uma distância maior do que ratos inexperientes sem histórico de salvamento.

No laboratório do psicólogo Martin Seligman, Madeline Visintainer[10] reproduziu o experimento de Richter, só que de forma mais impactante. Ela analisou a sobrevivência de ratos que haviam recebido choque e não puderam escapar – experiência que costuma ser chamada de impotência aprendida – e a comparou com a sobrevivência de ratos que haviam sido submetidos a choques, mas dos quais conseguiram escapar. (Os ratos impotentes colocados junto aos ratos capacitados só receberam choque quando estes receberam.) Visintainer calculou a quantidade de células cancerosas necessária para matar cerca de metade dos ratos e, então, injetou-as em um grupo de 30 ratos que, por esforço próprio, haviam conseguido escapar com sucesso do choque doloroso e em 30 trinta ratos que haviam recebido o mesmo choque, mas não tinham conseguido escapar. Em vez de 50%, apenas 27% dos ratos esperançosos morreram de câncer, mas, no caso dos ratos desesperançados, o índice foi de 63%.

112   Fé – evidências científicas

No Study of Adult Development, temos verificado, de modo menos preciso, esse mesmo poder da esperança sobre a mortalidade humana.[11] A sobrevivência de homens de centros decadentes – levando-se em conta o Q.I., a classe social dos pais, a etnicidade e os membros da família com múltiplos problemas – aumentava de maneira significativa quanto maior a quantidade de anos de estudo. Em outras palavras, as crianças desamparadas (independentemente de privilégio e educação dos pais) que cresceram convencidas de que valia a pena batalhar pelo futuro – isto é, os homens com esperança – viveram mais. E essa é a diferença que a esperança faz.

⚜

Sem dúvida, quanto mais nos esforçamos para focar a esperança, mais esquiva ela se torna, à maneira dos elétrons de Heisenberg. São Paulo tenta explicar por quê: "Porque na esperança fomos salvos. Ora, a esperança que se vê não é esperança" (Romanos 8:24). Só é possível esperar por aquilo que é incerto e que ainda se encontra invisível no futuro. Entretanto, a esperança adiciona um ingrediente muitíssimo importante à vida.

Para compreender, é preciso deixar a música da esperança tomar conta de você. Uma das canções mais populares da Segunda Guerra Mundial foi *(There'll Be Blue Birds Over) The White Cliffs of Dover*, escrita na Inglaterra em 1941, quando o mundo passava por seu momento mais sombrio. A canção lembrava aos ingleses de que, algum dia, de alguma forma, os infindáveis ataques aéreos e as desencorajadoras derrotas britânicas na Bélgica, na Noruega e na África teriam fim. E essa canção não mentia. Ao chamar a atenção para "algum dia", ressaltava a ideia de comunidade presente nesse conceito, como em "algum dia vamos conseguir".

Stephen Sondheim e Leonard Bernstein transmitem a mesma ideia de esperança e comunidade em *West Side Story* quando Maria e Tony cantam tendo como pano de fundo o sangrento conflito entre Sharks e Jets (ou entre Montéquios e Capuletos e entre xiitas e sunitas).

> Algum dia, em algum lugar,
> Vamos descobrir um novo modo de viver,
> Vamos descobrir que há como perdoar.

Esperança

Mas, se você não conhecesse a música que acompanha tais palavras, seu significado seria muito menor. Talvez equivalessem às palavras de um cartão de Natal. Afinal, os lobos temporais são a sede da memória passada, do amor, da música e da espiritualidade. A *Nona sinfonia* de Beethoven nos recomenda esperança, e não é por acaso que o hino nacional de Israel se chama "Hatikva" (esperança).

A esperança não é cognitiva, não é racional, tampouco é piegas. Faz parte da nossa herança emocional mamífera.

O artista, psiquiatra infantil e estudioso do desenvolvimento de adultos Erik Erikson colocou a esperança no início da vida como "a primeira e mais indispensável das virtudes".[12] Para ele, a esperança tornou-se o alicerce de todo o desenvolvimento humano e era o ímpeto que dava sustentação àquilo que ele chamava de "confiança básica" e a qual dou o nome de fé. Além do mais, com o tempo, a esperança parece ser essencial para quase todos os oito estágios do desenvolvimento eriksoniano. É a pedra angular para o domínio da iniciativa, sustenta a deferência adolescente e catalisa a intimidade adulta. Ao reafirmar a confiança do indivíduo na próxima geração, a esperança dá significado para o florescimento da generatividade madura. Por fim, ao reforçar o que Erikson denomina "integridade" no final da vida, ela oferece a promessa de futuro para nós ou para aqueles que sobreviverão a nós, e isso nos permite morrer em paz. A esperança é eterna.

A esperança é a profunda convicção visceral de que isso também passará, de que amanhã – ou, o mais tardar, depois de amanhã – será um dia melhor e, se você tiver paciência, o inverno será inevitavelmente seguido pela primavera. Assim, a esperança não é um mero mecanismo de defesa cognitiva, mas uma emoção positiva. É o oposto de Gertrude Lawrence em *O rei e eu* assobiando uma melodia alegre para desviar sua atenção do medo. Certamente não é a negação de Scarlett O'Hara quando vê Rhett Butler afastar-se e murmura: "Vou pensar nisso amanhã". A esperança olha a morte diretamente nos olhos, aceita a realidade da aids, da falência e dos amores perdidos. No AA, os alcoólatras iniciam os "12 passos" admitindo, antes de mais nada e de maneira estoica, sua impotência diante do álcool. Depois, cultivam a esperança de que um poder maior do que eles será capaz de lhes restaurar a sanidade, o que não é um desejo infundado, pois, em todas as reuniões do AA, diferentemente de qualquer outro lugar na Terra, esses alcoólatras se encontram rodeados por outros alcoólatras que eram incuráveis e agora estão sãos e sóbrios há anos. A sobriedade acontece.

É surpreendente que, quanto maior o sofrimento, maior o poder da esperança. Em seu livro *Love Against Hate*, Karl Menninger conta como, na desesperança sombria do campo de concentração de Buchenwald, valendo-se do suborno, da engenhosidade e da esperança, os médicos e engenheiros presos construíram em segredo uma máquina de raios x.[13] Tal esforço hercúleo era mais do que simples desejo. Com muito trabalho e esperança, e correndo um grande risco, construíram uma máquina para ajudar outros companheiros a sobreviver. Mas, se a morte no campo de concentração parecia inevitável, por que construir uma máquina de raios x? Esperança é a resposta. Na verdade, existem fortes evidências de que a esperança que nutriam não era apenas desejo, ilusão ou otimismo tolo. Essas evidências repousam em um fato científico simples, mas belo. Quando Buchenwald foi libertado das mãos dos nazistas, alguns dos médicos confinados ainda estavam vivos para contar aos médicos do exército norte-americano que ajudaram a libertá-los sobre sua criação maravilhosa e sua esperança indômita.

Mas, além de casos alentadores como esses, onde estão as evidências a favor da esperança? Como podemos saber que, mesmo quando a morte é certa, a esperança de viver é eterna? Talvez seja porque a cada ano reaprendemos que depois do inverno sempre vem a primavera. Ao lançar flores em túmulos, aprendemos que essa dor passará e temos esperança de que a memória do nosso amor viverá para sempre. Após o frio do inverno, todos os jardins voltam a ressuscitar. Mais uma vez, não estou falando em metafísica, apenas mencionando fatos biológicos.

Se uma criança está morrendo por causa de uma doença incurável, às vezes é inútil ajudar os pais a pensar que ela sobreviverá. Isso seria um sim-

Esperança 115

ples desejo. Em vez disso, o correto talvez fosse começar a transmitir para eles a esperança de que existe uma narrativa futura e pessoas amorosas nessa narrativa. É por isso que um casal em luto pela morte do único filho adolescente fundou uma universidade e deu a ela o nome dele, Leland Stanford Jr. Esse casal dedicou o resto da vida à universidade, para que esta fosse um presente de esperança gratuito para os filhos adolescentes de outras pessoas. Sim, concordo que muitas facetas da vida dos Stanford não foram admiráveis, mas sua esperança mostrou-se uma dádiva para muitas pessoas, mesmo que a taxa nessa universidade já não seja mais de apenas 25 dólares por semestre.

Como se isso não bastasse, Emily Dickinson canta para nós:

> Esperança é coisa com penas,
> Que se empoleira na alma,
> E canta canção sem palavras,
> E não para nunca – eterna.
>
> Ouvi-a na mais fria terra,
> E no mais estranho mar,
> Mas, em toda a eternidade,
> Jamais me veio esmolar.

A esperança é dotada das mesmas qualidades com as quais Sigmund Freud caracterizou o humor: "É um meio de obter prazer a despeito da interferência de sentimentos aflitivos", "zomba para desviar a atenção consciente do conteúdo ideacional que nutre o sentimento aflitivo (...) e, desse modo, vence o automatismo da defesa".[14] Não é possível ter esperança sem conseguir reconhecer a realidade da perda. Na verdade, diferentemente do desejo e do autoengano, a esperança talvez seja impossível sem que haja também disposição para lamentar. Paradoxalmente, o reconhecimento honesto de palavras como "câncer", "morte" e "impotência" pode, às vezes, implodir o desespero e restaurar a esperança.

A esperança tampouco equivale à fantasia, pois esta permite que imaginemos o que jamais existiu e jamais poderá existir. A fantasia simplesmente dá aos solitários uma boneca de papel com a qual possam brincar. O explorador Robert Scott, faminto em sua barraca na Antártida, sonhava todas as noites com refeições quentes. No entanto, o conforto de tais refeições era frio e, por isso, ele morreu.

Scott escreveu da Antártida para a esposa: "Acho que a última oportunidade se foi. Decidimos que não vamos nos matar, mas lutar até a última reserva. (...) Se você puder, faça com que o garoto se interesse por história natural. É melhor do que jogos. Algumas escolas a incentivam".[15] Quando a carta foi encontrada, a esperança que Scott nutria para o filho fez a Inglaterra toda chorar. Peter Scott, fortalecido pela esperança paterna, aprendeu história natural, amadureceu e tornou-se um brilhante pintor da vida selvagem. Não, a esperança não é fantasia. Geralmente, não cura o câncer nem alimenta exploradores malfadados. Em vez disso, permite que avós plantem árvores que, algum dia, farão sombra para seus netos de meia-idade. Permite que órfãos de exploradores condenados persigam carreiras que enalteçam a vida. Como se pode ver, a esperança não abole a dor, apenas nos lembra que, assim como nos jardins durante o inverno, as sementes do amor podem ser semeadas de novo com sucesso.

A esperança tampouco é desonesta. Engano e mentiras nós oferecemos aos outros. Mas mentira, por definição, é algo em que nós mesmos não acreditamos. A esperança sempre abraça a verdade. O dramaturgo Jean Anouilh fez sua heroína, Antígona, referir-se à "sua esperança torpe, feminina, dócil; esperança, sua vadia".[16] Mas isso foi quando Antígona lutava contra uma depressão profunda e conhecia somente o desespero.

Paradoxalmente, os símbolos da esperança, às vezes, recordam um passado hediondo. Afinal, a esperança é honesta. Um dos maiores símbolos da nossa era, a queda do muro de Berlim, permitiu o renascimento da esperança para milhões de pessoas. E, surpreendentemente, algumas pessoas guardaram pedaços desse muro abominável antes marcado por grafites e arames

Esperança

farpados desesperadores. A ascensão miraculosa de Nelson Mandela para a liderança do seu país depois de passar três décadas preso na ilha Robben ainda constitui um símbolo de esperança para milhões de indivíduos. Em parte, nossa esperança se fortalece ao lembrarmos que fomos resgatados do nosso desespero anterior. Como os ratos de Curt Richter, nós todos nadaremos um pouco mais longe se tivermos uma memória da esperança que virou realidade.

Não podemos dar esperança a outra pessoa; podemos apenas partilhar a nossa. Lembro que uma vez fiquei com receio de que minha esperança tivesse se transformado em um cruel engano por causa da minha ingenuidade otimista e tola. Eu havia encaminhado um jovem cirurgião que me procurara por causa de problema com álcool para as reuniões do AA realizadas em sua pequena cidade, em Massachussetts. Embora ele estivesse preocupado com o que a cidade fosse dizer, assegurei que ele estaria protegido pelo anonimato. Ao ouvir isso, ele concordou e confiou na minha esperança.

Entretanto, eu não imaginava o que estava por vir. Para meu horror, na consulta seguinte ele contou que havia encontrado a mãe de uma jovem paciente na reunião do AA. Fiquei apavorado. Para piorar, a cirurgia que ele havia realizado na jovem não havia sido perfeita. Agora, a mãe saberia que o cirurgião, além de possível incompetente, também era um bêbado. Fiquei desesperado. Talvez eu tivesse sabotado a carreira desse jovem cirurgião por conta do meu entusiasmo cego e ingênuo na cura pela fé.

Mas ainda tinha mais por vir. A paciente tivera uma consulta com o cirurgião no dia seguinte, e a mãe a acompanhava. Durante a consulta, a mãe falou pouco, mas o cirurgião tremia por dentro. Então, ao partir, ela depositou um cartão suavemente na mão do cirurgião e saiu em silêncio. Não se tratava de uma intimação judicial para uma audiência por imperícia; continha somente a famosa oração de Reinhold Niebuhr: "Senhor, concedei-me serenidade para aceitar as coisas que não posso modificar, coragem para mudar aquelas que posso e sabedoria para distinguir umas das outras". Ela havia respeitado o anonimato do cirurgião e perdoado seu erro. Posso ter sido culpado pelo otimismo, mas o cirurgião foi abençoado com a esperança, uma esperança invisível e que salva vidas.

Em 1785, Benjamin Franklin talvez tenha realizado o primeiro estudo controlado em psicoterapia. Ele descobriu que a hipnose funcionava se, enquanto vendado, você pensasse que estava sendo hipnotizado sem na verdade estar. No entanto, não funcionava se você pensasse que não estava sendo hipnotizado quando na verdade estava. Em vez de rotular a hipnose de fraude, em sua sabedoria Franklin escreveu: "A imaginação das pessoas doentes têm, sem dúvida, uma parcela muito frequente e considerável na cura de suas doenças. (... Nós) somos salvos pela fé (...) sob a genial influência da esperança. A esperança é um constituinte essencial da vida humana".[17]

Quando eu era um jovem psiquiatra-residente, uma paciente idosa com depressão clínica me pediu que lhe prescrevesse um remédio para resfriado. A ciência imatura e a falta de esperança me levaram a responder, cheio de pompa e sem empatia, que, se eu tivesse um remédio para curar resfriados, estaria rico. Compreensivelmente, ela ficou furiosa e, 40 anos depois, ainda me envergonho da minha arrogância insensível. Uma prescrição de echinacea ou a promissora vitamina C do prof. Linus Pauling teriam sido muito mais úteis para ela do que a minha "ciência" destituída de coração e esperança.

No ano seguinte, aprendi o poder da esperança por experiência própria. Até os 30 anos de idade, tive fobia de falar em público. Durante todo o período escolar, participei apenas de uma peça de teatro. Na cerimônia de Natal no ensino médio, interpretei José, que, por misericórdia de Deus, não tinha falas. No entanto, depois de formado em medicina, comecei a escrever textos acadêmicos, o que envolvia apresentações em encontros nacionais. O que eu deveria fazer? Não orei. Em vez disso, dez minutos antes de cada apresentação, eu tomava uma cápsula de Librium – na ocasião, a última descoberta científica para a ansiedade. O Librium era mágico. Meu medo desaparecia e, em seu lugar, aparecia um efeito colateral bastante conhecido desse remédio: a voz ficava ligeiramente pastosa. Um triunfo da ciência sobre a fé? Não exatamente. Sete anos depois, quando minha fobia de falar em público havia sido completamente extinta graças ao uso providencial do Librium, descobri a verdade científica. As propriedades farmacológicas do Librium

Esperança

119

oral só começavam a fazer efeito depois de uma hora! Eu sempre tomava as cápsulas dez minutos antes das apresentações, que costumavam durar 20 minutos. Eu não tinha sido apenas consolado, mas também curado pela esperança e pela fé. Na verdade, em um estudo com pacientes ansiosos que receberam pílulas de açúcar acreditando que aqueles placebos eram exatamente o que precisavam, 14 dos 15 pacientes experimentaram melhoras subjetivas e objetivas significantes.[18]

Hoje, é possível demonstrar que até 50% da melhora observada com drogas antidepressivas como Prozac e Effexor e quase 90% da melhora verificada com tranquilizantes como Valium e Xanax resultam do efeito placebo. A conclusão sensata de tal evidência não deve ser de que a psiquiatria moderna é supersticiosa, mas que a fé, a esperança e o amor presentes no tratamento continuam sendo da maior importância para a medicina moderna.

Durante a década de 1950, Jerome Frank, professor de psiquiatria na Universidade Johns Hopkins, foi um dos primeiros a estudar a psicoterapia dinâmica de forma empírica. Após anos de experimentação cuidadosa e controle das variáveis relevantes, a prescrição de Frank para uma psicoterapia de grupo eficaz era a instilação deliberada de esperança. A seus olhos, a tarefa da psicoterapia de grupo era elevar a expectativa de cura do paciente e reintegrá-lo à comunidade. "Em Lourdes, os romeiros oram uns pelos outros, não por si mesmos. Essa ênfase em servir neutraliza a preocupação mórbida do paciente consigo mesmo, fortalece a autoestima ao demonstrar que ele pode fazer algo pelos outros e consolida o laço entre o paciente e o grupo."[19] Nessa comunidade, o paciente divide seu sofrimento com um terapeuta capacitado disposto a discutir os problemas de forma simbólica. Os ingredientes comuns desse tipo de programa incluem a aceitação pelo grupo, um ritual carregado de emoção e partilhado pela comunidade e um sistema de crenças comum. Os lugares de adoração são diferentes? Creio que não. A esperança é contagiosa.

Howard Spiro, sábio professor de medicina interna em Yale, relata que a humanidade avançou muito no combate às enfermidades por meio da tecnologia e da ciência e muito pouco por meio da fé, da vontade, da esperança ou do amor.[20] A penicilina e a vitamina B ajudam todo mundo. No entanto, a equinácea e a ioga Kundalini são boas apenas para aqueles que realmente acreditam nelas e, ainda assim, um "cientista" talvez não perceba melhora alguma.

Por outro lado, o prof. Spiro nos conta a história de um pastor que padecia da doença de Crohn, inflamação intestinal crônica e, às vezes, fatal. O pastor escreveu:

> Ao entrar no meu quarto de hospital, você precisa saber (...) que sofro do mal de Crohn e que fiz três pequenas cirurgias no intestino, (...) que estou cronicamente doente e busco curar a alma, não o corpo, (...) que estou angustiado com a velhice e como vou enfrentá-la, que anseio por um dia perfeito, por apenas 24 horas livre dos sintomas. (...) Deus, fé, significado, questão suprema, amor e salvação são a essência do meu ser. (...) Ao entrar no meu quarto, (...) você precisa saber tudo isso se quiser me ajudar e tomar para si a raiva que sinto dessa doença que jamais terá cura; minha filha sofre do mesmo mal e tem apenas 33 anos, ela também já foi submetida à cirurgia. (...) Ao entrar no meu quarto de hospital, (...) mantenha a chama da esperança viva, é tudo que tenho.[21]

Mas lembre-se: a esperança é honesta. Placebos não funcionam porque "enganam" o paciente. Pelo contrário, funcionam como se fossem a hóstia da comunhão e o vinho sacramental ministrados pelo médico. Uma prescrição ao final da consulta médica sela o contrato entre dois indivíduos que estão comprometidos pela fé e pelo amor a ter esperanças na recuperação do paciente. A esperança, assim como a meditação, o relaxamento e o serviço em prol dos demais, leva o paciente a tirar o foco da própria dor.

Como aprendemos a ter esperança? De onde ela vem? Como se desenvolve? Acredito que a esperança resulte da nossa primeira experiência com o zelo. Os ratos de Curt Richter eram capazes de nadar mais longe porque haviam sido salvos.

Tente recordar quem na sua vida lhe ensinou que você teria um futuro. Quase sempre é a mãe. Toda vez que tomamos uma aspirina para dormir ou aliviar a garganta inflamada, seu gosto azedo faz lembrar da mãe dedicada que décadas atrás diminuía nossa febre valendo-se da química da aspirina. Não me entenda mal: a aspirina é um remédio científico eficaz, abaixa a febre e diminui a dor da inflamação. Todo mundo se sente melhor e dorme com menos febre e dor. No entanto, anos depois de a aspirina nos ter ajudado quimicamente a dormir, os mesmos tabletezinhos brancos de gosto azedo dão esperança e trazem de volta a lembrança do conforto materno, mesmo que a mãe esteja distante. Assim, a aspirina pode nos ajudar a dormir ainda que nossa insônia não resulte de febre, mas de preocupação ou fadiga após uma longa viagem de avião.

Coretta Scott King contava uma história sobre a avó de Martin Luther King que ajuda a colocar em perspectiva as fontes evolutivas da esperança. De onde veio a esperança que permitiu ao seu marido falar para uma multidão de 250 mil ouvintes extasiados sobre seu sonho maravilhoso de que "seremos livres um dia"?

Nas palavras de Coretta: "Martin me contava sobre as maravilhosas qualidades espirituais de sua avó e também sobre o coração mole que ela tinha. Quando o pai o surrava por algo que havia feito, Martin aceitava a punição sem dizer uma palavra, determinado a não chorar. (...) Mas, em segundo plano, estava sempre a avó Williams, com lágrimas escorrendo pelo rosto, incapaz de suportar a punição do neto".[22] A esperança vem do sentimento visceral, não do conhecimento cognitivo de que somos importantes, de que venceremos um dia.

As avós, em sua sabedoria, conhecem um pequeno mantra de esperança formado por quatro palavras que os novos pais, em sua ingenuidade, raramente conseguem invocar, mas sem o qual não conseguiriam suportar a paternidade de primeira viagem. Esse mantra diz assim: "Isso também vai passar". Eu o aprendi com minha mãe uma semana após o nascimento do seu neto, meu filho, quando eu estava exausto achando que ele jamais pararia de chorar. Entretanto, não podemos desenvolver esperança sem experiência e sem modelos. Antes de acreditar na semeadura, temos de ver o crescimento das sementes.

Em 1969, depois de sonhar vividamente com a mãe, Mary, que havia morrido quando ele tinha apenas 14 anos, Paul McCartney sentiu o mesmo que eu sinto. Ao acordar, escreveu os versos imortais de *Let It Be*:

> And when the night is cloudy, there is still light that shines on me,
> Shine until tomorrow, let it be.*

---

* N.T.: Em tradução livre: E quando a noite está nebulosa / Ainda assim uma luz brilha sobre mim / Brilha até amanhã, que assim seja.

7
Alegria

Alegria e dor num só tecido,
Roupa para o espírito divino;
Sob todo sofrimento e desgraça
Há alegria e seda entrelaçadas.
Está certo que assim tem de ser;
Fomos feitos para rir e sofrer;
E quando isto soubermos a fundo,
Andaremos a salvo pelo mundo.
–WILLIAM BLAKE, AUGÚRIOS DA INOCÊNCIA (1863)

Os estudiosos das emoções primárias em geral possuem listas distintas. Entretanto, a alegria, assim como o medo e a raiva, aparece em quase todas. Só que, de todas as emoções humanas primárias, a alegria é a menos estudada. Talvez a força da alegria algumas vezes nos assuste.

Pierre Teilhard de Chardin foi o modelo perfeito de jesuíta darwiniano. Ele considerava a alegria como o sinal mais infalível da presença de Deus. António Damásio é o modelo de neurocientista moderno. Em 2003, publicou *Em busca de Spinoza* – talvez o mais sofisticado tratado sobre alegria de que se tem conhecimento. Damásio conclui: "O conhecimento científico atual a respeito da alegria reforça a ideia de que ela deve ser buscada com afinco, porque contribui para o franco desenvolvimento".[1]

Como podemos definir a alegria? Consideremos, por um momento, um bando de gansos, um rebanho de carneiros, uma alcateia de leões, uma congregação de metodistas. Qual é a diferença entre imaginar esses honoráveis ajuntamentos e... bem, imaginar cotovias alvoroçadas? Cotovias alvoroçadas nos fazem olhar para cima, não para baixo. Um bando de cotovias, a palavra "aleluia" e a alegria transmitem algo maravilhoso, límbico e não lexical.

Consideremos a definição da palavra "aleluia". Vem do hebraico e equivale à exclamação cristã "Deus seja louvado". Aleluia é equivalente à exclamação muçulmana "Alá é grande". A alegria é ecumênica, é olhar para cima. Aleluia, em qualquer idioma, significa alegria, que em qualquer idioma significa reconexão com um poder maior que nós.

Em todas as culturas, a alegria espiritual é enormemente valorizada. Usualmente, acompanha as experiências místicas, de "luz branca" e "quase morte". Um xamã esquimó escreveu:

> Procurei a solidão e logo fiquei muito melancólico. Algumas vezes, eu me punha a chorar e me sentia infeliz sem saber por quê. Então, sem qualquer razão, tudo mudou de repente, e senti uma alegria enorme, inexplicável; uma alegria tão poderosa que não conseguia contê-la, então, eu me pus a cantar uma canção poderosa, com lugar para apenas uma palavra: alegria, alegria! E senti que precisava usar toda a força da minha voz. E, então, em meio a tal deleite misterioso e irresistível, tornei-me xamã, sem saber como aconteceu. Mas eu era um xamã. Conseguia ver e ouvir de maneira totalmente diferente.[2]

Enquanto dirigia, um musicista ocidental descreveu uma experiência similar para um psicólogo, utilizando o gravador de fita que tinha no carro: "Acho que acabei de ter a experiência vivenciada por Saul na estrada para Damasco (...). Eu estava dirigindo, e bam! Fiquei todo arrepiado, com os pelos dos braços e das pernas eriçados, e me senti carregado de eletricidade (...). Estou começando a chorar de novo (...). Uma experiência incrivelmente alegre para mim".

Em um relato escrito 15 anos depois da gravação, o mesmo musicista lembrou:

> Tive uma experiência mística e não falei sobre ela por mais de 15 anos (...). De repente, do nada, uma onda de eletricidade espiritual tomou conta de mim. Meu corpo, o carro, a paisagem e tudo mais transformaram-se em partículas cada vez menores. (Tal linguagem é compatível tanto com experiências religiosas como com convulsões do lobo temporal.)
>
> Não consigo encontrar palavras para descrever o êxtase e a paz daqueles momentos (...). A mensagem que deve ser compartilhada é a mesma que nos chega dos místicos do século XIII. Um deles observou que a razão pela qual não permanecemos nesse estado por mais tempo é porque a experiência do amor de Deus nos aniquilaria de alegria (...). Eu tinha medo da opinião das pessoas. Talvez pensassem que eu havia enlouquecido ou me convertido a alguma religião *new age*. Por isso, guardei para mim. Que estranho guardarmos para nós a experiência mais transformadora de nossa vida por temer o que as pessoas vão pensar.[3]

Não é fácil falar sobre a alegria. Ela pode ser intensa e particular demais para os outros suportarem. Os vitorianos, antes de Freud, sentiam o mesmo com respeito à excitação sexual. Muitas vezes, nossa alegria parece particular e, ainda assim, paradoxalmente, sentimos como se fosse a mais íntima das conexões. Diferentemente do que acontece com crianças pequenas e *golden retrievers*, emoções fortes desconcertam os adultos. No caso da alegria, é uma pena, pois ela é edificante, um renascimento, uma fênix ascendendo em triunfo.

> O Senhor da vida se elevou nesta data,
> Entoem cantos de louvor pela estrada.
> Que toda a Terra exulte e diga "Aleluia".
> Todos os bons cristãos exultem e cantem!
> O nosso Rei triunfou neste instante!
> – Cyril A. Alington, Todos os bons cristãos exultem e cantem

Aleluia! Os apóstolos pensaram que a morte de Cristo seria o fim de tudo e, então, subitamente suas vidas haviam apenas começado. Dois mil anos depois, os cristãos ainda saúdam a manhã de Páscoa com alegria. Do mesmo modo, mais de 3 mil anos depois do êxodo, os judeus sentem alegria em conduzir o *sêder** quando cai a noite. Passam-se os séculos, as razões diferem, mas as fontes da alegria, distintas das fontes da felicidade, nunca se deterioram.

Muitos conhecem o poema norte-americano *Casey at the bat.*** Com certeza, é notório que não houve alegria em Mudville quando o poderoso Casey falhou na nona entrada, com as bases ocupadas. Se ele tivesse marcado ponto naquele dia funesto, Mudville teria triunfado, da mesma maneira como o Red Sox, de Boston, em 2004. Em 2004, a cidade de Boston encheu-se de alegria, não de felicidade. O que o triunfo tem a ver com a alegria?

A alegria é a infinita generosidade de Deus – bem, de alguém. Não importa o quanto estejamos velhos ou esgotados, nunca bocejamos à vista do primeiro broto da primavera. E, se pudermos parar e nos concentrar no poder, na glória, no milagre e no triunfo de um lindo pôr do sol, então a noite talvez também deixe de atormentar.

Talvez a alegria e o triunfo estejam interligados. Talvez seja por isso que a alegria, assim como o triunfo, parece perigosa. Bem e bom. Mas por que tememos o triunfo? Por que tememos a alegria? Por que sentimos que o triunfo na alegria é duplamente perigoso? Quase sempre receamos que, após um momento radiante de alegria, virá a machadada. Como revela Emily Dickinson:

> Posso me arrastar pela dor (...)
> Poças enormes aonde for...
> Estou acostumada a isso.
> Mas a menor investida da alegria...
> Confunde os meus pés,
> E caio – embriagada.

---

* N.R.: Jantar familiar em que se relembra o êxodo do Egito.
** N.R.: A respeito de um famoso jogador de beisebol.

Fé – evidências científicas

No mito grego de Ícaro, o rapaz se equipou com um esplêndido par de asas de cera. Conforme ele se elevava, como fazem as cotovias, voando em triunfo, voando alegremente em direção ao sol, Dédalo, o pai cauteloso, não o alertou que o sol derreteria as asas? E, então, nossa última lembrança de Ícaro é sempre a da queda para a morte, como um castigo. Tão puritano, tão triste! Que desperdício de alegria! Afinal, o sol está a quase 150 milhões de quilômetros de distância e o ar fica mais frio à medida que subimos. Voar alto não derrete asas de cera. Pelo contrário, torna-as mais firmes. É a nossa alegria proibida e triunfante diante da ascensão, não qualquer risco real de queda, que parece tão perigosa a ponto de os seres humanos perversamente proibirem a alegria uns dos outros. Se sentimos alegria excessiva, temos medo de explodir.

A alegria é fundamental para a natureza humana, porém, em 24 volumes sensacionais cobrindo quase todas as facetas da psicologia humana, Sigmund Freud conseguiu ignorar totalmente a alegria. Na época, ele também desconfiava dos sentimentos avassaladores da espiritualidade e da música. Não chegou de forma alguma a apreciar a importância da alegria. Desconfiava de qualquer emoção que ameaçasse a cognição racional.

A alegria acontece. No entanto, assim como a luz proveniente da sarça ardente de Moisés, muitas vezes a alegria parece impactante demais para ser contemplada na solidão. De fato, um dos poucos psicanalistas corajosos o suficiente para ignorar Dédalo e discutir a alegria conta que: "Em termos de objetivos específicos na criação, uma das tarefas dos pais é facilitar a experiência da alegria para os filhos".[4] Se, como sugerem Rodgers e Hammerstein em *South Pacific*, "Você precisa aprender a odiar e a temer", também precisa aprender a suportar a alegria. A tarefa dos bons pais é sintonizar-se com a alegria dos filhos, e não reprimi-los.

Quando nos lembramos que os hebreus passaram pelo leito seco do Mar Vermelho, e o mar se fechou atrás deles concedendo-lhes o triunfo enquanto seus opressores se afogavam, sentimos alegria – a alegria de Ícaro voando em triunfo na direção do sol. A machadada não veio, apenas o triunfo – triunfo que, afinal, parecia perdido. Assim, há três milênios, a cada primavera, os menorás [candelabros de sete braços] do Pessach, a Páscoa judaica, transmitem alegria.

Alegria

O ideal seria que o triunfo jamais ocorresse à custa dos outros. Dessa forma, Moisés, assim como Lincoln, não estava roubando ao conduzir para a liberdade escravos que pertenciam a outros indivíduos; estava triunfantemente devolvendo uma liberdade pessoal roubada.

Por que eu me refiro ao Pessach, à primavera e aos hinos de Páscoa para expressar o entusiasmo da alegria? Por que as palavras e a ciência não bastam? Os neurocientistas dissecam o cérebro com cuidado. Eles podem, por assim dizer, localizar os centros de tristeza, prazer, raiva e medo. No entanto, não localizaram a alegria, pois ela é mais complexa do que um mero centro de prazer. Assim como o amor, a alegria é o conforto do vínculo e dos relacionamentos verdadeiros. A alegria envolve muito mais do sistema nervoso central do que apenas a área septal e o núcleo accumbens, ligados ao prazer do vício em cocaína ou heroína, mais do que os centros do hipotálamo, motivadores do sexo e da fome, ou os núcleos da amígdala, que estimulam a raiva e o medo. Portanto, necessito de música e poesia, produto do nosso cérebro integrado, para articular plenamente a alegria.

Não obstante, é muito mais fácil falar sobre felicidade do que sobre alegria. A alegria tem a ver com conexão com os outros; a felicidade, com a redução da necessidade do eu. A felicidade permite fugir da dor, ao passo que a alegria, como alerta William Blake, permite reconhecer o sofrimento. Na verdade, algumas vezes, a alegria nos faz correr em direção à dor. A felicidade é um estado mental, uma avaliação intelectual, um nível de satisfação, mas, a menos que seja emparelhada com a excitação, não se trata de uma emoção básica, pois é cognitiva em larga medida. É por essa razão que os cientistas sociais e os economistas adoram a felicidade. Ela é dócil. Por outro lado, a alegria é uma emoção primária, percebida subjetivamente em nossas vísceras. É uma conexão com o universo. A felicidade é rir diante de um desenho de Tom e Jerry. A alegria é rir com a alma; muitas vezes, choramos de alegria. A felicidade substitui a dor. A alegria a abarca.

A alegria é espiritual; a felicidade é secular. Existe uma grande diferença entre os apóstolos retornando a Jerusalém com grande alegria e, digamos, um Fred Astaire de celuloide sapateando na Quinta Avenida e desejando à Judy Garland uma feliz Páscoa. Afinal, alegria não é felicidade, é conexão.

Na literatura, a primavera oferece a mais poderosa metáfora que conheço para expressar o fenômeno da alegria. Para algumas pessoas, a Páscoa no hemisfério norte é o reconhecimento público e inequívoco de que o filho (Sol) realmente ascendeu, de que os dias serão mais longos que as noites, de que Perséfone retornará mais uma vez de Hades e de que, depois dos dissabores causados pelo inverno, somos amados mais uma vez pela natureza e pela primavera.

A alegria difere da excitação de um encontro amoroso em lugar secreto ou de comer em um bom restaurante. Não é um jantar de *gourmet* nem ganhar na loteria. É observar um campo ressecado do Texas tornar-se verde após três anos de seca. Sentimos felicidade com filmes de faz de conta, sentimos alegria nos reencontros da vida real. Excitação, prazer sexual e felicidade aceleram o coração, ao passo que a alegria e o afago diminuem o ritmo cardíaco. A estimulação do primitivo hipotálamo lateral produz o despertar e a excitação do sistema nervoso simpático. Com a estimulação do septo límbico, o sistema parassimpático é despertado e o organismo se acalma.[5] Os mamíferos atuam para estimular ambas as áreas. Tanto eros como o reencontro são doces, mas um sorriso amoroso nos acalma, ao passo que o flerte nos excita. Seria possível dizer que a alegria, tal como o amor, faz parte do processo de vínculo. Como afirma o popular filósofo francês Comte-Sponville: "O amor existe apenas como alegria, e não existe outra alegria que não seja o amor".[6] Mas por quê?

O retorno do rosto humano, assim como o retorno do Sol, é um liberador inato de alegria. Alegria não é apenas felicidade. Muitas vezes, é reencontro. Felicidade e excitação são para comemorações, como o dia da queda da Bastilha, o feriado da independência ou uma festa-surpresa de aniversário. Elas duram, mas apenas por um dia. Alegria é o que os nossos pais sentiram no dia em que nascemos, pois é duradoura. Ao contrário da felicidade, a alegria não tem a ver apenas conosco. Ficamos alegres ao saber que a cirurgia do nosso filho agonizante foi um sucesso milagroso.

A excitação e a felicidade estão associadas à primeira visão das cintilantes, porém transitórias, luzes de neon de Las Vegas ou da Broadway. A alegria está associada à luz de um indescritível amanhecer, afinal ele é tão real quanto as nuvens que se transformam em chamas no pôr do sol. Conforme observou um escritor: "Dirigir temerariamente, participar de jogos de azar, correr risco financeiro desnecessário e, para alguns, a violência são atividades que podem gerar, ainda que de maneira fugaz, uma sensação de excitação que não passa de um substituto pálido para a capacidade de desfrutar a vida".[7] Para apaixonados e viciados, a busca é excitante e é movida pela dopamina e pela noradrenalina. Para ambos, estar junto ao objeto da busca acalma. Para os viciados, a busca é recompensada pela heroína exterior. Para os amantes no pós-coito, a busca é recompensada pelas endorfinas e pela oxitocina interiores.

A risada feliz resulta do livramento súbito e inesperado do perigo, como depois de qualquer boa piada. Portanto, a felicidade emocional vem após um relaxamento ou uma redução súbita da tensão. Na verdade, a risada geralmente reflete excitação e surpresa. Sendo assim, não requer conexão, ao passo que a alegria chega com o sorriso de outra pessoa. Sozinhos em uma ilha deserta, podemos rir, felizes, assistindo às reprises dos Irmãos Marx ou de *Seinfeld*. Sentimos alegria – e choramos – quando finalmente chega o salvamento. Mesmo quem nunca foi resgatado de uma ilha deserta já experimentou lágrimas de alegria, de conexão. Conforme observou William Blake: "Sob todo sofrimento e desgraça, há alegria e seda entrelaçadas".

Suspeita-se que Beethoven pouco sabia sobre felicidade, mas que conhecia a alegria. Na ópera que compôs, o herói, Fidélio, foge da prisão para a brilhante luz do dia e consegue, finalmente, reunir-se com a amada Leonora. A música da ópera coloca alegria em nossa alma, mas apenas porque a tristeza e o sofrimento do encarceramento de Fidélio ainda estão em nossa memória. Sim, alegria e dor estão bem entrelaçadas.

A felicidade é, muitas vezes, produzida pela negação. Quando finalmente notamos que a verdadeira boca do palhaço se curva para baixo, não para cima, podemos nos sentir enganados porque ele estava apenas fingindo. A alegria inclui a identificação da saudade, do ir e vir, do choro seguido pelo reencontro.

> E aconteceu que, enquanto os abençoava,
> Apartava-se deles e era levado para o céu.
> E eles, adorando-O, voltaram para Jerusalém tomados de grande alegria.
> – Lucas 24:51-52

Qual é o propósito evolutivo da alegria? O que permitiu que a intensidade emocional de um *sêder* perdurasse por mais de três milênios? Qual é o propósito de cotovias alvoroçadas se meu pai agonizante, meu filho morto ou meu Redentor na verdade não retornarão? Em resumo, qual é o propósito de um sistema primário de recompensa neural dedicado à separação e ao retorno? Talvez não seja difícil entender que o cuidado amoroso e estruturado dos pais propiciou uma margem competitiva crucial para a sobrevivência dos filhos dos grandes símios e do *Homo sapiens*. Uma vez que os filhos vão se perder, faz-se necessário um poderoso sistema de recompensa para resgatá-los das estradas e dos tigres, sobretudo se levam de 10 a 20 anos para crescer.

Em resumo, a alegria é o sistema motivacional que reforça o retorno. Tal qual mãe e filho sorrindo, a alegria não está relacionada com a redução da necessidade instintiva, mas com a comunhão. Na verdade, seria difícil imaginar a criação de uma comunidade saudável sem uma resposta sorridente. Um dos testes para uma comunidade religiosa é se seus membros sentem encarceramento emocional ou alegria. Quando os ajuntamentos religiosos alicerçaram a comunidade humana durante dezenas de milhares de anos, sobreviveram. Cultos opressores têm vida muito mais curta.

> Após habitar dez mil anos com o Senhor
> Como o sol fulgurante a brilhar,
> Não teremos menos dias para louvá-lO
> Que quando começamos a cantar.
> – JOHN NEWTON, AMAZING GRACE

No desenvolvimento infantil, primeiro ocorre o choro aflito, para que a fome e o sofrimento sejam aliviados e as necessidades, reduzidas. Aos dois meses de idade, os bebês desenvolvem a resposta sorridente, rudimentar a princípio, porém, aos seis meses, um ímã carismático, induzido específica e mais fortemente pelo rosto materno.[8] Na verdade, mesmo aos dois meses, o sorriso do bebê não está relacionado à redução da necessidade instintiva; é liberado pela reciprocidade prazerosa do contato visual. Em termos de desenvolvimento, o sorriso do bebê, o ronronar do gato e o abanar de cauda do cachorrinho emergem ao mesmo tempo. Essas respostas sociais são induzidas pela emoção positiva e, por sua vez, geram emoção positiva. Todas ocorrem quando o sistema límbico, mais primitivo, do cérebro infantil se liga ao prosencéfalo de forma mais eficaz. O instinto privado evolui para vínculo social. O narcisismo evolui para amor. Historicamente, tão logo os seres humanos se mostraram capazes de se civilizarem, o cão os domesticou com um abano de cauda, o gatinho os domou com um miado e a criança os escravizou com um rostinho sorridente.

No entanto, existe outra razão, além do reencontro, para a seleção natural ter dado suporte à alegria: reforçar a brincadeira. Tanto a felicidade como a alegria estão envolvidas nas brincadeiras humanas. As brincadeiras límbicas de luta, características de crianças de todas as culturas, evocam a alegria *e* a felicidade. Nossos flertes felizes e os próprios jogos de azar, dos quais participamos com prazer, são similares à nossa risada quando alguém cai sentado. De maneira não empática, nossa própria brincadeira nos deixa felizes. A brincadeira, entretanto, também tem a ver com sobrevivência. Assim como o sexo é recompensado com a sensação fugaz do orgasmo, a brincadeira é recompensada com a emoção mais duradoura da alegria. A brincadeira nos ensina a tolerar o risco. A criança brinca de esconde-esconde: mamãe sumiu e depois reapareceu – alegria. Nas brincadeiras de luta, filhotes de lobo, garotinhos e o poderoso Casey jogam para ganhar, mas também aprendem a perder. A coesão social tribal envolve aprender a perder e a ganhar com elegância. A alegria dos jogos arriscados é a recompensa da criança por correr todos os riscos.

Brincando, aprendemos a cortejar, cuidar da casa, abraçar, colocar nossas bonecas na cama e exercitar nosso cérebro sem consequências. As crianças precisam aprender muita coisa. Se tivessem de praticar repetidas vezes sem alegria, o aprendizado seria a parte mais maçante da escola. Em vez disso, os jogos ajudam a desenvolver os talentos com os quais nascemos. Entretanto, não precisamos de professores profissionais para aprender as habilidades da sobrevivência social. A brincadeira, reforçada pela alegria, já basta. Ah, pais e irmãos também ajudam.

Embora a neurofisiologia dos distintos circuitos neurais na base das brincadeiras e da alegria ainda não esteja bem clara, não há dúvida de que, nos mamíferos, a brincadeira é estruturada geneticamente. A emoção usada para comunicar alegria, a risada, é inata e não aprendida. Crianças cegas e surdas riem sem dificuldade. Reuniões de chipanzés são acompanhadas de sons análogos à risada humana. Conforme já mencionado, os roedores sem neocórtices podem oferecer cuidados maternos e brincar. O sistema límbico é suficiente para brincar e criar a prole.

Filhotes de ratos, privados de brincar por meio de isolamento temporário, correrão para brincar assim que tiverem oportunidade.[9] Brincar não apenas intensifica o vínculo social como também depende de vínculos sociais anteriores. Fazer cócegas ou dançar com amigos traz alegria, mas com estranhos pode parecer enfadonho, se não incômodo. Precisamos nos sentir seguros antes de poder brincar.

A brincadeira depende de um clima de emoção positiva. É inibida por medo, tristeza, fome e raiva, além de substâncias como adrenalina e anfetaminas, que estimulam o sistema nervoso simpático. Opiáceos e, sob certas condições, a acetilcolina, o maior transmissor do sistema nervoso parassimpático, intensificam o brincar.[10] A testosterona, tão importante para a luta e para o domínio sexual, de certa forma o reduz.

A brincadeira de lutar, enraizada em todos os mamíferos jovens, pode ser uma fonte de alegria verdadeira porque leva à conexão empática. Adultos não fazem mais algazarra, mas, à medida que amadurecemos, a brincadeira de luta é substituída por esportes, canto e, em particular, dança. Todas essas atividades costumam ser acompanhadas pela alegria e pela felicidade. O exercício rítmico transforma-se em dança apenas com a adição de dois ingredientes cruciais: alegria e outra pessoa. São necessários dois para o tango.

A alegria também é encontrada na meditação coletiva. As catedrais do século XIII refletem a comunidade humana como poucas estruturas, a ponto de ser raro o visitante não sentir alegria e admiração ao entrar em Chartres ou visitar Stonehenge pela primeira vez. Por um momento, conectamo-nos à alegria unificadora de estranhos adorando juntos há 800 ou 4 mil anos.

A alegria não é diferente apenas da felicidade. É diferente do prazer. O sentimento de alegria difere muito do prazer sexual. Alegria vai além, muito além, do princípio do prazer de Freud. Freud afirmava, confiante, que o propósito das vidas humanas, conforme evidenciado pelo comportamento, "dificilmente pode ser colocado em dúvida. As pessoas lutam pela felicidade (...); esse esforço tem dois lados, um objetivo positivo e um negativo. Por um lado, visa a ausência de desprazer e, por outro, a experiência de fortes sentimentos de prazer".[11] O que Freud poderia saber? A verdade em longo prazo foi que os momentos de prazer de Freud, fumar charutos um atrás do outro, resultaram em anos de sofrimento prolongado causado pelo câncer. Ainda assim, ao compartilhar de maneira empática o sofrimento de seus pacientes, Freud encontrou uma fonte de satisfação e, possivelmente, de alegria até morrer. Ele apenas não escreveu a respeito. Em tese, mas não na realidade, o psicanalista não deve amar os pacientes ou sentir alegria quando retornam ao consultório.

Consideremos a dança facial da alegria que se dá entre o bebê sorridente e o sorriso recíproco da mãe. Em primeiro lugar, o sorriso social e, mais tarde, o esconde-esconde – separação e reencontro. Não existe saciedade. O prazer, tal como uma refeição completa, em geral reflete a redução da necessidade instintiva. Uma vez atingido o prazer hipotalâmico, ficamos saciados. Por outro lado, a alegria, diferentemente do coito, não tem período refratário. Afinal, um bebê recém-alimentado, com fraldas limpas e que dormiu bem sorri para a mãe com alegria contagiosa e esse sorriso pode fazer com que a mãe sorria e sinta alegria. A resposta do sorriso humano é estruturada geneticamente. Vínculo, reencontro, comunidade e alegria. A alegria é a forma desinteressada de os genes "egoístas" compartilharem. É um ganho mútuo o tempo todo.

Por fim, a sensação de domínio, outra emoção positiva, também difere da alegria. Assim como o orgasmo, o prazer ou a felicidade, trata-se de uma experiência profundamente satisfatória. No entanto, ocorre somente a partir dos nossos próprios esforços. É dar os primeiros passos, rodar os primeiros três metros de bicicleta ou baixar algo da internet pela primeira vez. Nossa pulsação acelera. Ficamos entusiasmados. Estamos no controle. O domínio, assim como o contentamento, quase sempre nasce da experiência cognitiva.

Quando Arquimedes gritou "Eureca!", a experiência deve ter sido estimulante, não avassaladora. Não tem nada a ver com conexão. Arquimedes havia descoberto sozinho, imerso na banheira, que seu corpo sofria a ação de uma força vertical de valor igual ao peso da água deslocada.

O domínio nos permite saber que podemos. Tem tudo a ver conosco. Alegria é observar nosso filho dar os primeiros passos, verdadeiramente um pequeno milagre. Não tivemos nada a ver com aquilo, e nosso pulso não dispara. Quando, no final de *La traviata*, Alfredo e Julieta estão reunidos alegremente – e em lágrimas –, o tempo musical é muito diferente do tempo vigoroso e estimulante do final de *Bolero*.

Reunindo três emoções positivas (contentamento, excitação e alegria) sob o nome de "prazer", Freud dificultou a possibilidade de se construir uma teoria de afetos satisfatória. Em uma carta a ele, o romancista Romain Rolland sugeriu que um "sentimento avassalador" associado à alegria, não à crença cognitiva em Deus, era a verdadeira fonte da religiosidade. Freud respondeu que não era capaz de encontrar tal sentimento em si mesmo e de se convencer da sua natureza primária.[12] "O tom subjacente à discussão de Freud sobre a experiência religiosa é para descartá-la como algum tipo de aberração regressiva."[13] Se Freud era incapaz de reconhecer a alegria, não é de admirar que fosse tão pessimista. Que ironia que, em alemão, *Freude* signifique alegria.

Entre os cientistas sociais, o psicólogo Sylvan Tomkins, de Princeton, foi o mais bem-sucedido ao dar à alegria o mesmo status de emoção primária da tristeza, da raiva e do medo.[14] Na verdade, o brilhante e influente estudioso das emoções primárias nos brindou com a mais científica e clinicamente sensível das discussões que tivemos sobre alegria até António Damásio. Tomkins sugere que o sentimento de "prazer-alegria", um dos seus nove sentimentos básicos, é muito diferente do sentimento de "interesse-excitação". Embora seja fácil obter excitação (por meio de drogas, montanha-russa ou esqui em trilhas emocionantes), a alegria é muito mais difícil de ser criada sozinha. Tomkins observa que a psicologia dinâmica em geral e a freudiana em particular tenderam a "limitar-se às ramificações dos sentimentos de medo e raiva e aos impulsos hipotalâmicos do sexo e da fome".[15] Portanto, relembra aos psicólogos, e a todos nós, que não podemos compreender os seres humanos sem entender a alegria e o modo como ela se manifesta.

Tomkins sugere que a alegria em muitos pontos nos aproxima de pessoas que passaram por sofrimentos e depois os reduziram. Com certeza, sem a dor da despedida, não pode haver a alegria do reencontro. Sem a dor da desaprovação, não pode haver a alegria de ser perdoado. Sem a dor do cativeiro, não existe a alegria do êxodo.

Assim, do mesmo modo como a esperança, o amor, o perdão e a compaixão estão ligados ao sofrimento, a alegria também está ligada a ele. Na vida, acontecem coisas terríveis, que não podem ser refutadas pelas emoções positivas. Todavia, assim como a emoção positiva em geral, a alegria pode ser um analgésico para o sofrimento. A historiadora das religiões Karen Armstrong reconhece esse fato em sua reveladora autobiografia:

> Todas as crenças do mundo colocam o sofrimento no topo da agenda (...). Se negamos nosso próprio sofrimento, será fácil demais não admiti-lo nos outros (...). Paradoxalmente, o que ganho nessa identificação com o sofrimento é a alegria.[16]

Ao chamar a religião de "ópio das massas", Karl Marx repudiava a alegria avassaladora da mesma forma como Freud havia feito. Ambos não entenderam que opiáceos são necessários quando não se tem uma comunidade, religiosa ou não. Os opiáceos são o vínculo autista e a religião do ser humano solitário. Tanto Freud como Marx não conseguiram entender que a alegria, processo calmante inerente à comunhão espiritual, é uma fonte importante do próprio senso de comunidade que tanto prezavam. É verdade que, para o médico moderno, os receptores de opiáceos no cérebro existem para diminuir o sofrimento, e sua estimulação artificial pela morfina pode reproduzir uma sensação fugaz e avassaladora de união semelhante à alegria verdadeira. No entanto, como ilustra a epidemiologia do abuso da heroína, os opiáceos são um consolo sucedâneo e agradam apenas aqueles privados de espiritualidade e comunhão. C. S. Lewis observa que o prazer e a alegria do vício são muito diferentes entre si. Possuem apenas uma coisa em comum: "o fato de que qualquer um que os tenha experimentado vai querer repeti-los".[17] A alegria não é substituto para o sexo, mas, muitas vezes, o sexo é substituto para a alegria. Mais importante é que alegria e prazer diferem no sentido de que, ao passo que não temos o poder de produzir a alegria, somos capazes de atingir o prazer do vício por conta própria.

Tomkins também sugere que, na teoria freudiana, há implícito "um julgamento de valor oculto, e bastante puritano, de que a comunhão primária entre mãe e filho deve ser transcendida no desenvolvimento". Caso se mantenha, sugere Freud, tal comunhão primária deve ser rotulada como infantil ou, pior ainda, perversa. Tomkins discorda. "Tal postura ignora os duradouros valores universais e positivos dos seres humanos. Reflete preconceitos puritanos contra a dependência em si e insensibilidade para um tipo de comunhão em que a separação é transcendida por meio da completa reciprocidade."[18] Como amor, compaixão e perdão, é difícil distinguir alegria profunda de espiritualidade.

Muitas pessoas torcem o nariz à ideia de um adulto dependente. "Deus me livre permitir que um adulto seja dependente de um poder superior." Contudo, é recordando as experiências passadas de apego na infância que experimentamos alegria na comunhão espiritual. "Parta este pão em minha memória." É a perspectiva de ter permissão para se apegar – com completa aprovação social – que leva muitos de nós a sentir alegria na manhã de Páscoa. É em comemoração e reafirmação do apego anterior que, na Páscoa, podemos receber consolo nos braços de um salvador ressuscitado, ainda que metafísico.

> E Ele caminha e conversa comigo
> E Ele me diz que sou Seu.
> E a alegria que partilhamos ali
> Ninguém jamais conheceu.
> – C. Austin Miles, In the garden

Alegria

Finalmente, por que a alegria é, com tanta frequência, ligada ao sofrimento? Porque é o sofrimento virado do avesso. Consideremos os funerais. Não há felicidade em um funeral. A morte leva toda a felicidade embora. No entanto, nos funerais existem vigílias e, nessas vigílias, há humor, recordação e alegria. Por quê? A alegria das vigílias vem tanto da reunião com os parentes vivos que não encontramos há anos como da recordação e da celebração da vida do falecido. Assim, com lágrimas escorrendo pela face, nós nos reencontramos com nossa lembrança do amor anterior. E o amor relembrado não vive mais no passado; vive triunfantemente no presente. Muitas vezes, é ressuscitado em vigílias, como o primeiro broto da primavera que triunfa sobre a neve.

> Campos mortos e vazios do nosso coração:
> Qual trigo que floresce, o amor chegou, então.
> – JOHN MCLEOD CAMPBELL CRUM, NOW THE GREEN BLADE RISES

Desde que os seres humanos descobriram que as colheitas do outono precisam começar com a plantação na primavera, "o trigo que floresce" domesticou os seres humanos em comunidades estabelecidas. O sentimento da alegria sempre esteve associado à plantação e à colheita. Se Deus não existe, temos de inventá-lO, pelo menos para explicar nossa alegria e gratidão ao colher uvas e olivas e debulhar o trigo.

Tal como o trigo que floresce, a alegria triunfa sobre o sofrimento. Quando Friedrich von Schiller escreveu *Ode à alegria*, pouco nos diziam as meras palavras: "Irmãos, do outro lado das estrelas com certeza habita um pai amoroso". Talvez Schiller tivesse um pai bondoso. Quando Beethoven colocou as palavras de Schiller em uma música retumbante, avassaladora e triunfal, finalmente conseguimos entendê-las. Na verdade, tanto Beethoven como Schiller estavam respondendo à dor interior e exterior quando criaram as odes à alegria. Antes de escrever os versos, Schiller havia acabado de evitar o suicídio de um jovem. Com toda a certeza, Beethoven não teve um pai bondoso e é possível que a atenção que dispensou à alegria tenha evitado seu próprio suicídio.

Beethoven foi o filho traumatizado de um pai alcoólatra que o maltratava fisicamente. Aos 30 anos de idade, deprimido e considerando o suicídio em razão da surdez crescente, escreveu: "Ah, se eu me livrasse desta aflição, abraçaria o mundo". Em seu diário, lamentou: "Oh, Providência, conceda-me ao menos um dia de alegria pura – já faz tanto tempo que a alegria verdadeira ecoou em meu coração".

Seu diário indicava que se suicidaria caso a surdez piorasse. E ele nunca recuperou a audição. Nos 20 anos seguintes, pouco aconteceu na vida do compositor para torná-lo feliz e a surdez tornou-se total. Mesmo completamente surdo, ainda conseguia acreditar em reencontro e conexão. "Abracem-se, todos vocês", diz o refrão, "com um beijo para o mundo todo. Irmãos, do outro lado das estrelas com certeza habita um pai amoroso." Sentimos a dor de Beethoven, sentimos a sua alegria. No entanto, é muito mais fácil cantar do que falar sobre alegria.

Não, não existe uma definição fácil para alegria. Experimente! Largue este livro e ouça o último movimento da *Nona sinfonia* de Beethoven. Talvez, então, você ouça o que não é possível colocar em palavras.

8
Perdão

Sem perdão, não há futuro.
– Arcebispo Desmond Tutu

O perdão não é um chavão de coração mole da escola dominical. Ele também se baseia na evolução mamífera, na *Realpolitik** e no darwinismo social. Mas o que é perdão exatamente? É "a disposição para abandonar o direito ao ressentimento, ao julgamento negativo e à indiferença em relação a alguém que nos feriu injustamente encorajando qualidades desmerecidas como compaixão, generosidade e até mesmo amor por tal pessoa".[1] Surpreendentemente, a paz de espírito é mais frequente quando perdoamos do que quando somos perdoados. Um paradoxo.

Para perdoar, você precisa ser capaz de manifestar duas das habilidades que resultaram da evolução mais recente do *Homo sapiens*: a empatia e a capacidade de prever o futuro. Pense, por exemplo, em como, em 1919, a França patriota, amando e sofrendo pelos seus mais de um milhão de filhos que foram mortos em seus próprios campos pelos "hunos bárbaros", concebeu o injusto Tratado de Paz de Versalhes, que foi elaborado com vistas a oferecer reparações para o empobrecido povo francês e enfraquecer a Alemanha, para que jamais

---

* N.T.: Políticas exercidas com base sobretudo em considerações práticas, em detrimento de noções ideológicas.

travasse outra guerra. Nenhum pai ou mãe amorosa faria menos pelos próprios filhos. No entanto, a busca de misericórdia para os seus e vingança contra o inimigo – mas, veja bem, mais justiça que vingança (e retaliação pelos sombrios termos de paz da Alemanha depois da guerra franco-prussiana em 1876) – levou inevitavelmente à Segunda Guerra Mundial. Sem o injusto e humilhante Tratado de Versalhes, Hitler e o Holocausto provavelmente não teriam existido.

O que deu errado? Ao buscar justiça, os Aliados não empregaram empatia nem previram o futuro. Em vez de assinar um documento forçado de reparações debilitantes e admissão aviltante de responsabilidade total pela guerra, os alemães concordaram em dizer que lamentavam e em enviar seus próprios cidadãos para reconstruir a Bélgica e a França.[2] A França amorosa e justa disse não, pois esse ato de reconciliação e reparação tangível teria privado os franceses de empregos. Em 1919, o perdão parecia um luxo que os franceses não podiam se permitir.

Depois da Segunda Guerra Mundial, o Plano Marshall não era remotamente justo, mas era empático e orientado para o futuro. Se comparados aos Aliados, os alemães haviam se comportado na Segunda Guerra muito pior do que na Primeira. Mas o general George Marshall foi um dos estadistas mais maduros que os Estados Unidos já conheceram. Seu plano fundamentou-se na paradoxal crença altruísta *e* totalmente egoísta de que fazer o bem sem olhar a quem traria grande retorno. Foi muito mais um esforço maquiavélico para derrotar o comunismo do que um produto de pessoas generosas. Mas isso não importava, pois, como explica Anna Freud, o altruísmo – estratégia de enfrentamento muito madura – "resulta do mal, não do bem que há em nosso coração".[3] É suficiente o fato de o Plano Marshall ter sido empático e voltado para o futuro. Ao perdoar e expressar fé na irmandade das nações, esse plano ajudou a tornar possível a Comunidade Europeia.

Em muitos aspectos, o Plano Marshall inspirou-se no segundo discurso de posse de Lincoln, que falava sobre o perdão: "sem maldade para com ninguém; com caridade para todos". No entanto, o Plano Marshall custou muito caro. Ao munir a Alemanha e o Japão com siderúrgicas novas, proporcionou uma grande taxa de desemprego nas antigas siderúrgicas de Gary, Indiana, e Pittsburgh, Pensilvânia. Mas o perdão é para o futuro, não para o presente. Se julgado por critérios históricos científicos, o Plano Marshall foi um tremendo sucesso; e tem havido paz internacional na Europa há 60 anos, um recorde. Se você acha que o perdão é caro, experimente a vingança.

Na opinião de Andrew Newberg, neurorradiologista espiritualmente consciente da Universidade da Pensilvânia, tanto no caso de animais como no de seres humanos, "a evolução do perdão é vantajosa para os grupos sociais, visto que interrompe a escalada progressiva do comportamento vingativo".[4] Entretanto, para perdoar, devemos renunciar a um rígido senso voltado para o eu. O perdão permitiu ao patriota ateniense Ésquilo, escritor realista de tragédias e veterano das cruéis guerras persas, descrever Atenas e Pérsia como irmãs. Subjetivamente, a experiência do perdão não é apenas a emoção de se livrar de um fardo, mas também a alegria por solucionar um problema. De repente, a resposta da vingança, que nos leva a lutar ou fugir, é substituída pela visão tranquilizante de pastos verdes e águas calmas de paz.

Somos tranquilizados pela visão do perdão mesmo quando não estamos diretamente envolvidos. Por exemplo, a autoridade e a popularidade do Dalai Lama aumentaram quando ele sugeriu aos norte-americanos ultrajados com o fato de os chineses terem tomado o Tibete, sua terra natal: "Devemos orar pelos chineses". Nossa resposta a tal conselho não é cognitiva, mas visceral. Contrariando a nossa lógica, somos acalmados. Em contrapartida, a segurança e o bem-estar visceral dos EUA e de Israel têm sido constantemente erodidos pela busca de vingança contra atos terroristas sem que haja o cálculo das consequências de semelhante resposta a longo prazo.

Como a esperança e a alegria, o perdão é outra emoção positiva que a sociedade reluta em estudar. Basta analisar o número de cursos ministrados pelas faculdades de direito sobre direito criminal, ilícito civil e divórcio e comparar com os cursos oferecidos sobre perdão ou até mesmo sobre mediação. Na literatura da área de psicologia, no último século, os títulos das publicações apresentaram quatro vezes mais palavras como "vingança", "retaliação" e "represália" do que termos como "perdão" e "clemência". Praticamente desde seu início, a psicanálise tem tido um fascínio pela dinâmica da vergonha e da vingança, mas ignora totalmente a do perdão.

Então, em que ponto começamos a entender seu funcionamento? A má notícia é que, do mesmo modo como quando tentamos ser engraçados, quanto maior o esforço cognitivo para perdoar, mais difícil é. Não temos o comando consciente para perdoar ou ser perdoados. O perdão, o amor, as lágrimas e o riso não podem ser comandados; são pequenos milagres que se impõem.

O perdão imposto pela obrigação religiosa aumenta a pressão sanguínea; o perdão mediado pela empatia e pelo amor não.[6] Alimentar a dor e cultivar o ressentimento aumentam a pressão sanguínea e aceleram a pulsação, efeito cardiotóxico que não se verifica quando a vítima demonstra empatia pelo transgressor e o perdoa.[7] Ao contrário, a desaceleração dos batimentos cardíacos mediada pelo sistema parassimpático e a diminuição da pressão sanguínea que acompanham o perdão reduzem o risco cardíaco.[8]

O perdão é mais emocional do que cognitivo. Ao longo de 3 mil anos, os povos do Oriente Médio receberam ensinamentos cognitivos excelentes acerca do perdão. Há três milênios, foi forjada a seguinte máxima sânscrita: "O perdão é o ornamento dos corajosos". Dois mil anos e meio atrás, o livro de Levítico orientava: "Não te vingarás nem guardarás ira contra o teu próximo; mas amarás o teu próximo como a ti mesmo" (19:18). Há dois milênios, um jovem judeu palestino nos concedeu a reflexão diária sobre o perdão que se encontra no Pai Nosso e gritou da cruz: "Pai, perdoai-os; eles não sabem o que fazem" (Lucas 23:34). Treze séculos atrás, a sabedoria de Alá, conforme recordada por Maomé no Alcorão, empregou a palavra *qhafara* ("perdão/ reconciliação") 234 vezes.[9] No entanto, na última metade de século, Palestina e Israel têm ignorado esse sábio conselho. Sempre que uma vítima inocente morre no conflito Israel-Palestina, o outro lado tenta cobrar uma dívida impagável matando outra vítima inocente. Entretanto, todos nós temos dificuldade em lidar com o perdão; por isso, devíamos olhar no espelho antes de atirar pedras.

É triste, mas muitas vezes são pais opressores que tentam extrair um pedido de desculpa dos filhos rebeldes, e não o contrário. Todos nós às vezes esquecemos que é difícil para o lado fraco perdoar até que o lado forte diga estar arrependido. Apenas no século XX, quando três jovens heroicos explorados colonialmente – Mohandas Gandhi, Martin Luther King Jr. e Nelson Mandela – ofereceram um modelo de perdão, foi que os poderosos finalmente compreenderam. Apenas muito recentemente, o papa cristão João Paulo II conseguiu pedir desculpas aos africanos pelo papel da Igreja na escravidão, aos judeus pelos 15 séculos de perseguição e ao mundo islâmico pelas Cruzadas.[10] Ainda assim, há quem critique João Paulo II e o acuse de decepcionar seus seguidores. No passado, ser poderoso significava jamais ter de pedir desculpas.

O perdão é uma função da maturidade cultural. Na verdade, apenas no final do século XX os exemplos dados por Gandhi, King e Mandela permitiram que o perdão recebesse atenção da ciência social. Somente nas duas últimas décadas têm havido estudos confirmando a viabilidade do perdão a longo prazo. E ainda temos grande dificuldade em fazer o perdão acontecer.

Por exemplo, os cristãos do século XIX na Inglaterra e na América louvavam o perdão da boca para fora nas manhãs de domingo, mas durante a semana eram incapazes de perdoar as vítimas, menos ainda os transgressores. Cidadãos que tentavam cometer suicídio eram legalmente enforcados. Vítimas de estupro eram condenadas por sedução. Nos EUA, um país dedicado à preservação da liberdade individual, os escravos que tentavam fugir em busca de liberdade eram mutilados em vez de aplaudidos. Ainda mais autodestrutivo era o fato de que, sempre que credores cristãos do século XIX se vingavam dos devedores aprisionando-os, estavam garantindo que a reparação não ocorreria.

A evolução do perdão tem sido demorada e começou com a evolução da singular capacidade mamífera de brincar e cuidar dos mais jovens. O mundo mamífero está repleto de gestos de apaziguamento para descartar a vingança; ao mesmo tempo, suas brincadeiras resultam em muitos pequenos ferimentos aceitos com bom humor. Você pode puxar a cauda de um cachorrinho, mas não de uma cascavel. O perdão é estruturado nos jogos selvagens do reino animal e nas relações entre mãe e filhote. Produz sentimentos positivos naquele que perdoa e, como ilustrou o Plano Marshall, o árduo trabalho do perdão e da reparação é contagioso e cura feridas de famílias e nações. Alguns até acreditam que foi o "sangue dos mártires" (primeiros cristãos a sofrerem e perdoarem seus torturadores) que catalisou a rápida expansão do Cristianismo nos séculos III e IV.

No entanto, ao brincar e criar os filhos, é provável que você sinta um pouco de segurança. Imagine, porém, se você não se sentisse seguro. Como o perdão seria possível? Chegamos então ao ponto crucial. O mundo exterior costuma ser muito perigoso, e o perdão levado a cabo como forma de política social, embora seja prático, continua sendo muito difícil. Abraham Lincoln e o general George Marshall estavam lidando com adversários totalmente subjugados e próximos. Ambos se sentiam muito seguros. Em contraste, Donald Rumsfeld e Osama bin Laden fizeram com que o outro lado se sentisse muito inseguro e ambos também se sentiram muito inseguros.

Na adolescência de pessoas e nações, a vingança é necessária para promover a formação da identidade. A lealdade à matemática falha dos jogos ganha-perde fortalece a ideia do eu e, por extensão, o moral de todos os times de futebol. Se eles perderem, nós ganhamos. Para que jogar se você não acompanha os resultados? Identidade e vitória são importantes. Entretanto, nossa capacidade de perdoar cresce ininterruptamente à medida que amadurecemos, e a importância de vencer e ser único diminui.[11] O sábio e clemente Nelson Mandela de meia-idade, que saiu da ilha Robben após três décadas preso, não era o mesmo jovem vingativo e agressivo que entrou.[12] A diferença que a idade trouxe foi que, ao entrar na prisão, Mandela estava decidido a libertar seu povo. Ao sair, ele quis dedicar-se a libertar tanto o seu povo como os opressores.

Na velhice, todos nós devemos fazer as pazes com o mundo, por mais injusto que ele seja. No final, temos de aprender a abrir mão do direito de dar o troco, para que o pecado dos pais não se torne o legado dos filhos. Portanto, é mais provável que o milagre transformador do perdão ocorra com a maturidade. Há pelo menos dois estudos demonstrando que o perdão aumenta de forma constante dos 3 aos 90 anos.[13]

Convém lembrar as palavras clementes de Malcolm Fraser, sábio primeiro-ministro da Austrália. No *Sorry Day* australiano, pela primeira vez na história, uma nação desculpou-se publicamente pelo comportamento genocida de seus antepassados. De maneira empática, Fraser observou que "o governo atual não está disposto a se desculpar por acreditar que isso traga uma conotação de culpa, até porque esta geração de australianos não é culpada pelo que foi feito em tempos mais remotos. Claro que não. Um pedido de desculpa, em seu sentido mais amplo, não traz nenhuma conotação de culpa; significa que lamentamos pelo que aconteceu, que isso não deveria ter ocorrido; foi um erro".[14] Aqueles cujos atos condenamos muitas vezes viveram em uma época diferente da nossa, em um espaço de maturação diverso e com ideias distintas das nossas.

A fim de entender melhor a emoção positiva do perdão, a psicologia, a religião, a ciência política e a humanidade em geral devem se fazer quatro questões fundamentais, e então respondê-las. Primeiro, o que se passa no coração e na mente da pessoa ferida durante a violação e depois durante o ato transformador do perdão? Segundo, o perdão depende da pessoa, da situação ou da facilitação por meio de um terapeuta? Terceiro, quando e sob que condições revisitar as experiências que ocorreram durante a violação traumática ajuda a promover o perdão?[15] Quarto, quais são os ingredientes psicológicos que tornam possíveis a reconciliação bem-sucedida e o perdão?

Antes de abordar essas quatro questões, permita-me identificar seis coisas que não equivalem ao perdão. Primeiro, perdoar *não* significa tolerar injustiças. O perdão desconhece o ódio por qualquer pessoa, ainda assim sua condenação da injustiça pode ser feroz.[16] Há uma diferença básica, porém, entre raiva pela violação e vingança. A raiva pode ser altamente adaptável. A vitória assertiva de Israel na Guerra dos Seis Dias salvou vidas. No entanto, os esforços desse país para vingar cada bombardeio suicida tem apenas aumentado a probabilidade de um novo ataque. Segundo, perdoar *não* significa esquecer. Temos de lembrar que o fogo queima. Os museus do Holocausto são valiosos. Terceiro, perdoar *não* é abrir mão do direito à justiça; a sábia justiça, porém, lembra-se de que um erro não conserta o outro. Quarto, o perdão *não* remove a dor passada, apenas a dor futura. Quinto, perdoar *não* significa que isentamos o malfeitor, mas sim que oferecemos uma chance para seu comportamento – e, às vezes, para nossa própria dor – melhorar no futuro. Em 1919, os alemães deveriam ter tido permissão para reconstruir a França. Comparativamente, os efeitos no longo prazo da reparação voluntária que os alemães prestaram a Israel foram muito mais positivos do que muitas pessoas esperavam. Finalmente, perdoar *não* significa que encorajamos a repetição. Na verdade, há um lugar para a punição, mas não podemos ter uma compreensão científica da sua eficácia sem um longo acompanhamento. A aplicação de multas de trânsito reduz de fato o estacionamento em lugares indevidos. Entretanto, nos EUA, existem evidências escassas de que as sentenças draconianas aplicadas à venda de drogas reduzam a venda ou o vício em narcóticos.

Minha primeira pergunta era: durante a violação, o que se passa no coração e na mente da vítima ferida e do perpetrador? Para responder, permita-me usar novamente exemplos da minha vida. Quando eu tinha 3 anos de idade, era um perpetrador. Um dia, ao subir a escada, descuidadamente bati o joelho no balaústre. Com dor e uma maldade impenitente e intensa, golpeei com o cabide que estava segurando a cabeça de uma pessoa inocente que passava, minha mãe. Quero vingança, disse o garoto de 3 anos. Para os bombardeiros furiosos, a destruição vingativa de Dresden, em 1945, ou das torres do World Trade Center, em 2001, não poderia ser mais doce.

Eu estava com dor, e alguém deveria pagar. Ao atingir minha mãe, eu me senti ótimo. E minha mãe compreendeu. As células espelhos da sua ínsula e do seu cíngulo anterior permitiram que ela compreendesse a minha dor e o meu sistema nervoso primitivo. Por isso, ela me perdoou. Além do mais, seus lobos frontais a ajudaram a pensar no futuro. Que benefício traria a punição?

No próximo exemplo, fui a vítima inocente. Ao final de uma aula expositiva para universitários, uma estudante me agrediu verbalmente. Furiosa, reclamou do B- que havia recebido. Senti ódio dela. Ela havia recebido uma nota justa, que responderia por apenas 20% da nota final. Além disso, havia outros estudantes mais conceituados esperando para perguntar ao importante professor questões relevantes sobre a importante aula expositiva. Eu me contorci por dentro de indignação egocêntrica e justa. Projetando, eu a condenei em silêncio por ser uma idiota narcisista. Mas, como médico, eu havia sido treinado para ouvir sem dizer nada. Então, apesar do meu ódio reptiliano, eu a ouvi dizer assim: "Esta manhã, fui recusada pela décima quarta faculdade de medicina". De repente, ao compreender sua dor, eu a perdoei. A empatia substituiu a paranoia. De repente, o foco passou a ser ela, não eu. Ao perdoá-la, as contorções em meu interior cessaram. Minha transformação interna foi análoga à famosa ilustração dos livros de psicologia em que a bruxa feia e velha, por meio de uma mudança abrupta na visão do observador, transforma-se em uma jovem delicada. Assim é o perdão. Recebi o mesmo afluxo de endorfina que, como vimos no Capítulo 2, acompanha a doação generosa.

⁂

Permita-me agora abordar a segunda questão: o perdão depende da situação, da pessoa ou do terapeuta? Às vezes, a situação é decisiva. A situação foi muito importante para permitir o avanço do Plano Marshall. Depois da guerra, os EUA precisavam do Japão e da Alemanha como aliados. Além do mais, em 1946 era mais fácil para os EUA perdoarem a Alemanha do que para a França em 1919. A Segunda Guerra Mundial foi travada fundamentalmente em solo alemão, não americano. Os civis norte-americanos não sofreram e muitos soldados norte-americanos descendiam de alemães. A Alemanha não havia derrotado os EUA 40 anos antes. Para os norte-americanos, a vingança teria sido muito menos doce do que para os franceses em 1919.

Perdoar significa substituir a projeção pela responsabilidade pessoal. Foi mais fácil para os norte-americanos compreender as palavras do gambá Pogo, famoso *cartoon* de Walt Kelly: "Encontramos o inimigo; e somos nós". E, em 1947, os norte-americanos estavam mais seguros do que a França em 1919. Os EUA possuíam a bomba atômica.

Para o perdão, o indivíduo é tão importante quanto a situação. Em 30 de janeiro de 1956, a casa de Martin Luther King Jr., em Montgomery, Alabama, foi bombardeada. Sua esposa, Coretta, descreveu assim o que aconteceu em seguida.

O clima fora da casa era tenso e perigoso. Muitos estavam armados; até mesmo as crianças traziam garrafas quebradas (...). A essa altura, Martin dirigiu-se para a varanda. Sua própria casa havia sido bombardeada, sua esposa e sua filha poderiam ter morrido (...). Ele ergueu a mão e houve um silêncio súbito; a multidão de homens e mulheres furiosos, de crianças alvoroçadas e policiais assustados e taciturnos calou-se totalmente. Com voz calma, Martin disse: "Minha esposa e minha filha estão bem. Quero que vocês vão embora e larguem as armas (...). Devemos amar nossos irmãos brancos independentemente do que façam conosco (...). Devemos combater o ódio com amor (...)."

Depois disso, a multidão começou a se dispersar e as pessoas voltaram para suas casas. Ouviu-se então um policial branco dizer em meio à multidão: "Se não fosse aquele pastor preto, estaríamos todos mortos".[17]

Por causa de um único indivíduo altamente espiritualizado ocorreu um milagre transformador – um milagre que abrangeu a fé, a esperança e o amor e dependia da compreensão do passado, do presente e do futuro tanto por quem perdoava como por quem era perdoado. A vingança tem suas raízes sempre unicamente no passado. Talvez então uma das razões de a oração ser tão importante seja o fato de que ela nos ajuda a lançar as raízes no futuro. Sabemos que é inútil chorar pelo leite derramado.

Esta vinheta ilustra duas importantes facetas transformadoras do perdão. Primeiro, o perdão pode ser obtido por meio da meditação profunda e da oração. Andrew Newberg descobriu que, na meditação profunda, as fronteiras entre o eu e o universo desaparecem em favor de um sentimento subjetivo de união com outro.[18]

A segunda faceta transformadora do perdão é que ele é contagioso. Se a vingança do Tratado de Versalhes resultou em uma vingança ainda maior por parte dos alemães, a emoção positiva e amorosa do perdão de Martin Luther King evocou gratidão e sentimentos amorosos – até mesmo empatia – em seus opositores brancos. Acredito que o perdão sobrevive como tendência sociobiológica em nossa espécie por causa das vidas que salva.

Compare o comportamento de dois palestinos com a atitude perigosa e provocadora de Ariel Sharon em 2000, pouco antes de ser eleito primeiro-ministro de Israel, que insistiu em visitar o Monte do Templo islâmico, em Jerusalém, tendo como resposta vingativa do Hamas o fim ao nascente pro-

Perdão

cesso de paz. Em 1948, uma família de refugiados judeus recebeu uma casa com um lindo jardim em Ramalah, cidade próxima a Tel Aviv, que segundo lhe informaram havia sido abandonada. Vinte anos depois, após a Guerra dos Seis Dias, o antigo proprietário, Bashir, apareceu em sua porta. Ele disse que sua família não havia abandonado a casa, mas que, em 1948, tinha sido deportada à força para Gaza. Mais tarde, o palestino Bashir participou de um ataque à bomba que matou vários civis judeus e, em virtude disso, passou 15 anos na cadeia. Em 1985, quando foi solto, os proprietários o procuraram e se ofereceram para vender a casa e lhe dar o dinheiro – não na tentativa de fazer justiça, mas de reconhecer o sofrimento alheio. "Não quero o dinheiro", disse Bashir. "Eu gostaria que a propriedade fosse transformada em um jardim da infância para crianças árabes, para que possam desfrutar da infância que não tive."[19] Em 1991, a casa tornou-se o primeiro centro cultural árabe-judeu em Ramalah e colônia de férias pacífica para uma centena de crianças árabes e judias. É o único centro dessa natureza em Ramalah onde as crianças árabes aprendem em árabe.

Como não é possível receber dívidas irrecuperáveis, o alívio pessoal geralmente pode ser encontrado só no perdão criativo. E, uma vez que em tantas tragédias, como na Primeira Guerra Mundial e na Palestina, não fica muito claro quem é vítima e quem é transgressor, sempre ajuda se o perdão for uma via de mão dupla.

Meu próximo relato ilustra a importância do terapeuta para o perdão e traz a terceira questão: quando é seguro facilitar a transformação da vítima pelo perdão e abordar o passado doloroso? Resposta: apenas quando a vítima, como o Velho Marinheiro de Coleridge, quiser contar a sua história – e, então, lentamente. Judith Herman, psiquiatra de Harvard e especialista em trauma, adverte que o ouvinte deve atuar como testemunha ou parteira da memória da transgressão.[20] O ouvinte não deve, como acontece com excessiva frequência, tentar ser o salvador ou, após um salvamento rejeitado, tornar-se outra vítima. Além de oferecer empatia, a testemunha deve muitas vezes partilhar a responsabilidade de carregar o fardo da dor.

Como vimos no capítulo anterior, Eugene O'Neill foi uma criança duramente negligenciada pelo pai ausente e alcoólatra e pela mãe dependente de opiáceos. Durante anos, ele buscou vingança. O diretor da sua escola secundária previa que o raivoso O'Neill iria morrer na cadeira elétrica, e não que recebesse um prêmio Nobel. No início da vida adulta, ele, por vingança, cortou as pernas da mobília de sua mãe com um facão e negligenciava totalmente os próprios filhos.[21] Quero vingança, disse o garoto de 3 anos.

As sementes do perdão de O'Neill à sua família só foram lançadas 20 anos mais tarde, pois, para perdoar, muitas vezes é preciso que alguém testemunhe a nossa dor. Nessa ocasião, durante seis semanas O'Neill conversou com um "psicanalista pesquisador", Gilbert Hamilton, que estava estudando o matrimônio. Nessas seis semanas, o dr. Hamilton atuou como uma testemunha receptiva para O'Neill, que aprendeu a falar e a recordar a verdade sobre si mesmo e fez as notas autobiográficas que, 15 anos mais tarde, constituiriam o esboço da grandiosa e clemente peça *Longa jornada noite adentro*. Como já sugeri anteriormente, o perdão não acontece da noite para o dia. No caso de O'Neill, demorou 35 anos.

Mais de dez anos depois, quando finalmente começou a escrever *Longa jornada noite adentro*, O'Neill experimentou a mesma dor de quando contou a história da sua vida para Hamilton e, posteriormente, para a esposa Carlotta; mas agora, após 15 anos de incubação, havia maior determinação. Carlotta relembra a agonia de O'Neill ao escrever: "Houve vezes em que pensei que ele ficaria louco. Era aterrador assistir ao seu sofrimento".[22]

Em 1940, como presente de aniversário, O'Neill dedicou *Longa jornada noite adentro* a Carlotta, sua testemunha:

> Querida, eu lhe dou o roteiro original desta peça sobre uma mágoa antiga, escrita com sangue e lágrimas. Talvez pareça um presente triste e inapropriado para um dia em que se celebra a felicidade, mas você compreenderá. É o meu tributo ao seu afeto e à sua ternura, que me deram fé no amor e permitiram que, finalmente, eu encarasse meus mortos e escrevesse esta peça – escrevesse com compaixão, compreensão e perdão profundos por todos os quatro Tyrone atormentados.[23]

Às vezes, uma terceira pessoa ou um terapeuta são cruciais. A terceira pessoa, como nos Alcoólicos Anônimos, pode partilhar sua experiência pessoal; o terapeuta pode servir como testemunha; ou a equipe de reconciliação pode ser como um mediador neutro. Como a justiça muitas vezes não é possível, a terceira pessoa também pode ajudar a vítima a prantear o que não pode ser reparado. Bons advogados de ilícitos civis costumam piorar as coisas, pois um acordo de um milhão de dólares dificilmente compensa a perda de um filho por causa de um terrorista ou de um motorista bêbado. A cura ocorre apenas por meio do perdão.

Minha quarta e última questão é: quais são os ingredientes psicológicos que tornam possível o perdão e a reconciliação bem-sucedida? Inspirar fé, esperança, perdão e alegria nas vítimas geralmente está além do nosso alcance, mas podemos tentar ser facilitadores de seus atos de perdão. No entanto, para facilitar tal processo, precisamos compreender a dinâmica do perdão.

Primeiro, devemos compreender que eliminar a expectativa de vingança de alguém recém-ferido é tão infrutífero quanto tirar um maço de cigarros das mãos de um fumante ativo. Na verdade, a vingança é tão saborosa que, às vezes, um ato de perdão pode ser distorcido para satisfazer essa vingança. O perdão, quando muito rápido e superficial, pode refletir uma necessidade agressiva de dominação por meio da superioridade moral. O arguto, mas nem sempre caridoso, Oscar Wilde alertou: "Sempre perdoe seus inimigos. Nada os aborrece tanto". Antes que o perdão verdadeiro seja possível, tanto o observador como o perpetrador devem ir a fundo para sentirem a intensidade da dor.

A vingança, assim como fumar, participar de jogos de azar e comer chocolate demais, sempre produz uma sensação boa em um primeiro momento, mas depois vem o remorso. No início, a intervenção terapêutica deve redirecionar a ira para longe do perpetrador, geralmente mantido fora do escopo, e com vistas ao fortalecimento da vítima, pois, do ponto de vista evolutivo, a raiva, como outras paixões, é um recurso de sobrevivência. Assim, a castração do estuprador raramente é possível ou útil, mas tomar parte em uma caminhada inflamada como o Take Back the Night* e ajudar outras vítimas de estupro a reivindicar seus direitos em um tribunal costuma ser possível e salutar. Para ser mais eficaz, a raiva deve ser controlada a fim de servir ao futuro e fortalecer a vítima, mas não para imolar o perpetrador. No AA, para ajudar o novato a abandonar os ressentimentos sufocantes em prol do ar fresco do perdão, o padrinho pode aconselhar: "Acho que não há nada a fazer senão orar pelo filho-da-puta!".

O perdão envolve uma questão ainda mais profunda que perdoar dívidas irrecuperáveis.[24] Quando somos vítimas de abuso, sentimos vergonha e violação. Sentimos vergonha por ter estado à mercê do poder de outra pessoa. Se essa pessoa não renunciar ao poder desculpando-se ou fazendo reparações, devemos então atacar. A vergonha, claro, é ainda mais dolorosa do que o abuso, e nós nos protegemos dela por meio do ódio, da justiça e da tomada do poder. Assim, uma outra forma de vingança é invocar a lei do Talião (olho por olho e dente por dente) e humilhar o transgressor. Mais uma vez, tal humilhação apenas evocará nova retaliação. Sentir ódio e querer vingança, justiça e poder são boas defesas, mas não são empáticas, tampouco orientadas para o futuro.

O perdão deve ser sempre demonstrado, não dito. A psicodinâmica do perdão e da reconciliação é mais bem adquirida testemunhando-se atos de perdão do que lendo nos livros. Um estudo recente constatou que grupos informais de terapia, como grupos de oração, grupos de autoajuda e grupos de homens e mulheres, levaram ao aumento do perdão em 61% dos 1.379 indivíduos.[25] Para facilitar o delicado processo de reparação, reconciliação e perdão em famílias de alcoólatras, os terapeutas de família podem aprender muito frequentando as diversas reuniões abertas de Al-Anon (grupos que seguem os doze passos e se destinam aos parentes de alcoólatras). E talvez o treinamento de todo psicoterapeuta e mediador devesse incluir um estudo cuidadoso da Comissão de Verdade e Reconciliação da África do Sul. Os objetivos dessa comissão eram quatro: (1) buscar a verdade sobre o ocorrido, não a negação; (2) restaurar a dignidade humana e civil das vítimas; (3) empenhar-se em entender e perdoar – não punir – o perpetrador; e (4) buscar a repara-

---

* N.T.: Marcha internacional para protestar e exigir medidas contra o estupro e outras formas de violência dirigidas à mulher. Tem raízes no movimento feminista.

ção do perpetrador, e não vingança contra ele. Ao focar a mágoa e a raiva do paciente, psicoterapeutas, como eu, muitas vezes de forma inadvertida nutrem o ressentimento e a autopiedade – os inimigos do perdão. Na pressa de não sermos considerados tolos ou excessivamente otimistas, esquecemos que, ao ajudar nossos pacientes a praticar a gratidão e o perdão, oferecemos exercícios que podem levar à libertação da prisão emocional, cujas quatro paredes são a inveja, o ciúme, o ressentimento e a vingança.

Tal mudança na atenção sempre alivia a dor. Com o ressentimento crônico vem a injustiça, a cobrança, a paranoia, a infelicidade profunda, a impopularidade e um embrulho no estômago. Com o perdão vem a empatia, o altruísmo, a visão de futuro, a gratidão e a paz de espírito. O perdão, uma emoção com raízes modestas na brincadeira mamífera e na evolução da cooperação social, desenvolveu-se para inspirar reverência em todos nós. O espanto é que foram necessários Gandhi, King e Mandela para atrair a atenção da ciência para o perdão.

O alívio da culpa não é o único motivo para buscar o perdão. A culpa tem raízes no passado; o perdão, no futuro. A alegria não vem apenas quando sentimos que o outro nos perdoa; mais importante talvez seja o fato de que ela é ainda maior quando perdoamos o outro. Apenas assim estamos livres do pântano opressor do ressentimento e da bílis que queima nosso interior quando temos sede de vingança. O perdão sempre transfere a atenção do pessoal para o sublime.

Como deixam claro os exemplos que escolhi, a transformação da vingança em perdão é um processo lento. Não pode ser acelerado. É verdade que, para a libertação de qualquer vício, ajuda apelar para a espiritualidade da vítima, mas é comum a recaída temporária na amargura.

No entanto, é bom lembrar que o perdão é possível mesmo para aqueles que viveram sob regimes bem menos perdoáveis que as democracias coloniais opressivas experimentadas por Gandhi, King e Mandela. Em 1945, foi encontrado um pedaço de papel no campo de concentração de Ravensbrück. Ele continha a seguinte oração:

Oh, Senhor,
Lembre-se não só dos homens e mulheres de boa vontade,
Mas de todos aqueles de má vontade também.
Mas não se lembre de todo o sofrimento
Que eles nos infligiram;
Lembre-se dos frutos que colhemos
Graças a esse sofrimento –
Nossa camaradagem, nossa lealdade, nossa humildade,
Nossa coragem e generosidade, a grandeza de coração
Que resultou de tudo isso;
E, quando eles forem a julgamento,
Que todos os frutos que trazemos
Sejam seu perdão.[26]

9
Compaixão

O ser humano é piedoso por natureza.
– Dalai Lama

No mundo acadêmico, carreiras respeitáveis são construídas nos campos dos glorificados genes "egoístas", estudando a depressão de forma cada vez mais detalhada e desconstruindo a frágil literatura. Nesse mundo, o estudo científico da compaixão é muito recente. Na verdade, algumas vezes os acadêmicos têm tanta dificuldade com a compaixão quanto com o amor e a alegria. Em uma conversa com o Dalai Lama, Anne Harrington, professora de história da ciência em Harvard, fez uma provocação: "Estou impressionada com o fato de que, historicamente, quanto mais a fundo nossas ciências investigam a realidade, conceitos como 'compaixão' parecem menos relevantes".[1] Em resposta à pergunta irônica, o Dalai Lama, ele próprio um refugiado perseguido e vítima da opressão colonial, rebateu: "Quando digo acreditar que, por natureza, o ser humano é piedoso e bom, estou me baseando na observação empírica".

Concordo totalmente. A resposta humana empática à dor e à emoção positiva que a acompanha, a compaixão, não precisa ser ensinada. Evoluímos para sermos compassivos. Diferentemente de Rick Warren, pastor da Igreja Evangélica e autor de *best-sellers*, não ouso dizer que sei quem é Deus.

Mas ambos chegamos à mesma conclusão de que o amor e a compaixão não resultam da livre escolha. Warren escreve: "Deus pensou em você muito antes de você pensar n'Ele. Planejou tudo antes que você existisse, sem a sua contribuição. Você pode escolher sua carreira, seu cônjuge, seus *hobbies* e muitas outras coisas na vida, mas não o seu propósito".[2] Eu apenas expressaria a natureza involuntária da compaixão de forma ligeiramente diferente. As generosas ofertas de ajuda que se seguiram à catástrofe do World Trade Center, em 11 de setembro de 2001, e à inundação de Nova Orleans depois do furacão Katrina, em 2005, não eram reflexo do livre-arbítrio somente, faziam parte da nossa estrutura psicobiológica. Na última década, pela primeira vez na história, desastres em localidades do globo até então desconhecidas evocaram respostas humanitárias do mundo inteiro. Hoje, quase todos os países prósperos se preocupam com as ondas das marés na remota Ache, a fome na longínqua Nigéria e terremotos em áreas afastadas do Paquistão.

Este livro afirma que tanto a evolução biológica como a evolução cultural reuniram pessoas que não eram parentes – não apenas irmãos – para ajudarem umas às outras e transformarem um mundo perigoso, tribal e organizado em clãs em uma colmeia mais segura e unitária. Mas por que agora? Obviamente, na maior parte dos últimos 2 mil anos, os memes culturais associados ao amor incondicional não foram suficientes. No entanto, ao longo das últimas décadas, a evolução cultural, auxiliada por maior segurança nos mundos desenvolvido e emergente, reduziu o valor de sobrevivência das emoções negativas entre as nações, apesar de não tê-lo eliminado. Por meio do aumento da longevidade, da democracia, da igualdade sexual e da alfabetização e de avanços na saúde pública, na comunicação e na produção de alimentos, aumentaram as oportunidades para expressar as emoções positivas orientadas para o futuro. Esse crescimento da segurança permitiu à humanidade prestar atenção ao espírito em vez de apenas às palavras benevolentes das grandes religiões do mundo. Apesar das manchetes que enfatizam o conflito, as populações mundiais tornaram-se mais humanitárias umas com as outras. Por exemplo, um fato não mencionado pelos jornais nos Estados Unidos foi que, após a destruição das torres gêmeas em Nova York, em 2001, centenas de milhares de iranianos fizeram uma manifestação em Teerã para declarar que tal ato terrorista cruel era incompatível com os princípios islâmicos. Contudo, os redatores das manchetes preferem as notícias ruins e, dessa forma, o negativo ódio suicida de 20 extremistas islâmicos superou o reconhecimento pelos norte-americanos da compaixão de centenas de milhares de supostos inimigos. Apesar disso, as distorções da imprensa marrom e das políticas de poder não contradizem a afirmação do Dalai Lama de que os seres humanos são, em essência, piedosos.

Embora estejamos estruturados para achar os artigos jornalísticos que falam sobre o perigo mais interessantes do que os que falam sobre a bondade amorosa, ainda assim estamos também estruturados para a compaixão pública quando a sociedade nos oferece uma oportunidade. Para facilitar a sobrevivência das crianças, a evolução genética criou nos seres humanos o impulso de manter o sofrimento longe de seus familiares. A evolução cultural e a maturação das operações formais de Piaget durante o desenvolvimento adulto generalizaram esse impulso para ajudar estranhos a sobreviver. Entretanto, é uma pena que o impulso de uma pessoa para confortar outra seja estudado menos do que qualquer outro tópico importante da ciência em geral.

Em primeiro lugar, quero definir compaixão e, depois, discutir sua evolução nos seres humanos. A compaixão, assim como o amor, é uma marca de todas as grandes religiões do mundo. No entanto, amor e compaixão são muito diferentes. O amor é o desejo de se unir a alguém atraente; a compaixão, o desejo de afastar alguém, mesmo que não atraente, do sofrimento. Poucas pessoas apreciam tanto receber simpatia e comiseração de quem os ama quanto apreciam a empatia resultante da compaixão e que permite que nos sintamos vistos. Se ser amado é uma bênção, ser "visto" também o é e deriva da evolução dos neurônios espelhos dos primatas.

Há poucas décadas, foram identificados "neurônios espelhos" nos primatas, mas não em outros mamíferos. Acredita-se que esses neurônios facilitem aquilo que comumente é referido por "macaquear", ou seja, o aprendizado de um comportamento pela observação em vez de pela repetição. Mesmo mais recentemente, em 2004, a neuroimagem por ressonância magnética funcional em seres humanos revelou que os neurônios espelhos talvez sirvam a outro propósito além de facilitar a imitação social. Ao testemunhar a dor de um ente querido, esses neurônios estimulam nossos centros emocionais límbicos relacionados à dor, de modo que, literalmente, sentimos a dor do outro. Entretanto, nossos centros analíticos neocorticais, que nos fariam recuar se a dor fosse nossa, não são estimulados. Em outras palavras, ao ver outra pessoa queimar a mão, os neurônios espelhos da nossa ínsula límbica e do nosso cíngulo anterior se "acendem" na tela do neurorradiologista como se a mão queimada fosse a nossa. Mas as células dos nossos centros motores neocorticais (p. ex., quando sentimos nossa mão queimar, nós a puxamos) permanecem inalteradas.[3] Também é interessante notar que o grau de ativação dos neurônios espelhos em um indivíduo enquanto presencia a dor de outra pessoa se correlaciona de forma significativa com os resultados desse mesmo indivíduo em testes escritos que avaliam a empatia.[4] Portanto, a rede de neurônios espelhos que integra a ínsula ao restante do sistema límbico parece ser a chave para a inteligência emocional.

Amor e compaixão são diferentes. O amor é baseado no vínculo e, assim, a perda de um ente querido produz o sofrimento autocentrado e o pesar dos quais Buda tentou nos proteger ao ensinar o desapego. Subtraia de alguém um objeto amado, seja o pirulito de uma criança, o filhote de uma mãe urso ou a liberdade de um patriota, e o resultado será uma enxurrada de emoções negativas e autocentradas de protesto, raiva, pesar e medo. A perda de um ente querido, mesmo se o amor for abnegado, produz dor e ensimesmamento. É como o cérebro está estruturado. Por outro lado, a "dor" da compaixão, baseada em empatia e não em simpatia e comiseração, faz com que nos concentremos inexoravelmente no outro. A compaixão e a empatia nos permitem manter afetuosamente o outro em mente e, até mesmo, voltar-se ao seu sofrimento.

A diferença entre amor e compaixão pode ser ilustrada pela experiência a seguir. Imagine que você está em uma bicicleta. Um carro passa e o derruba. Sua perna fica seriamente fraturada. Quem você espera que apareça no próximo carro, sua mãe ou um paramédico? Ambos "sentiriam a sua dor". No entanto, por causa do grande amor que tem por você, sua mãe ficaria imobilizada pela comiseração, pelo afeto e pela própria dor. O paramédico, contudo, teria empatia pelo seu sofrimento e, sem amor, colocaria uma tala na sua perna fraturada para que você pudesse ser movido com o mínimo de dor. Ele analisaria a fratura com exatidão e saberia que procedimentos adotar para evitar dores desnecessárias. A compaixão do paramédico não diminuiria mesmo se ele já tivesse atendido três outros acidentes na mesma manhã. Não teria importância o fato de sua compaixão profissional ser remunerada. Talvez ele sirva às pessoas com paixão não apenas para ganhar o próprio sustento, mas também, em parte, para fugir ao próprio sofrimento de ter tido a esposa morta no ano anterior por um motorista embriagado. A compaixão, assim como o amor e o perdão, beneficia igualmente o doador e o receptor, e, como o amor e a esperança, é um bom artifício biológico.

A viúva enlutada deseja menos um cartão de condolências do que sentimentos empáticos como "Lembro que seu marido tinha o dom de fazer as pessoas rirem" ou "Eu teria muito prazer em cuidar do seu jardim nas próximas semanas". Psicanalistas, cartomantes, xamãs e hipnotizadores são, em parte, curadores, pois, além de cuidar de nós e nos fazer sentir o foco da atenção, sua empatia nos deixa admirados com o fato de alguém conseguir ler a nossa mente. Todos nós desejamos ser "vistos", mas não suscitar piedade.

Entretanto, não basta sentir a dor do outro. Sentir compaixão não é apenas ecoar a dor alheia, mas fazer algo a respeito. Minha neta de 3 anos estava chorando por razões que a mãe dela e eu classificávamos como introversão. Contudo, sua irmã de 1 ano correu para reconfortá-la. Minha netinha mais nova não disse "Sinto a sua dor"; em vez disso, simplesmente abraçou a irmã. Em sua peça cheia de identificação, Ésquilo apresentou a compaixão que sentia pelos persas de tal modo que outros atenienses foram capazes de se identificar e aplaudir, em vez de escarnecer, quando se referiu a Atenas e Pérsia como irmãs.

Conheço o neto jovem e inteligente de missionários cristãos fundamentalistas que foram para a Índia. Na década de 1970, ele havia viajado para lá sozinho para se livrar dos rígidos dogmas dos avós e tornar-se hinduísta. Depois de cinco anos, o jovem se encontrava no topo de uma colina na América Central, meditando e orando pelos aldeões da colina vizinha, que estavam sendo bombardeados pelas forças militares do ditador reinante. De repente, teve um *insight* e percebeu que suas preces, embora amorosas e abnegadas, não estavam ajudando em nada. Quase no mesmo instante, regressou para casa. Com convicção, compaixão e previdência, ele foi então cursar direito e, depois, passou um pequeno período em Wall Street para financiar o seu futuro. Em seguida, voltou para disputar um cargo público em seu país. Venceu por ampla margem e, durante anos, serviu em sua comunidade natal de forma idealista, porém efetiva. A verdadeira compaixão conduz à ação e não apenas à prece.

⚜

Além das células espelhos, outra fonte de empatia são os chamados mecanismos de enfrentamento imaturos e involuntários encontrados no manual de diagnóstico da American Psychiatric Association, o *DSM-IV*. Os seres humanos empregam uma variedade de mecanismos de enfrentamento – alguns saudáveis e outros nem tanto – como mecanismos auxiliares inatos de autoconsolo e resiliência.[5] A neurologia desses mecanismos, algumas vezes chamados de mecanismos de defesa do ego, ainda é desconhecida, porém sabemos que eles não estão sob controle consciente. Por um lado, as pessoas desajustadas, aquelas com "distúrbios de personalidade", os tolos e os vilões da história tentam adaptar-se às dificuldades da vida com mecanismos involuntários, não empáticos e narcisistas, como a projeção: "a prova foi injusta", "o diabo me obrigou a fazer isso", "você é o culpado pela minha desgraça". Outro mecanismo parecido é a fantasia autista: "consigo amar apenas o que vejo no espelho", "quero uma boneca de papel que seja minha", "eu me sinto seguro somente quando brinco sozinho". Um terceiro mecanismo autocentrado é o mau humor: ataques de cólera e atos violentos que criam choque e medo autossatisfatórios. Outro mecanismo é a dissociação (algumas vezes chamado de negação neurótica). Por exemplo, frases de Scarlet O'Hara como "Vou pensar nisso amanhã", de Alfred E. Neuman, da revista *Mad*, "Quê? Eu, preocupado?" ou de Luís XV, "Que, depois de nós, venha o dilúvio" são todas soluções autocentradas que funcionam bem a curto prazo, mas que incomodam profundamente as outras pessoas e, em meu estudo sobre a vida humana, mostraram-se desastrosas para a adaptação a longo prazo.[6]

Em contraste acentuado com esses mecanismos estão os mecanismos de enfrentamento maduros e empáticos, porém igualmente involuntários, que, assim como a compaixão e a empatia, são essenciais para a resiliência humana. O mais autoevidente desses mecanismos involuntários é o altruísmo: a Regra de Ouro, por exemplo, ou o ditado "Não pergunte o que seu país pode fazer por você, mas sim o que você pode fazer pelo seu país". O segundo mecanismo involuntário é o humor: Marilyn Monroe, Charlie Chaplin e Woody Allen, todos profundamente infelizes, empaticamente levaram os outros ao riso. Para ter humor, não podemos nos levar muito a sério e, ao mesmo tempo, temos de aferir o estado de espírito do outro com precisão. Sem empatia, o comediante torna-se um tolo.

Um terceiro mecanismo de enfrentamento adaptativo e involuntário é a sublimação. Artistas são artistas, e não meros rabiscadores, porque entendem, empaticamente, que a beleza está nos olhos do espectador, não apenas em seus próprios olhos, e que a verdade, não a ilusão autorreconfortante, é a beleza. Eugene O'Neill e Ludwig van Beethoven suavizaram a própria desgraça ao transmutá-la exatamente no que o mundo desejava ver e ouvir. Homens e mulheres que empregam os mecanismos de enfrentamento involuntários amplamente compassivos e empáticos do humor, do altruísmo e da sublimação desfrutam de vidas muito mais felizes do que aqueles que utilizam mecanismos menos maduros e mais autocentrados.[7] Todavia, ao responder sobre as causas do seu comportamento, os especialistas em empatia e os exemplos de compaixão explicam que não agem por meio de um planejamento consciente e moralmente justificado, "mas porque fazer qualquer outra coisa seria impossível".[8] Muitas vezes, essas pessoas permanecem inconscientes de que um dia sofreram a mesma dor que estão tentando aliviar. Tais transformações da dor humana em conexões empáticas refletem a neurobiologia humana em sua maior glória.

Assim como o perdão e o amor, a compaixão não pode ser comandada, mas, felizmente, comanda. De forma involuntária, nossa empatia e nossa compaixão são despertadas pelo choro da criança diante da separação. A fotografia icônica de uma garotinha nua, terrivelmente queimada pelo napalm norte-americano, gritando e correndo sozinha, aterrorizada por uma rua do Vietnã pode ter feito tanto para colocar os norte-americanos contra a guerra do Vietnã quanto 50 editoriais fariam. Quem não seria altruísta com uma criança abandonada à beira da estrada? Veja bem: a evolução darwiniana pretende transformar todos nós em bons samaritanos.

Tradicionalmente, a vocação para curar encontra na compaixão um princípio norteador. No século XVI, Paracelso escreveu: "O verdadeiro médico é conhecido por sua compaixão e por seu amor ao próximo. A arte da medicina está arraigada no coração (...). Ninguém precisa ter mais amor no coração do que o médico". Embora não tenha imaginado, Paracelso se referia a todos os curadores, não apenas aos médicos. Mães, enfermeiras e garotinhas cuidando de filhotes de pássaro órfãos são "verdadeiras médicas". E, por "amor", ele queria dizer *compaixão*, não *vínculo*.

A compaixão também facilita a cura. Os placebos não têm poder direto, exceto por meio da confiança anterior em mães e médicos e pela experiência presente da compaixão alheia, ambas biologicamente ativas. Na verdade, uma promessa de cura na qual tenhamos fé pode reconfortar mais que uma cura científica contrária à nossa vontade ou que não acatamos. Apesar das ordens médicas, poucos pacientes tomam todas as pílulas prescritas no tempo indicado. No entanto, serão mais conscienciosos se acreditarem que o médico se importa com eles. Portanto, a empatia, mesmo que não cure, facilita, por meio de maior observância, o poder de cura da ciência. Ou, como afirma Howard Spiro, professor de medicina em Yale: "O efeito placebo confirma o poder da comunhão, o milagre de uma pessoa ajudar a outra simplesmente por tentar".[9]

Os placebos, como a compaixão, são o epítome do poder do relacionamento humano. Certa vez, perguntei a um membro do AA o que fazia quando sentia vontade de beber. Ele respondeu: "Quando você entra na cabine telefônica, coloca uma ficha e liga para seu padrinho, sabe que não vai beber". Com a ficha, veio a comunhão e, com a comunhão, vieram a compaixão e uma blindagem contra a recaída. Ele tinha uma fé inabalável de que alguém se importava com ele.

A neurociência recente apresentou evidências para apoiar minhas asserções intuitivas. O toque delicado e compassivo libera endorfinas, os opioides endógenos do nosso cérebro. Os placebos, muitas vezes, têm o mesmo efeito. Assim, a compaixão alivia o sofrimento por meio da farmacologia e também do cuidado. No mal de Parkinson, enfermidade que, há muito tempo se sabe, é sensível à administração de placebo, experiências realizadas *in vivo* mostraram que os placebos liberam quantidades substanciais de dopamina,[10] um neurotransmissor cuja ausência relativa causa a patologia do mal de Parkinson.

Em 2005, Rachel Bachner-Melman e colaboradores apresentaram um estudo envolvendo 354 famílias. Um questionário que media "a propensão para ignorar as próprias necessidades e atender às necessidades alheias" foi correlacionado com a presença de variantes do gene dopaminérgico consistentes com a hipótese desses pesquisadores de que "a arquitetura genética do altruísmo nos seres humanos é parcialmente construída a partir de genes que levam a um padrão comportamental altruísta, independentemente das relações de parentesco".[11] Conforme observado anteriormente, as mesmas estruturas dopaminérgicas do cérebro que o viciado em drogas curto-circuita para obter um "barato" transitório evoluíram para tornar compensador o comportamento pró-social.

Em 2006, apenas um ano mais tarde, o neurocientista Jorge Moll e colaboradores do National Institute of Neurological Disorders estudaram a neurofisiologia das pessoas que fazem doações caritativas e respaldaram tal hipótese.[12] O estudo de RMF feito por eles colocou em uma perspectiva coerente muitos dos dados obtidos em pesquisas recentes sobre o cérebro, no que se refere ao altruísmo e ao vínculo. Em uma série de experimentos engenhosos, os pesquisadores examinaram a função cerebral de 19 indivíduos enquanto decidiam se doavam quantias significativas de dinheiro, fornecidas pelos próprios pesquisadores, a organizações que apoiavam ou se ficavam com o dinheiro.

O sistema de recompensa dopaminérgico mesolímbico (popularizado por estudos recentes sobre o vício em drogas) é ativado pela procura de sexo, drogas, alimento e dinheiro. Esses mesmos centros foram ativados quando os indivíduos da pesquisa fizeram, dos próprios bolsos, uma doação caritativa. Em outras palavras, nosso cérebro é estruturado para obter prazer quando cuidamos de nós mesmos, mas também quando cuidamos de pessoas que não são nossos parentes. Além disso, o mesmo comportamento de doação ativou o córtex pré-frontal anterior do *Homo sapiens*, sobretudo quando a escolha altruísta prevaleceu sobre a egoísta. Esse é o mesmo córtex pré-frontal ventromedial que, quando destruído pela famosa barra de metal que atingiu a cabeça de Phineas Gage, pôs fim à sua capacidade de discernimento, sentimentos delicados, adequação social e compaixão.[11] É também o mesmo córtex paralímbico dos mamíferos, considerado "primitivo" (apenas quatro camadas) em comparação com o neocórtex mais recentemente evoluído do *Homo sapiens*.

Moll e seus colegas acreditam que a ligação do córtex frontal anterior, exclusivamente humano, com o sistema de recompensa límbico mamífero, mais primitivo, "pode ter surgido por meio de mecanismos similares de coevolução genética e cultural".[14] Combine essas descobertas com o maior número de células fusiformes que mediam o senso de justiça nos seres humanos e o fato de a oxitocina induzir confiança em investidores (Capítulo 5) e começamos a ter um caso coerente de evolução pró-social humanitária.

Ao longo dos últimos 200 milhões de anos, a evolução genética do hipotálamo humano, com sua capacidade para lutar, fugir, alimentar-se e ter relações sexuais, tornou nossas "necessidades instintivas" egoístas apenas modestamente mais sofisticadas que as de um crocodilo. A capacidade humana para emoções negativas, como medo, aversão e ódio, provavelmente também não evoluiu muito além daquela apresentada por um rato encurralado. Em contraste, nossa capacidade para as emoções positivas, orientadas para o futuro, como as respostas altruístas ao sofrimento de estranhos e a compaixão, continua a evoluir, mostrando que os seres humanos, para o bem ou para o mal, permanecem em desenvolvimento.

A evolução genética das células fusiformes límbicas dos primatas superiores e das células espelhos, que levou à empatia, demorou milhões de anos. A evolução cultural, que levou à admiração quase universal pela compaixão encontrada tanto no Novo Testamento como no Pali Canon budista, demorou apenas 2 mil anos. A criação compassiva dos primeiros hospitais islâmicos e monásticos há apenas 1.500 anos tem-se mostrado tão útil para a sobrevivência humana quanto um cérebro inteligente. Como prega a regra beneditina: "O cuidado com os doentes deve ser colocado acima e à frente de qualquer outra obrigação". Em contraste, o Terceiro *Reich* nazista, egoísta, mas bastante "preparado" e avançado cientificamente, matou de maneira deliberada os doentes crônicos e acreditava que os recursos da sociedade deveriam ser destinados às pessoas geneticamente saudáveis e à conquista tribal. A fim de decidir qual tradição de fé é mais adequada para a sobrevivência darwiniana no mundo pós-moderno, se a beneditina ou a nazista, não devemos depender de "liberais" piedosos combatendo a inteligência aguçada de Charles Krauthammer, Ayn Rand e Ann Coulter. Em vez disso, precisamos depender da ciência e do acompanhamento empírico a longo prazo. A ordem nazista não durou nem uma década, mas, 1.500 anos depois, a Ordem Beneditina continua firme e forte. A Revolução Francesa, brilhante e racional, mas carente de espiritualidade, não durou mais que o Terceiro *Reich*. Por fim, o ingrato professor de geologia de Darwin, Adam Sedgwick, que o acusou de imoral (ver Capítulo 3), pode descansar em paz. O acompanhamento empírico da teoria de que o mais apto sobrevive, desenvolvida por Darwin, indica mais "moralidade" do que ele imaginava.

Embora nem sempre pareça assim, a evolução cultural refletida pela invenção do hospital continua. Em 2006, o produto nacional bruto norte-americano destinado à saúde foi o dobro do destinado à defesa, proporção que é ainda maior em outros países ocidentais. Esse não era o caso há 200 anos e menos ainda há 2 mil anos. A evolução daquele "instrumento de paz" tão franciscano e humanitário – o universalmente prestigiado Prêmio Nobel da Paz – passou a existir apenas no último século, o mesmo valendo para a evolução da Oxfam e da Organização Mundial da Saúde (OMS).

Nos últimos 100 anos, os Jogos Olímpicos têm sido um exemplo inspirador de como os jogos mamíferos empáticos podem sobrepujar os esforços, quase sempre causadores de discórdias e desunião, dos cientistas políticos para criar a paz mundial. A glória das Olimpíadas é que a reverência profunda a bandeiras nacionais e o orgulho por hinos tribais sagrados podem ser preservados sem que isso traga perigo aos outros. Por meio da experimentação empírica, ainda que em larga medida inconsciente, realizada ao longo de mais de um século por pessoas que apreciam jogos, e não por cientistas ou teólogos, chegou-se a uma fórmula cultural na qual a competição compreensiva pode existir lado a lado com a identidade "nacional" e "religiosa".

No primeiro dia dos jogos, em uma reptiliana batalha ganha-perde por um número muito limitado de medalhas de ouro, tribos nacionalistas marcham para o interior do estádio em formação militar. Cada tribo veste um uniforme característico e empunha com orgulho sua sagrada bandeira totêmica. Durante dias a fio, as tribos batalham. Mas, assim como nos jogos entre lobos, tal batalha não é mortal. Para o mundo admirado, por um milagre da emoção positiva, os atletas olímpicos estão apenas participando de jogos intertribais – algo que os répteis e, às vezes, até mesmo alguns humanos iluminados do século XVIII eram incapazes de fazer.

Mesmo na final do polo aquático entre Hungria e União Soviética nos Jogos Olímpicos de 1956 em Melbourne – uma partida em que as emoções negativas não poderiam ter sido mais intensas –, as regras foram respeitadas e ninguém saiu ferido, muito menos morto. O mundo assistia e encorajava o time azarão da Hungria com alegria, em vez do horror com o qual havia visto tanques soviéticos esmagarem combatentes em Budapeste e soldados dos tanques russos serem queimados vivos pelos coquetéis molotov húngaros.

No final da Olimpíada, no grande encerramento, o centro do estádio não está mais repleto de regimentos rivais, mas de uma congregação poliglota que se abraça, partilha uniformes uns com os outros e troca telefones e endereços intercontinentais. Não é possível distinguir vencedores de perdedores. Quando ninguém se leva a sério demais, todos saem vencedores. *Allahu Akbar*, Deus seja louvado. As emoções positivas não fazem todo o mal do mundo desaparecer, mas sem dúvida são os analgésicos mais poderosos que temos.

Darwinistas sociais, prestem atenção: pelo menos durante os Jogos Olímpicos, a "paz" franciscana é uma estratégia de sobrevivência superior à guerra. Pode-se imaginar que aqueles que ganham as medalhas tenham maior descendência do que aqueles que terminam em último, mas eu duvido. Simplesmente ter marchado para dentro daquele estádio já constitui comunhão para uma vida toda. Todos na vila olímpica são macho ou fêmea alfa. Com salvaguardas similares em termos de diálogo e jogos, os diplomatas talvez possam aprender também a não ser um perigo para a humanidade. Talvez o jogo,

Compaixão

o humor e não se levar muito a sério devam ser adicionados ao nosso léxico de virtudes "teológicas" ou, pelo menos, diplomáticas.

Nos últimos 3 mil anos, os sábios asiáticos ao longo dos mais de 3 mil quilômetros que separam Jerusalém e Tarso das primeiras capitais da China deram aos outros cinco continentes suas oito (ou onze, dependendo de quem conta) grandes religiões. Todas essas religiões tinham em comum a compaixão. O fato de as grandes religiões que sobreviveram no mundo, apesar da enorme diferença de contextos geográficos e culturais, terem concebido soluções similares sugere que descobriram um princípio bastante importante da natureza humana. Não, o Dalai Lama, ele próprio uma espécie de cientista, não mentiu para a professora Anne Harrington quando disse que o ser humano era piedoso por natureza.

Como explica Karen Armstrong: "Não se tratava de descobrir primeiro sua crença em 'Deus' e, depois, levar uma vida cheia de compaixão. A prática de simpatia e comiseração disciplinadas (eu preferiria que ela tivesse empregado a palavra 'empatia') por si só produziria indícios de transcendência".[15] Precisamos de mais investigações científicas sobre a base neurobiológica da compaixão, a qual está no centro de todas as nossas grandes tradições de fé.

10
Reverência e iluminação mística

O cérebro é mais vasto que o Céu,
Pois coloque-os lado a lado,
Um pelo outro será englobado
Facilmente, e você junto (...)

O cérebro é o peso de Deus.
Pois pese-os grama por grama,
E irão diferir, se ocorrer,
Tal qual a sílaba do som.
— EMILY DICKINSON

A reverência e o sentido do sagrado são considerados supersticiosos e infantis tanto por novos humanistas evolucionistas, como Daniel Dennett e Richard Dawkins, quanto por humanistas psicanalistas mais velhos, como Sigmund Freud. Ainda assim, a reverência é a mais "espiritual" das emoções positivas. O ilustre René Girard, acadêmico e filósofo francês, lembranos em A *violência e o sagrado* que, originalmente, espiritualidade não tem nada a ver com Deus, mas com o sagrado.[1] A experiência de iluminação mística, a reverência, o sagrado, chame como quiser, está estruturada no cérebro humano. A reverência pode ser suprimida, ignorada e até mesmo profanada (o tributo pago à reverência pelo humanismo enfurecido), mas jamais destruída.

Nos últimos 30 anos, vários estudos têm colocado a reverência e a experiência da iluminação espiritual firmemente no sistema límbico. No entanto, antes de discutir a relação entre iluminação espiritual interior e emoção positiva límbica, permita-me esclarecer uma questão: o cérebro é um todo coordenado. Estar consciente da iluminação interior exige cognição e, assim, nossas crenças e ideias comunitárias moldam nossa iluminação interior mesmo enquanto esta acrescenta paixão e valor de sobrevivência às crenças comunitárias.

Para muitos leitores, minha associação de espiritualidade à formação de comunidade e às seis emoções da Oração da Paz de São Francisco pode parecer equivocada. Até agora, ignorei a emoção da reverência. Na mente de muitas pessoas, espiritualidade refere-se à reverência e à busca do sagrado.[2] Muitas experiências espirituais intensas envolvem uma ideia de iluminação interior e reverência.

No entanto, para comunicar nossa reverência e nossa espiritualidade aos demais, é de grande ajuda substituir as palavras verbalizadas não apenas por tambores e música, mas também por comportamentos aprazíveis. Como aconselha Stephen Post, bioeticista da Case Western, "Toda virtude verdadeira e toda espiritualidade significativa são moldadas pelo amor, e qualquer transformação espiritual que não seja uma migração na direção do amor é suspeita".[3] Uma dificuldade, porém, é que a nossa espiritualidade não abarca apenas as outras pessoas, mas também a iluminação interior subjetiva. Não é fácil ter em mente, ao mesmo tempo, conceitos díspares como reverência e amor, eu e o outro. Afinal, definir espiritualidade é um pouco como definir a genialidade de Shakespeare. Todo mundo concorda que existe, mas dois observadores não empregariam as mesmas palavras nem mesmo metáforas similares para capturá-la. Declarações consensuais como aquelas criadas pelo Instituto Fetzer são úteis para os pesquisadores, mas não resolvem o problema.[4] As palavras não conseguem capturar a espiritualidade, assim como não conseguem capturar o aroma do perfume, o *bouquet* de um grande vinho ou a graça de filhotes de cachorro. Em uma degustação de vinho com olhos vendados, lembro-me de uma mulher brilhante, que logo se tornaria reitora de

170   Fé – evidências científicas

uma grande universidade, descrevendo um Bordeaux notável de primeira colheita com a expressão "nham, nham".

Uma médica amiga minha, Maren Batalden, definiu espiritualidade da seguinte maneira:

> Espiritualidade deriva de espírito, que vem de "respiração" em latim. A espiritualidade, assim como a respiração, é uma participação na energia vitalizante que, em ciclos pelo tempo e pelo espaço, cria e mantém todas as formas de vida. Por meio da prática espiritual, reconhecemos nossa relação interdependente com o universo. Aprendemos a ser cada vez mais radicalmente receptivos às necessidades e desejos das outras pessoas quando nos vemos integralmente conectados. Por meio desse método para compreender nossa conexão com toda a vida e com a fonte de toda a vida, crescemos em humildade, reverência e franqueza. Inevitavelmente, o que desperta é uma gratidão profunda e permanente.[5]

A metáfora de Batalden, claro, torna tangível o conceito do espírito que se faz carne. Nada de metafísica aqui, apenas fatos. Do mesmo modo como a fé, o ar é a evidência das coisas que não são vistas. Não podemos cheirar nem saborear o ar. Como a fé, o ar torna-se manifesto apenas quando está em ação. Sua substância é soprada no vento. Para todos nós, o ar é algo natural, mas apenas o notamos na sua ausência. Então, como o dr. Rieux, de Albert Camus, e ao contrário do padre Paneloux, nós todos ofegamos. Na definição de Batalden, iluminação interior e ser "radicalmente receptivo às necessidades e aos desejos das outras pessoas" têm a mesma importância: o interior e o exterior de uma única experiência de espiritualidade. Batalden também nos lembra que a Oração da Paz de São Francisco omitiu duas emoções positivas muito importantes: gratidão e reverência. Entretanto, elas pertencem a qualquer listagem de emoções espirituais.

O coração e o cérebro, a ciência e a espiritualidade, o límbico e o neocortical estão todos, claro, indissociavelmente ligados. De maneira similar, à exceção de suas crenças religiosas divergentes, os grandes modelos espirituais da história tinham muito em comum em termos de comportamento externo – Albert Schweitzer, o luterano; Madre Teresa, a católica; Viktor Frankl, o judeu; Martin Luther King Jr., o batista; Mohandas Gandhi, o hindu; Dalai Lama, o budista; Leo Tolstoi, o ortodoxo russo – todos deixaram impressões espirituais duradouras para bilhões de pessoas. Todos esses homens e mulheres serviram de modelo do triunfo da emoção positiva sobre a negativa; nenhum era teólogo. Talvez diferissem enormemente em termos de crenças e quantidade de tempo que cada um passava orando e meditando. Contudo, foram brilhantes; usaram seus neocórtices altamente evoluídos para focar, canalizar e transmutar a paixão límbica em prol do aperfeiçoamento do outro. A bússola moral da sua vida interior despertou reverência em seus admiradores. Deve-se notar, porém, que nenhum deles era apenas humanista. Todos acreditavam em um poder superior a eles próprios.

Permita-me examinar, agora, as evidências científicas que ligam a emoção da reverência à sobrevivência. Por exemplo, considere o elo entre iluminação interior e envolvimento comunitário. Um budista tibetano devoto submetido a estudo durante meditação profunda relatou: "Há uma sensação de eternidade e infinitude. Eu me sinto parte de todos e de tudo que existe".[6] Práticas budistas, hindus, nativo-americanas e católicas intensas levam a tal conexão. Há momentos em que tanto místicos como cientistas apreciam essa "realidade". Na verdade, esse sentimento de união mística amorosa é ecoado até mesmo por um ateísta militante: o astrofísico e escritor bastante conhecido Carl Sagan. Ellie Arroway, heroína na versão cinematográfica de seu romance *Contato*, exulta: "Tive uma experiência que não sou capaz de provar. (...) Eu era parte de algo maravilhoso, algo que me transformou para sempre; uma visão do universo que diz de forma irrefutável como nós todos somos minúsculos e insignificantes e como somos raros e preciosos. Uma visão que nos diz que pertencemos a algo maior que nós, que não estamos, nenhum de nós, sozinhos".[7]

A mesma tecnologia intelectual empregada em foguetes e que criou as efêmeras armas de vingança de Hitler também nos trouxe, nos últimos cinquenta anos, fotografias magníficas e deslumbrantes da nossa frágil Terra azul e branca. Tais imagens ajudaram a tornar tangível a realidade espiritual de que "somos um único planeta". O telescópio Hubble, colocado no espaço por mentes racionais e mecânicas, oferece-nos visões inspiradoras das nebulosas e vislumbres da origem do universo, os quais induzem à reverência. Cla-

172   Fé – evidências científicas

ro que o reconhecimento espiritual da unidade era evidente para muitos nômades iletrados, embora profundamente espiritualizados, como os índios das planícies norte-americanas e os aborígines australianos, muito antes de ser redescoberto de forma penosa por cientistas letrados, que utilizam o lado esquerdo do cérebro. Seja como for, acredito que nossa reverência visceral e genética pela unidade da raça humana nos ajuda a sobreviver de modo tão eficaz como nossos genes "egoístas" cientificamente mais respeitados – e de modo bem mais eficaz que nossos foguetes intercontinentais.

Por exemplo, o geneticista e psiquiatra Robert Cloninger, da Universidade de Washington, em St. Louis, desenvolveu um questionário para identificar "autotranscendência" (espiritualidade) como uma dimensão essencial do caráter.[8]

Itens da escala de autotranscendência de Robert Cloninger (1994)

5. Às vezes, eu me sinto tão conectado à natureza que tudo parece fazer parte de um organismo vivo.
7. Algumas vezes, eu me senti parte de algo sem limites ou fronteiras no tempo e espaço.
11. Muitas vezes, sinto uma forte conexão espiritual e emocional com todas as pessoas à minha volta.
16. Experimentei momentos de grande alegria em que, de repente, senti uma unidade clara e profunda com tudo que existe.

Além de serem usados para quantificar a espiritualidade em estudos neurobiológicos, os itens dessa lista também refletem as emoções positivas e a iluminação interior descrita pelos místicos.[9] Além do mais, as afirmações refletem o espírito comunitário que já mencionei ter sido muito importante para a evolução humana. As respostas a essas afirmações "espirituais" são apenas minimamente correlacionadas com denominações religiosas formais. Mais propriamente, estudos com gêmeos idênticos separados ao nascer sugerem que nossas respostas a tais afirmações são controladas pelos genes.[10] Embora, em média, apenas 1 pessoa em cada 4 responda "verdadeiro no meu caso" a todos os quatro itens da lista, isso não significa que os 75% restantes careçam de espiritualidade. Poucos de nós responderiam "nunca é verdadeiro no meu caso" para todas as afirmações. Apenas algumas pessoas medem 1,80 m de altura, mas nós todos temos estatura; todos somos espiritualizados o bastante para experimentar reverência profunda em algum momento da vida, mesmo que apenas no topo de montanhas ou em museus de arte.

A espiritualidade abrange tanto a experiência mística como a responsabilidade comunitária. Por exemplo, os grupos do programa de 12 passos acertadamente se consideram dotados de grande espiritualidade. Por um lado, são grupos libertários, "não desejam impor nada a ninguém" e defendem que se acredite na própria experiência de vida. Por outro lado, também acreditam profundamente em servir aos demais, "aquietando-se e deixando Deus agir", e em reconhecer que "não sou o centro do universo". Em resumo, a espiritualidade, assim como a vida bem-sucedida, é um equilíbrio criterioso entre obediência e desejo, ambos importantes.

No entanto, no fim das contas, servir à comunidade geralmente supera o êxtase meditativo. Nossa necessidade biológica de cuidar dos outros não pode ser ignorada. Ofereço uma analogia. Às vezes, criar os filhos pode parecer escravizante, ao passo que a meditação solitária ou a pescaria em um lago montanhoso isolado pode trazer êxtase absoluto. Entretanto, é mais provável que, em seu leito de morte, as pessoas se regozijem por ter criado os filhos do que por ter atingido preciosos momentos de nirvana durante a meditação. Nós nos beneficiamos da busca interior do sagrado e também do serviço altruísta em prol dos demais, mas este está mais intimamente ligado à sobrevivência.

Contudo, preciso justificar minha declaração de que a espiritualidade busca fundir a alma com "Deus" *e* com a comunidade secular externa. A "espiritualidade" não criou o despojamento (não mundanismo) dos grandes místicos espanhóis? O zen-budista, o xamã amazônico e o mestre iogue não buscam o despojamento? O objetivo dos exercícios espirituais de Santo Inácio de Loyola não era a iluminação interior, não exterior? João da Cruz não nos diz que "a sabedoria misteriosa e doce chega com muita clareza às partes mais íntimas da alma. (...) A alma, então, sente como se estivesse (...) em um deserto imenso e sem limites, o mais delicioso e solitário dos desertos"?[11] Sim, essas são as palavras e o discurso dos místicos.

Como, então, posso me referir à espiritualidade como "formação de comunidade" e, ao mesmo tempo, como busca privada do sagrado? A resposta é que não devo prestar atenção ao "discurso" de São João da Cruz, mas à sua "caminhada". Devo prestar atenção ao modo como atuou em vida. Embora a poesia da espiritualidade gire em torno da iluminação interior, o comportamento daqueles que "fazem a fé" envolve amor e formação de comunidade. Se desejarmos entender totalmente a espiritualidade de místicos como João da Cruz, talvez tenhamos de evitar as centenas de milhares de palavras escritas em exegeses para tentar entender sua poesia e sua teologia. Em vez disso, talvez tenhamos de prestar atenção ao comportamento amoroso proporcionado pela sua meditação mística. Como muitos místicos, João da Cruz era um formador de comunidade. Dedicou-se aos priorados, conventos e mosteiros por toda a Espanha. Embora platônico, o amor entre os dois místicos do século XII, Santa Teresa de Ávila e São João da Cruz, foi muito profundo. Como boa formadora de comunidade, Santa Teresa escreveu para São João da Cruz, talvez com uma crítica subjacente de irmã mais velha: "Deus nos livre de pessoas que são tão espiritualizadas que querem transformar tudo em contemplação perfeita".[12] A emoção positiva, a alegria, que tanto enriquece a iluminação interior da meditação, também leva a pessoa a partilhar aquele bem-estar com os demais.

William James escreveu sobre o autor de *Exercícios espirituais*: "Santo Inácio era um asceta, mas o ascetismo certamente fez dele um dos instrumentos humanos mais poderosos e práticos que já existiram".[13] Os grandes legados dos exercícios espirituais de Santo Inácio de Loyola não foram apenas o despojamento individual e a abnegação, mas a fundação de inúmeras e surpreendentemente tolerantes universidades jesuítas que acabaram se espalhando por todo o mundo.

A síntese da iluminação espiritual e da formação de comunidade tampouco é estranha às tradições hindus e budistas. A espiritualidade do hinduísmo se manifesta de maneira paradoxal: olhar para dentro de si serve para desencadear um amor desinteressado e dirigido a toda a criação. Em sua autobiografia, Mohandas Gandhi observou: "O poder que tenho na área política derivou das minhas experiências na área espiritual".[14] E no cerne da iluminação budista está o compromisso de buscar o bem-estar de toda a humanidade. Conforme analisa Pali Canon: "Um ato de amor puro ao salvar uma vida é maior que gastar todo o tempo em oferendas religiosas aos deuses". Buda ordenou aos seus primeiros 60 discípulos: "Partam, monges, por compaixão pelo mundo, em busca do bem-estar e da felicidade da multidão, pelo bem, pela tranquilidade e pelo júbilo de deuses e homens".[15] Em resumo, a espiritualidade humana, assim como o bem-estar, possui raízes profundas no relacionamento. A espiritualidade raramente tem a ver apenas com gurus solitários e topos de montanhas, nem no Ocidente nem no Oriente. Em lugar nenhum.

A iluminação mística não emana do éter ou, como Atenas, surge totalmente pronta da cabeça de Zeus. A experiência mística está firmemente arraigada no sistema límbico. No início do século XIX, o psiquiatra francês pioneiro Étienne Esquirol reconheceu a associação entre misticismo e epilepsia do lobo temporal (ELT, também conhecida como ataques parciais complexos e epilepsia psicomotora). Durante os ataques, que afetam o sistema límbico, pode haver aumento de emocionalidade, raiva, tristeza, júbilo e culpa.[16] A epilepsia do lobo temporal também está associada à reverência, a uma sensação realçada de destino pessoal, à unidade, ao *déjà vu*, à "iluminação", a uma luz branca e ao reconhecimento repentino de causas e significados ocultos. Alterações comportamentais comuns associadas à ELT incluem maiores preocupações filosóficas e religiosas, maior probabilidade de conversão religiosa, ilusões de familiaridade e um "aprofundamento característico da vida emocional".[17] São similares aos traços observados em indivíduos que estão no topo da "transcendência espiritual" de base genética de Robert Cloninger. No entanto, ao contrário da maioria das experiências espirituais, a ELT também pode gerar emoções negativas e ilusões paranoicas.

Os ataques do lobo temporal do romancista russo Fiodor Dostoievski começaram com uma sensação de arrebatamento e reverência e, depois, fizeram-no mergulhar na culpa por um crime terrível e desconhecido. É provável que não seja coincidência o fato de o escritor ter dado ao mundo o profundamente espiritualizado romance *Os irmãos Karamazov*. Tampouco é coincidência que seu romance, embora inclua o mais delicado amor, também apresente as mais egoístas e negativas das emoções. O próprio Dostoievski estava dilacerado pela culpa e era um jogador patológico. Em resumo, o sistema límbico e sua iluminação interior criam emoções de todas as nuanças, não apenas doçura e luz.

Dostoievski identificava-se com Maomé, que julgava ser outro epiléptico, mas identificava-se, sobretudo, com a alegria inefável do fundador do islamismo.[18] Nas palavras de Dostoievski: "Durante alguns momentos, senti uma felicidade tal, (...) uma luz extraordinária que inundou minha alma".[19] Em outra ocasião, antes de um ataque, disse a um amigo: "Senti que o céu baixou em direção à Terra e me tragou. Realmente toquei Deus".[20]

Em seu romance parcialmente autobiográfico, *O idiota*, Dostoievski imbui o príncipe Michkin, protagonista epiléptico, de uma aura pré-epiléptica na qual "a ideia de vida e a consciência do eu eram multiplicadas quase dez vezes nesses momentos, que passavam como um clarão de luz". Depois, o príncipe reflete: "E se for uma doença? (...) Que importa a intensidade anormal, se o resultado, se o minuto de sensação, lembrado e analisado posteriormente em um estado saudável, é o ápice da harmonia e da beleza, (...) da reconciliação e da fusão arrebatadora com a mais elevada síntese da vida?".[21]

O príncipe Michkin fez uma distinção importante. A saber, esses momentos de alegria espiritual eram qualitativamente diferentes – mais reais – do êxtase do haxixe, do ópio ou do vinho. Em outras palavras, para Dostoievski, e para muitos modernos usuários de maconha, em retrospecto, o êxtase da espiritualidade induzida por drogas parece falso, ao passo que momentos de alegria espiritual sóbria, ainda que epiléptica, talvez fossem os mais verdadeiros de toda a sua vida. A chave para distinguir iluminação interior de loucura e intoxicação é a forma como "o minuto de sensação" é "lembrado e analisado posteriormente em um estado saudável". Mais de um século depois, o príncipe de Dostoievski é lembrado menos como uma aberração neurológica e mais como um homem amoroso, quase pio, cujo mantra espiritual dizia "a compaixão era a principal e talvez a única lei da existência humana". O que importava a epilepsia de Dostoievski se os *insights* da epilepsia o ajudaram a se tornar um dos maiores romancistas que já existiram? Jamais subestime o poder espiritual do sistema límbico.

Reverência e iluminação mística

Sem dúvida, para cada Dostoievski e príncipe Michkin cuja memória perdura, há muitos epilépticos "divinamente inspirados" que são esquecidos com rapidez. A distinção crítica entre iluminação benigna e maligna é sempre a distinção entre empatia e projeção, entre responsabilidade e paranoia. Qualquer coisa que melhore a função cerebral ou contribua para a evolução da humanidade ou para a maturação do indivíduo também eleva a empatia. Qualquer coisa que prejudique o cérebro – AVC, intoxicação e fadiga – eleva a projeção e o narcisismo.

Duas semanas depois de um ataque de ELT, enquanto caminhava sozinho, um aviador britânico de 23 anos de idade sentiu, de repente, a realidade de Deus e sua própria insignificância.[22] A partir daquele momento, decidiu viver de modo "cristão". Ao longo dos 11 anos seguintes, sua experiência de conversão desvaneceu-se. Até que, aos 34 anos, teve dois ataques em um único dia. Várias horas depois, teve uma experiência parecida com sonho, viu um lampejo de luz e exclamou: "Vi a luz". Repentinamente, soube que Deus estava atrás do sol. Um eletroencefalograma (EEG) identificou um lobo temporal anterior esquerdo e foi realizada uma lobectomia. Os ataques cessaram, mas ele continuou acreditando que a mensagem era de Deus e que ele havia sido especialmente escolhido entre muitos. O tecido cerebral anômalo foi removido, mas sua convicção acerca da missão espiritual permaneceu.

Os *insights* "espirituais" de um baseado fumado na praia à luz da lua são logo esquecidos. Em contraste, Saulo de Tarso (depois conhecido como São Paulo) era cidadão romano, fariseu judeu devoto e altamente educado, perseguidor implacável de cristãos e cúmplice no assassinato do primeiro mártir cristão, Santo Estevão. Em 34 d.C., acompanhado por um médico, Lucas, que também se tornou seu biógrafo (Atos 3-6, 8-9), teve uma experiência (muito possivelmente um ataque do lobo temporal) na estrada para Damasco que mudou sua vida. "De repente, uma luz do céu reluziu ao seu redor; ele caiu no chão e ouviu uma voz dizendo: 'Saulo, Saulo, por que me persegues?'." Mais tarde, Paulo mencionou a recorrência de tais acessos como um "espinho" e aflição enviados por "um anjo de Satã para me atormentar". Mas faz mais sentido classificar as consequências de seu possível distúrbio como criativas em vez de patológicas, pois suas emoções positivas – a fé, a esperança e o amor expressos em seus textos subsequentes – continuam a inspirar as pessoas 2 mil anos depois.

✿

Para alguns teólogos, a experiência de quase morte tem muito em comum com as mais profundas das iluminações religiosas. Como a ELT, essas experiências parecem extraordinariamente reais. Nunca são esquecidas, aumentam os interesses altruístas e mostram efeitos secundários positivos. Conforme descreveu um dos informantes sobre a experiência de quase morte de William James: "Eu era muito egoísta; (...) agora desejo o bem-estar de toda a humanidade".[23] Quase sempre, as emoções associadas a experiências de quase morte são reverência, amor e alegria.

Embora o termo "experiência de quase morte" tenha sido cunhado apenas em 1975, por Raymond Moody, relatos similares têm sido descritos ao redor do mundo durante séculos.[24] Em 1865, um cirurgião britânico comentou sobre um marinheiro que havia sido salvo de afogamento e que afirmou ter estado no céu. O cirurgião escreveu que, antes do afogamento, o marinheiro era um "sujeito inútil", mas depois se tornou um dos marinheiros mais bem-comportados do navio. Correndo o risco de ser fantasioso demais, é possível afirmar que a experiência de quase morte tenha realçado no cérebro do marinheiro a mesma parte que a barra de metal para posicionar dinamites destruiu em Phineas Gage.

Outra experiência de quase morte deriva de um estudo sobre tais situações durante o parto.[25] Uma mãe que havia dado à luz recentemente recordou: "Caminhei em direção a uma luz, atravessei para o seu interior. Era enorme, brilhante, estava em toda parte. (...) Imagine algo absoluto; a paz e o amor eram absolutos." Nessas mães, os frutos da experiência pareciam ser um vínculo forte com os filhos, uma maior capacidade para compreender paradoxos e uma atitude mais relaxada, menos autocentrada em relação à vida em geral.

As experiências de quase morte, talvez por causa dos modernos métodos de ressuscitação, são relativamente comuns. Bruce Greyson, o professor de psiquiatria de Chester F. Carlson na Universidade da Virgínia, há 30 anos é um observador sofisticado desses fenômenos e examinou-os sob múltiplas perspectivas.[26] Tais experiências são caracterizadas pelos cinco critérios que William James utilizou para definir uma experiência mística: (1) difícil de expressar em palavras, mas produz *insights* evocativos; (2) experimenta-se o real com nova profundidade; (3) envolve a sensação de ser controlado ou pertencer a um poder externo ao eu; (4) raramente dura mais que 1 ou 2 horas; e (5) é geralmente acompanhada pela percepção de uma luz brilhante.[27] Um "questionário sobre experiências místicas" mais recente inclui facetas adicionais que, com certeza, teriam parecido estranhas para William James, São João da Cruz, Buda ou Fiodor Dostoievski. Essas facetas incluem "transcendência de tempo e espaço", "ideia de sacralidade" e "humor profundamente positivo". Na verdade, a principal diferença entre ELT e experiências de quase morte é que, nestas, as emoções positivas são predominantes. Essa diferença talvez se deva em parte às drogas narcóticas exógenas ministradas durante ressuscitações cardíacas e às endorfinas endógenas liberadas durante o evento agonizante e quase fatal. Por exemplo, estudos mostram que cães que sofrem parada cardíaca apresentam um aumento súbito de betaendorfina no tecido cerebral e no fluido cerebroespinhal.[29]

Qualquer que seja a explicação, secular ou divina, as experiências de quase morte são profundamente espirituais. Em uma cirurgia de coração aberto, uma mulher de 31 anos de idade explicou: "Mas eu não estava com medo, (...) senti amor. Foi como se, de repente, eu pudesse sentir todo esse amor e essa alegria. Estava em toda a minha volta. (...) Vi um círculo de luz ao longe. Nunca vou esquecer. E pude sentir o amor vindo daquela luz, (...) é amor verdadeiro, amor puro, livre das preocupações terrenas. Amor absoluto e puro!".[30] Note que em sua experiência mística, Deus não é mencionado: apenas "amor absoluto e puro".

Na minha opinião, o estudo mais meticuloso sobre a experiência de quase morte foi realizado por um cardiologista holandês, Pim van Lommel, e seus colaboradores. Foi publicado recentemente em um periódico médico respeitado, *The lancet*.[31] O estudo foi prospectivo, adequadamente controlado, e teve um acompanhamento de oito anos. Estudaram-se 344 pacientes consecutivos que necessitaram de ressuscitação cardíaca no hospital. Dessa série, 62 pacientes (18%) tiveram pelo menos uma experiência de quase morte estimulante e 23 (7%) vivenciaram a maioria das características de tal experiência. Dos 62 pacientes com experiências de quase morte, 56% vivenciaram emoções positivas, 23% sentiram comunhão com uma luz brilhante, 31% viram-se andando através de um túnel e 13% fizeram uma reconsideração da própria vida. A ocorrência das experiências de quase morte não esteve associada à duração da "morte" cardíaca ou à gravidade da hipoxia resultante.

Oito anos depois, os pacientes de van Lommel eram capazes de relembrar os eventos quase com exatidão. (Pense em um evento de oito anos atrás que você conseguisse descrever hoje de modo tão vívido como se tivesse registrado em um diário na ocasião.) Em um grau significativo, quando comparados aos outros 282 pacientes com parada cardíaca que não relataram experiências de quase morte, os pacientes que passaram por tais experiências acharam que se tornaram melhores em partilhar sentimentos. Eles se tornaram mais amorosos, mais empáticos, mais conscientes do sentido da vida e mais envolvidos com a família. A pesquisa de van Lommel foi diferente no sentido de que os pesquisadores empregaram observadores externos para confirmar o aumento de interesse pró-social alegado pelos pacientes. Em contraste com os demais, que acreditavam que após oito anos sua espiritualidade havia declinado, os pacientes da experiência de quase morte declararam um aumento significativo de espiritualidade. Finalmente, as mudanças induzidas por essas experiências espirituais transformadoras estavam mais marcadas aos oito anos do que aos dois anos de acompanhamento. Tanto a síndrome de estresse pós-traumático como a reverência são experiências límbicas que a seleção natural "escolheu" para serem lembradas para sempre.

Há uma diferença importante entre iluminação espiritual voluntária e involuntária. Moisés, São Paulo e Maomé não tiveram controle sobre sua iluminação mística. Buda e Santo Inácio de Loyola sim. Por meio de drogas, rituais, toque de tambor, jejum e meditação, xamãs podem induzir a iluminação interior voluntária – de fora para dentro, por assim dizer. Há milhares de anos, os xamãs, por meio de tambores e, às vezes, com a ajuda de "cogumelos mágicos" serotoninérgicos, induzem a um estado místico no qual chegam, através de um túnel escuro, a um mundo bastante iluminado de ancestrais e animais totêmicos poderosos. No Ocidente e no Oriente, homens e mulheres "santos" atingiram a experiência mística por meio de meditação e jejum. Foi feito um estudo com freiras carmelitas psicologicamente normais que, na juventude, por meio da meditação voluntária, tiveram experiências religiosas místicas intensas.[32] Como uma freira contou: "Foi mais que uma sensação. Foi mais intenso, mas você sente que Deus está ali fisicamente. Traz felicidade profunda, até mesmo êxtase". Ou, conforme descreveu outra freira: "Nunca me senti tão amada".

Por meio de imagens do cérebro, o radiologista Andrew Newberg estudou a função cerebral na meditação budista tibetana.[33] Ele identificou fragmentos de neocórtex parietal localizados na parte posterossuperior do cérebro, acima e atrás das orelhas. Essa região, chamada área de associação e orientação, mantém nossos limites físicos e nos localiza no espaço. Quando as pessoas que meditam atingem um estado de união mística, as atividades dessas partes do neocórtex são funcionalmente desligadas do resto do cérebro. Ao mesmo tempo, tanto o hipocampo límbico como as amígdalas se tornam mais ativas.[34] Os níveis de epinefrina e cortisol (associados à resposta de luta ou fuga) diminuem, e as vias dopaminérgicas (prazer) e serotoninérgicas (satisfação) são intensificadas. Esse aumento de emoção positiva é experimentado como espiritual. Portanto, quem medita sente uma expansão do eu no espaço, uma fusão imensa com algo maior do que o eu. (Considere o seguinte item da escala de transcendência espiritual de Robert Cloninger: "Tive momentos de grande alegria em que, de repente, experimentei um sentimento profundo e claro de unidade com tudo que existe").[35]

O estudo de Newberg revelou que:

> os estados alterados de consciência descritos pelos místicos e santos não são resultados involuntários de fanáticos delirantes (como descrito por Jon Krakauer e Anthony Storr)[36] ou falhas químicas de um cérebro com problemas neurológicos (como descrito pelo príncipe Michkin, de Dostoievski).[37] Em vez disso, as alterações psíquicas obtidas com a meditação budista ocorrem quando a pessoa, de maneira voluntária, foca a atenção em uma imagem sagrada, um mantra ou no amor e na bondade. Assim, o meditador libera o cérebro límbi-

co dos efeitos limitadores da atenção à realidade externa por meio da "área de orientação e associação".

Mais uma vez, o estado meditativo é muito diferente do sonho comum ou da vigília. O EEG da pessoa que sonha manifesta um ritmo teta duas vezes mais rápido que o ritmo delta do sono profundo, 50% mais rápido que o ritmo alfa da sonolência e 25% mais rápido que o ritmo beta da vigília plena. Meditação profunda combina ritmos alfa, teta e beta.[38] Há aumento de atividade nos córtices pré-frontal orbital e do cíngulo anterior.

Em geral, as experiências "espirituais" induzidas por ingestão voluntária de drogas psicodélicas são tão efêmeras quanto a conversão induzida em tendas de evangelistas itinerantes do século XIX. Como os *insights* fugazes produzidos pelos nossos sonhos noturnos, quando "despertamos" do devaneio psicodélico, a inspiração induzida pelas drogas torna-se rapidamente irreal. Portanto, grandes xamãs costumam preferir adentrar seus mundos místicos apenas por meio de tambores e jejum.

No entanto, assim como alguns relatos sobre os efeitos duradouros da ELT, os efeitos da psilocibina ("cogumelo mágico") sob circunstâncias especiais podem durar toda a vida. Como a maioria das drogas psicodélicas, acredita-se que a psilocibina exerça seu efeito imitando a serotonina junto a receptores selecionados (5-HT2 a/c). Os corpos celulares que afetam tais receptores estão concentrados nas estruturas cerebrais da linha média que integram dados dos cinco sentidos, talvez respondendo, assim, pela forte sensação de fusão que acompanha as experiências induzidas por psilocibina e outras experiências místicas.

Convencido de que "um meio clássico para avaliar as experiências místicas é pelos seus frutos", Rich Doblin acompanhou por 25 anos um dos melhores estudos científicos já realizados sobre os efeitos espirituais da psilocibina. Sob muitos aspectos, seu projeto antecipou o estudo já mencionado das experiências de quase morte conduzido por van Lommel. O estudo original conduzido por Walter Pahnke, da Harvard, foi um duplo-cego controlado de estudantes de teologia realizado na cerimônia de Sexta-feira Santa, na Faculdade de Teologia da Universidade de Boston, e liderado pelo pregador e professor Howard Thurman.[41] No acompanhamento de seis meses de Pahnke, e novamente aos 25 anos, com Doblin, os estudantes que receberam 30 miligramas de psilocibina declararam mudança espiritual significativa. Muitos consideraram a bem-lembrada experiência com psilocibina um ponto alto em sua vida espiritual. Conforme resumiu um dos estudantes: "Fiquei muito envolvido com direitos civis depois daquilo". Após 25 anos, o grupo controle que havia recebido placebo mal conseguia se lembrar do experimento. Por outro lado, se a amígdala límbica e o hipocampo forem estimulados por trauma insuportável, por *"bad trips"*[*] induzidas por LSD ou, às vezes, por epilepsia, é possível produzir memórias e *flashbacks* igualmente duradouros, mas infinitamente mais dolorosos.[42] Recordamos o terror do trauma violento e a reverência do "topo da montanha" por toda a vida.

É fato que os resultados das experiências de reverência induzidas por drogas psicodélicas, sobretudo quando há menor suporte de grupos comunitários, não têm sido significativos. Em geral, a mudança espiritual duradoura deriva de regimes disciplinados de adoração apoiada em grupos e combinada com experiências emocionais, mas isentas de drogas, realçadas por meditação, jejum, tambores e privação sensorial.

Recentemente, foi realizado um experimento ainda mais elegante com psilocibina.[43] Em um estudo cruzado e duplo-cego de voluntários que desconheciam alucinógenos e passaram por um filtro psicológico, os efeitos da psilocibina foram comparados com os efeitos da ritalina (estimulante semelhante à anfetamina empregado no tratamento de distúrbio de déficit de atenção). Metade dos voluntários recebeu psilocibina primeiro e, em outro dia, ritalina, que altera a mente; outra metade recebeu primeiro a droga controle e, depois, psilocibina. Nem os experimentadores nem as cobaias sabiam qual droga era administrada. Ao receber 30 miligramas de psilocibina, os indivíduos relataram pelo menos duas vezes mais "alegria", "paz", "distância da realidade habitual", "infinitude", "sacralidade" e "humor positivo profun-

---

[*] N.E.: *Bad trip*, ou viagem ruim, é a gíria utilizada por usuários de drogas para representar as sensações psicológicas e fisiológicas desagradáveis provocadas pelo uso de substâncias psicoativas durante os efeitos psicotrópicos.

do" do que ao receber a droga estimulante. Eles pontuaram quase o dobro em uma escala para avaliar "misticismo".[33] Dois meses depois, após receber as duas drogas, 16 dos 24 voluntários descreveram o estado posterior à psilocibina como entre as cinco experiências mais "significativas" de suas vidas. Apenas 2 desses 24 indivíduos classificaram a experiência com a droga de controle ativo, ritalina, como particularmente significativa.

Dean Hamer, geneticista dos National Institutes of Health [Institutos Nacionais de Saúde], dos EUA, identificou um "gene de Deus", que "está relacionado ao transportador de monoamina, proteína que controla a quantidade de substâncias químicas cruciais para o cérebro" (noradrenalinas e serotonina) que são liberadas por drogas como LSD e psilocibina.[45] O suposto gene de Deus de Hamer parece afetar o resultado dos indivíduos na escala de autotranscendência de Cloninger, ou o que neste capítulo tem sido chamado de reverência ou iluminação mística. Embora a descoberta de um gene específico que possa afetar a espiritualidade seja estimulante, deve-se tomar cuidado. As constatações de Hamer, embora "significativas estatisticamente", explicam apenas 1% da variabilidade encontrada ao avaliar espiritualidade.[46] Dito de forma diferente, o clarinete é um instrumento musical importante, mas sozinho não produz uma sinfonia. Os computadores funcionam com eletricidade; os cérebros, com substâncias químicas, mas é a programação, não a fonte de alimentação, que os torna interessantes.

O objetivo desse desvio para a neurofisiologia é ilustrar que a evolução do sistema límbico deu a todos nós um caminho para a espiritualidade afirmadora da vida. Conforme Emily Dickinson nos lembra: "O cérebro é mais vasto que o céu". O principal valor de focar uma experiência relativamente incomum, epilepsia do lobo temporal, e a ingestão de psilocibina, um veneno para o cérebro, é que elas dão uma ideia do ponto do cérebro onde essas experiências espirituais ocorrem – as mesmas áreas associadas às emoções positivas. As mesmas transformações que descrevi em epilépticos também são vistas em indivíduos sem patologia. O problema é que não temos como localizar no cérebro tais transformações espirituais espontâneas.

Um psicólogo pesquisador do Novo México, William Miller, chamou tais experiências de "mudança quântica".[47] Ele colecionou uma série de experiências espirituais "do cotidiano" colocando um anúncio em um jornal de Albuquerque pedindo voluntários "que tenham sido transformados em um período de tempo relativamente curto, cujos valores essenciais, sentimentos, atitudes e ações tenham mudado profundamente". Cinquenta e cinco pessoas responderam ao anúncio. A maioria das experiências espirituais ocorreu independente de epilepsia, psicopatologia, substâncias químicas ou influência religiosa direta conhecida. Miller define tal "mudança quântica" como uma transformação pessoal vívida, surpreendente, benevolente e permanente. Reverência profunda, luz branca e sentimento de amor geralmente estavam presentes. Essas experiências muitas vezes foram mantidas em segredo e só foram partilhadas anos depois. Ao resumir as 55 experiências, Miller e sua colega Janet C'de Baca relataram que mais da metade de seus informantes disseram "verdadeiro" para afirmações como "Eu me senti uno ou conectado com tudo à minha volta", "Eu senti que estava nas mãos de um poder muito maior do que eu" e "Eu me senti amado e amparado".

Em retrospectiva, pediu-se aos sujeitos da experiência de Miller que mencionassem mudanças de prioridade em 50 valores. Os valores que mais aumentaram foram emoções positivas como paz pessoal, perdão, espiritualidade, humildade e generosidade. Depois da experiência, os homens relataram que se tornaram menos machistas e menos materialistas; relataram grande queda na importância da realização, da aventura, do conforto, da fama, da diversão e do poder (valores que as mulheres, desde o início, não consideravam prioritários). As prioridades das mulheres depois da mudança também destacaram as emoções positivas, dando menos ênfase a valores "femininos" tradicionais como adequação, segurança e autocontrole. William Miller comparou tais experiências à transformação espiritual de Ebenezer Scrooge em *Canção de Natal*, de Charles Dickens. A vida real oferece exemplos similares de experiências espirituais espontâneas, repentinas e transformadoras na vida de Joseph Smith, Bill Wilson, Martin Luther, John Wesley, Florence Nightingale e Malcolm X. Em todos esses exemplos, reverência e iluminação mística levaram à formação de comunidade.

Miller acredita que tal "mudança quântica" reflete um fenômeno mais amplo e duradouro que a experiência transitória da conversão religiosa ocorrida em reuniões de renascimento. Ele dá a entender que a rapidez dessas transformações é análoga a finalmente recordar a combinação de um cofre após um período de frustração e ansiedade crescentes. De repente, tudo se encaixa, e a experiência emocional resultante é um misto de alívio e alegria. O indivíduo muda para sempre. Dar torna-se melhor que receber.

"Renascer" talvez seja apenas uma metáfora mística para os efeitos ocasionalmente duradouros da emoção da reverência, que está estruturada em todos nós. O propósito neurobiológico da reverência parece estar ligado à apreciação da beleza, da natureza, do milagre induzido pelo nascimento de uma criança e dos atos corajosos de compaixão, todas habilidades de sobrevivência de primeira ordem.

Às vezes, a reverência não acontece misteriosamente, mas é inspirada por algo grandioso e inequívoco. Em *Moondust*, o jornalista Andrew Smith descreve as experiências transformadoras induzidas por voar, literalmente, para a Lua.[48] Apenas 12 homens desfrutaram da experiência extraordinária de colocar os pés na superfície lunar. Todos iniciaram a vida adulta como engenheiros imperturbáveis, pouco imaginativos e pilotos de prova perfeitos; todos foram treinados para serem militares combatentes na Guerra Fria. Uma vez na Lua, a maioria dos astronautas viu a Terra como um globo branco e azul bonito, mas aparentemente frágil e bastante solitário no universo. Tal visão não ficou evidente para a maioria dos astronautas que apenas orbitou a Terra e não viajou espaço adentro. É provável que 6 dos 12 homens que andaram sobre a Lua tenham sido transformados para sempre pela experiência e se tornaram preocupados com a Terra como um todo.

Após ver a Gênese, uma pedra grande de 4,5 bilhões de anos formada logo após o nascimento do sistema solar, um dos homens, o coronel James Irwin, ouviu a voz de Deus. Ao voltar à Terra, saiu da Nasa e fundou o Ministério do Voo Superior, uma organização religiosa. Sua esposa reconheceu que a caminhada repleta de reverência sobre a Lua o havia mudado para sempre. Após a viagem, outro astronauta que experimentou uma "epifania", Alan Bean, acabou saindo da Nasa e se tornou artista do cosmo em tempo integral. Ele explicou: "Realmente concebo toda a Terra como o Jardim do Éden".[49]

Reverência e iluminação mística

O exemplo mais impactante de mudança causada pela reverência foi o do capitão Edgar Mitchell, Ph.D. do MIT e piloto do módulo lunar Apollo 14, que recordou que "a beleza intrínseca da Terra arrebata os sentidos".[50] Ele relatou que experimentava "essa alegria toda vez que olhava pela janela (do módulo lunar...). A origem desses estados mentais é natural. Não há necessidade de drogas psicodélicas".[51] Quando voltou para a Terra, Mitchell saiu da Nasa e fundou o Instituto de Ciências Noéticas, organização *new age* que deseja integrar ciência e religião. Em 2007, o instituto ainda patrocinava conferências.

Descobertas como essas recontadas no livro de William Miller levantam questões importantes. A espiritualidade humana está evoluindo? A seleção natural favorece um cérebro com capacidade para uma vida espiritual mais profunda? Desde que os seres humanos aprenderam a induzir a excitação involuntária do sistema límbico – internamente, por meio de drogas e jejum ou, externamente, reduzindo de forma voluntária a inibição cortical do sistema límbico com meditação e privação sensorial – algumas pessoas indagam se tais experiências não são um esforço para avançar rumo a um novo nível evolutivo: acesso a uma parte do cérebro que evoluiu recentemente.[52] Outras pessoas acreditam que tais experiências são meras ilusões produzidas pela reordenação adaptativa de uma função cerebral anormal, como no famoso exemplo de Oliver Sacks do homem com cérebro lesado que confundiu sua mulher com um chapéu. Como ainda não se chegou a uma conclusão, o neurorradiologista Andrew Newberg oferece um meio-termo. Sugere que, no caso das freiras que meditam, "durante a oração, sua percepção de Deus torna-se fisiologicamente real", e budistas que meditam vislumbram o que para eles seria "uma realidade absoluta".[53]

Os cristãos podem chamar a união entre iluminação mística e formação de comunidade de "Deus e Igreja"; grupos do programa de 12 passos podem chamar de "poder superior" e "grupo de origem"; humanistas podem chamar de "amor e família"; antropólogos podem chamar de "animismo e tribo". Seja qual for a linguagem escolhida, ao prestar atenção à música, podemos começar a compreender por que a reverência e a coesão grupal andam de mãos dadas.

Fé – evidências científicas

Ao encerrar este capítulo, reconheço que percorro um terreno traiçoeiro. Como E. E. Cummings proclamou em um manuscrito não datado:

Enquanto tivermos lábios e voz
que são para beijar e cantar
e daí se um limitado algoz
a primavera tentar mensurar?[54]

No momento em que meus textos se tornarem proscritivos e eu sugerir que *sei* como ou por que a iluminação espiritual e as experiências místicas ocorrem, é porque perdi o caminho. Para sugerir, como tenho feito neste livro, que nossa espiritualidade reside no sistema límbico, que a espiritualidade é mais madura que a religião ou que a religião reflete apenas uma metáfora e não a verdade divina, arrisco substituir minha crença cognitiva pela crença emocional de outra pessoa. A ciência tem de sagrado o mesmo que a religião tem de sagrado: ambas refletem uma busca honesta e nenhuma delas é dona da verdade. As borboletas sempre veem cores reais para as quais os cientistas são cegos, os morcegos ouvem sons reais aos quais os cientistas são surdos, e muito do que a ciência nos ensina como verdade será desmentido no futuro. A fé sempre permanece como "a evidência de coisas não vistas, a substância de coisas esperadas". Graças a Deus!

Reverência e iluminação mística

11
Diferença entre religião e espiritualidade

É para sempre livre aquele que saiu
Da prisão do ego do Eu e do Meu
Para se unir ao Senhor do Amor.
Este é o estado supremo. Atinja-o
E passe da morte para a imortalidade.
— Bagavadguitá, Capítulo 2

Os últimos sete capítulos mostraram-nos o valor de sobrevivência das emoções positivas. Vimos suas raízes no vínculo grupal dos mamíferos e seu papel em séculos recentes, promovendo um movimento cultural rumo à transcendência da disputa tribal e à ampliação da nossa definição de comunidade. Neste capítulo, chego à conclusão que espero ser inevitável: a capacidade humana para as emoções positivas é que nos torna espiritualizados, e focar as emoções positivas é o caminho melhor e mais seguro para a espiritualidade que provavelmente encontraremos.

Em sua corajosa crítica à religião, *Quebrando o encanto*, o filósofo Daniel Dennett, da Universidade Tufts, lembra-nos que houve um tempo em que não havia religiões sobre a Terra e que agora elas são inúmeras. Ele se pergunta por que algumas se expandem enquanto outras desaparecem na escuridão.[2] Por quê? Porque a religião organizada é o que Daniel Dennett chamaria de "um bom truque".

Enfatizar demais os genes "egoístas" é perder a evolução influente da cultura amorosa. Creio que a sobrevivência das grandes religiões do mundo, relativamente inalteradas ao longo dos últimos 2 mil anos, tenha decorrido tanto da ênfase ritual em emoções positivas como fé, perdão, esperança, alegria, amor e compaixão quanto em memes cancerígenos como "armas, germes e aço".

Nos últimos 2 mil anos, tem sido inexorável a marcha do desenvolvimento espiritual, da habilidade artística e do cuidado abnegado e cultural dos mais fracos, tudo com o apoio da religião organizada. Nas décadas de 1960 e 1970, os conceitos de "evolução grupal" e genes "abnegados" eram considerados pelos geneticistas como, na pior das hipóteses, heresia e, na melhor das hipóteses, influências estranhas do passado. Em 1994, António Damásio inovou ao escrever: "As estratégias de sobrevivência suprainstintivas geram algo que talvez seja encontrado unicamente entre seres humanos: um ponto de vista moral que, de tempos em tempos, pode transcender o interesse do grupo imediato e até mesmo da espécie".[3] Mais recentemente, David Sloan Wilson, biólogo evolucionista, e Mark Hauser, psicólogo evolucionista, também sugeriram que "maturidade" e empatia têm sido selecionadas positivamente na evolução do *Homo sapiens*.[4] A biologia do *Homo sapiens* estruturou nosso cérebro para sentir alegria em esforços coletivos com estranhos, mas apenas em circunstâncias especiais. Sem dúvida, as Nações Unidas, as Olimpíadas, o Prêmio Nobel da Paz e a resposta do mundo ao tsunami de 2004 no sul da Ásia refletem a evolução cultural ocorrida somente no último século.

Em *Anna Karenina*, o alter ego de Leo Tolstoi, Constantine Levin, pergunta o que realmente constitui a espiritualidade que sustenta as grandes religiões do mundo. Depois, continua: "E não adquiri esse conhecimento espiritual. Ele me foi dado, como tudo o mais, dado. Eu o recebi por alguma razão? Mas a razão em algum momento provaria para mim que devo amar meu próximo em vez de estrangulá-lo? Aprendi isso na infância, mas acreditei com prazer porque já existia na minha alma".[5] Um neurocientista talvez substituísse o termo "alma", de Tolstoi, pelo menos místico "sistema límbico", mas a ideia seria a mesma.

Para ser segura, nossa vida emocional deve ser sempre temperada com razão e obediência. É aí que entram os rituais cognitivos sagrados. Ajudam nosso sistema límbico a servir ao futuro em vez do "agora-já" dos nossos impulsos reptilianos. Alguns anos atrás, uma multidão filipina conquistou a vitória colocando flores nos canos de rifles dos soldados em sinal de paz. Em séculos anteriores, teriam dado vazão à deliciosa satisfação do tumulto impulsivo, furioso, homicida e, em última instância, suicida. Temos de agradecer a Leo Tolstoi, Mohandas Gandhi e Martin Luther King Jr. pela alternativa. A religião ofereceu estrutura para a espiritualidade dos líderes de todo o mundo e para a multidão filipina. No entanto, como podemos separar a espiritualidade religiosa de sua perigosa bagagem dogmática?

Inicialmente, a ideia de distinguir entre espiritualidade e religião pode parecer impossível. Nossa espiritualidade não costuma ser expressa por meio de linguagem, metáforas e rituais da religião? Praticamente todas as religiões não surgiram da espiritualidade inata do ser humano? O anseio místico pela conexão subjetiva com o divino não está no cerne de toda espiritualidade e não constitui a essência de todas as religiões?[6] Claro que sim.

Como, então, cultos e religiões diferem de espiritualidade? Permita-me explicar, embora eu reconheça que muitos leitores irão equiparar sua própria tradição de fé à espiritualidade.

A primeira diferença é que religião se refere aos aspectos interpessoais e institucionais da religiosidade/espiritualidade que derivam de se ocupar de doutrinas, valores, tradições e membros de um grupo religioso formal. Em contraste, espiritualidade refere-se às experiências psicológicas da religiosidade/espiritualidade relacionadas à ideia individual de conexão com algo transcendente (seja uma deidade definida, verdade, beleza ou qualquer outra coisa considerada maior do que o eu) e manifestas por meio de emoções como reverência, gratidão, amor, compaixão e perdão. Segundo, a religião surge da cultura; a espiritualidade, da biologia. Religião e cultos diferem tanto de espiritualidade como o ambiente difere de genes. Como a cultura e a linguagem, as tradições de fé religiosas nos ligam à nossa própria comunidade e nos isolam das demais. Da mesma forma como a respiração, a espiritualidade é comum a todos nós. Por um lado, a religião pede que aprendamos com a experiência da nossa tribo; a espiritualidade nos incita a saborear nossa própria experiência. Por outro lado, a religião nos ajuda a suspeitar da experiência das outras tribos; a espiritualidade nos ajuda a considerar a experiência de estranhos igualmente valiosa. No curto prazo, o medo de estranhos e a xenofobia são virtudes sociais. No longo prazo, evitar a procriação consanguínea e aceitar os estranhos é uma necessidade genética.

Muito da religião e da cultura é acidental, sem valor de universalidade ou de sobrevivência. B. F. Skinner descobriu que, ao reforçar fortuitamente pombos com alimento, eles desenvolviam rituais inflexíveis ao redor da bandeja de comida. A religião também pode acontecer por acaso. Hoje em dia, na Micronésia, existem tribos envolvidas em cultos festivos, mas obsessivos, que consistem em construir "aeroportos" no mato em vez de templos na esperança de que "pássaros de ferro" cheguem trazendo comida e maquinário como os DC-3 fizeram durante a Segunda Guerra Mundial. Para sobreviver, o cérebro das crianças é estruturado para acreditar sem questionar no que os pais dizem; quando crescem, elas às vezes têm dificuldade em mudar essas crenças cognitivas, ainda que estejam ultrapassadas. Padres católicos podiam casar-se até o século XII; os papas não eram infalíveis até 1879. Se o voto do grupo tivesse sido outro, esses memes agora imutáveis talvez não existissem.

Em contraste, a intensidade da iluminação interior espiritual é um traço com base genética, análogo aos traços de introversão e extroversão. Embora existam diferenças individuais, todos os seres humanos são espirituais. Avaliações de espiritualidade subjetiva são muito mais similares em gêmeos idênticos criados separadamente do que entre irmãos criados na mesma família.[7] Por outro lado, a religião e a frequência com que se vai à igreja, por exemplo, são muito mais semelhantes entre meio-irmãos criados na mesma família do que entre gêmeos idênticos criados separadamente.[8]

A terceira diferença é que a religião é mais cognitiva e a espiritualidade, mais emocional. Portanto, cismas religiosas cognitivas envolvendo crenças dividem o mundo e, ao mesmo tempo, semelhanças límbicas na direção da "melodia" mantêm o mundo unido. Espiritualidade e religião têm a ver com amor, mas, muitas vezes, em religiões diferentes, os amantes competem: "Eu falo *assim*, você fala *assado* – vamos dar esse assunto por encerrado". Religião envolve crença; espiritualidade envolve confiança.

Quando colocada em termos psicológicos, a distinção entre crença religiosa e confiança espiritual nos leva à distinção entre projeção e empatia.

Diferença entre religião e espiritualidade

Tanto na projeção como na empatia, as palavras do falante dizem: "Sei o que você está sentindo". No entanto, tentar impor suas crenças religiosas às outras pessoas é como falar em demasia sobre crenças políticas: primeiro, você precisa converter os demais, senão eles se aborrecerão com seus preconceitos. Entretanto, se você se identificar com as crenças religiosas e políticas *deles*, terá amigos para toda a vida. Quando intimidamos os outros com nosso zelo cognitivo, tão inteligente e missionário, talvez eles nos considerem fanáticos e paranoicos ou abandonem a própria identidade e se tornem nossos fiéis seguidores, em uma *folie à deux*.[*] Em contraste, quando prestamos atenção às emoções alheias com nossos neurônios espelhos límbicos, as pessoas sentem-se "vistas" e em sintonia conosco. A capacidade para a empatia sempre aumenta com a maturidade. Mães são mais empáticas que crianças de 2 anos e idosos sábios são mais empáticos que mães de crianças em idade escolar. Havendo lesão cerebral, a empatia sempre desaparece e é substituída por projeção e crença paranoica. Claro que o problema é que, algumas vezes, os líderes mais paranoicos exibem um dom intuitivo para ler e manipular as emoções de seus seguidores. Um paradoxo perigoso.

Uma quarta diferença é que cultos e religiões costumam ser autoritários e impostos de fora, ao passo que a espiritualidade tende a ser democrática e a surgir de dentro. Na infância, meu filho, muito agnóstico e independente, recusou-se duramente a aprender a oração do Pai Nosso comigo. Mas, aos 14 anos de idade, quando pisou pela primeira vez na catedral de Notre Dame, em Paris, exclamou "Uau!" e, depois, fez seu elogio favorito: "Da hora!". Por um breve momento, sua busca do sagrado havia sido satisfeita. No abraço amoroso da catedral, cujo nome, em tradução livre, significa "nossa mãe celestial", meu filho continuava não acreditando em nada, mas confiava em tudo.

Cultos e religiões pedem que se aprenda com a experiência alheia. Além de exigir obediência a um poder externo infinitamente superior a nós, muitas vezes envolvem reverência a um "instrumento" intermediário, que está acima de nós por causa de um manto diferente, de educação e ordenação sacra. É um superior que lhe dirá como encontrar Deus ou "o caminho". A educação religiosa pode ser tão autoritária e unilateral quanto uma academia militar.

---

[*] N.E.: Síndrome psiquiátrica rara, na qual um sintoma psicótico é passado a outra pessoa.

A espiritualidade encoraja a aprender com a própria experiência. Deus, caso exista, mora dentro de você. Como ocorre em uma escola de Montessori, os capacitadores espirituais, conselheiros pastorais e treinadores para a vida, não didatas, ouvem e sugerem, de modo ameno, como encontrar o próprio caminho. É compreensível o temor de muitas pessoas de que a busca populista por Deus, personificada na espiritualidade moderna, leve à anarquia. No entanto, lembre-se de que os autores da constituição norte-americana recearam que conceder direito ao voto para as massas que não possuíam imóveis pudesse ser igualmente perigoso. Thomas Jefferson pensava diferente. Ele ajudou o mundo a confiar no sufrágio universal e os governos a se emancipar do dogma religioso.

Uma quinta diferença que costuma ser mencionada por críticos ocidentais é que a espiritualidade é tolerante e a religião, intolerante. Somos todos seres espirituais, mas, conforme explicou Crane Brinton, nosso colega professor de ciência social: "Se você não acredita que sua religião é única, não tem religião". Por outro lado, tanto o batista Martin Luther King Jr. como o hindu Mohandas Gandhi poderiam adotar o russo ortodoxo Leo Tolstoi como mentor espiritual.

A maioria dos místicos e muito poucos líderes religiosos compreendem que a espiritualidade profunda é facilitada mais propriamente pela humildade, não pela certeza dogmática. Eu me lembro de George Packer Berry, reitor da Faculdade de Medicina de Harvard, discursando para a minha turma do primeiro ano. Nós, os estudantes, partilhávamos de uma fé "religiosa" de que a medicina era o melhor caminho para a nossa maior preocupação: a preservação caridosa da vida humana. Contudo, após admitir que partilhava da nossa preocupação maior e da nossa fé na medicina, o reitor nos aconselhou a permanecer autocríticos e humildes. "A má notícia", confessou ele, "é que metade de tudo que ensinarmos para vocês será desmentido no futuro (...) e não sabemos qual metade é essa".

Embora não seja polêmico sugerir que as emoções positivas da espiritualidade são valiosas, muitos autores populares, como Christopher Hitchens,

Richard Dawkins e Sam Harris, além de Karl Marx e Sigmund Freud, disseram que a religião era perigosa. Então, para que serve a religião?

Minha resposta é que os rituais e os formatos culturais das grandes religiões do mundo constituem o melhor meio para trazer as emoções positivas à reflexão consciente. Até o dia de sua morte, Gandhi permaneceu fiel à religião em que nasceu, o hinduísmo, mas ofereceu um modelo de humildade sábia para todos nós. Como líder religioso, Gandhi era insignificante; como líder espiritual, difícil de ser superado. "Prefiro manter o rótulo dos meus antepassados enquanto ele não paralisar meu crescimento e não me impedir de assimilar tudo que é bom em outras partes", admitiu ele. "Devemos ter pelas outras religiões o respeito inato que temos pela nossa. Não tolerância mútua, mas o mesmo respeito. (...) Depois de muito estudo e experiência, cheguei à conclusão de que (1) todas as religiões são verdadeiras; (2) todas as religiões contêm erros."[9] O ideal de religião para Gandhi era manter o bebê espiritual e desintoxicar a água de banho religiosa.

A neurociência, assim como a antropologia cultural, tem afirmado a relevância do ritual religioso para fazer a conexão com o mundo límbico da emoção. Como temos visto, os ritos de meditação disciplinados e rigidamente formatados por muitas das grandes religiões do mundo são concebidos como uma passagem para a "iluminação" espiritual. Por meio de imagens do cérebro, o neurocientista Andrew Newberg observou que a meditação devocional intensa inibe alguns centros neocorticais superiores; ao excluir o mundo exterior, podemos reparar na realidade do mundo interno, mais "espiritual". Ele resume: "A transcendência do eu e sua fusão com uma realidade maior é o principal objetivo do comportamento ritualizado".[10] Hoje em dia, ainda estamos buscando os ingredientes da cura e as doses apropriadas de religião. A ciência pode ajudar.

Para descobrir a verdade da revelação espiritual, tanto a ciência como a religião precisam lembrar-se de que, às vezes, a mensagem não é concreta, mas metafórica. Parte da grandeza de Einstein estava na capacidade de conceitualizar o universo em metáforas e também em termos da ciência cognitiva. Ele acreditava que o casamento entre ciência e religião deveria resistir e que "se a religião sem a ciência é cega, a ciência sem a religião é coxa".[11] Por um lado, a ciência sábia compreende que a certeza emocional de "a fé pode mover montanhas" significa que operadores de escavadoras motivados podem remover uma colina ou que o amor pode suavizar um coração empedernido. Por outro lado, a religião sábia, assim como a ciência, deve distinguir metáforas de dogmas: a frase não quer dizer que basta apenas fé para aplainar os Alpes.

A maravilhosa virtude da ciência é que, muitas vezes, consegue distinguir ilusão de realidade e, igualmente importante, pode ajudar a distinguir empatia de projeção. A ciência faz essa distinção mantendo a paixão e a prosa em suspensão enquanto olha através do "telescópio" do acompanhamento a longo prazo. A resposta para o refrão dos Beatles, "Will you still need me, will you still feed me, when I'm 64?",* pode ser dada somente pela passagem do tempo. Apenas a ciência e o acompanhamento longo nos permitem determinar se o conforto que obtemos com nosso guru, médico ou namorado é, para eles, um esquema sem empatia que visa ao enriquecimento ou, para nós, uma forma duradoura e segura de conforto. Pelos seus frutos os conhecereis.

Uma amiga me disse certa vez que odiava a palavra "espiritualidade" por causa do "logro" associado a ela. Pedi que definisse logro. Ela explicou que era "a promessa de cura jamais cumprida". Espiritualidade, como religião, torna-se logro quando seus praticantes tentam explicar seus efeitos de forma excessivamente concreta, sobrecarregar seus serviços ou confundir conforto com cura. As penas da águia e os animais de poder dos xamãs, os 12 meridianos e os cinco elementos do acupunturista chinês, os mantras arcanos e a posição de lótus dos budistas, a trindade e a água benta dos católicos ou a especificidade da interpretação dos sonhos por psicanalistas freudianos (como eu), tudo isso nos distrai do que é comum a esses modos religiosos de reconforto: emoções positivas como perdão, fé, esperança, amor e testemunho humanitário da dor alheia.

---

* N.T.: Em tradução livre: Você ainda vai precisar de mim, ainda vai me dar de comer, quando eu tiver 64 anos?

Por outro lado, a ideia de que ir à igreja "melhora" a saúde é bem difundida e tem sido demonstrada estatisticamente. Recentemente, porém, mais estudos epidemiológicos cuidadosos têm mostrado que o suposto elo causal entre frequência à igreja e saúde, embora amparado por vasta literatura "científica", pode dever-se a outros fatores, como estilo de vida saudável.[12] Em outras palavras, boa saúde está *associada* a envolvimento religioso, não é *causada* por ele. Minha própria pesquisa chegou a conclusões similares. Para a maioria dos membros do Study of Adult Development, não fazia diferença para o bem-estar psicológico ou para a saúde física se, entre os 45 e os 75 anos de idade, tivessem manifestado envolvimento religioso e espiritual nulo ou intenso.[13] Com certeza, os membros dos dois estudos mencionados em capítulos anteriores, Bill Graham e Tom Merton, refletem grandes exceções.

Por outro lado, um jovem psiquiatra da Força Aérea norte-americana que, após servir no Vietnã, voltou para trabalhar em uma clínica comunitária para viciados, chegou a uma conclusão diferente. Ele nos disse: "Embarquei em uma pequena pesquisa informal. Identifiquei algumas pessoas que pareciam ter superado vícios sérios em álcool e outras drogas e perguntei-lhes o que os havia ajudado a dar uma guinada na própria vida (...). Elas gentilmente mostraram apreço pela ajuda profissional que receberam, mas (...) o que as curou foi algo espiritual, (...) relaxei um pouco. Eu sinceramente achava que poderia haver um poder superior a mim envolvido na cura".[14] Portanto, às vezes, as virtudes teológicas da fé, da esperança e do amor fazem mais do que apenas reconfortar; elas curam. Minha própria pesquisa chegou a conclusões similares. Os homens que haviam experimentado depressão maior e/ou eventos traumáticos graves fora do seu controle apresentavam maior probabilidade, ao longo do tempo, de envolvimento espiritual e religioso.[15] A necessidade de cura talvez os tenha levado a uma fonte institucional de emoção positiva, e viveram mais do que aqueles que não buscaram envolvimento religioso.

Então, quando a espiritualidade e a religião são sérias e quando são logro? Acredito que o Alcoólicos Anônimos ofereça um exemplo concreto de espiritualidade segura para consumo humano. Não, não sou alcoólatra, não sou membro do Alcoólicos Anônimos. No entanto, durante 35 anos, como membro de família, clínico e pesquisador, eu me maravilhei com a forma como os alcoólatras, ao oferecer reconforto empático aos demais e focar diariamente "um poder superior a eles" e as emoções positivas em geral, se curavam. A Oração da Paz de São Francisco, epígrafe do Capítulo 1, constitui parte integral do 11º passo do programa de 12 passos do AA. Para os homens em meu estudo que desenvolveram alcoolismo, o Alcoólicos Anônimos funcionou muito melhor do que o cuidado psiquiátrico.[16] Ainda assim, por 50 anos, muitas pessoas rotularam o AA como um culto.[17] Como descobrir a verdade?

Se desejo enquadrar minha pergunta em termos empíricos e sugerir que o programa do AA está mais para penicilina do que para Igreja da Unificação, dos *moonies*, devo respeitar as regras do empirismo. Primeiro, devo oferecer evidências empíricas de que funciona melhor que placebo. Por fim, devo abordar quaisquer efeitos colaterais supostamente perigosos. Devo confiar no método científico e no acompanhamento em longo prazo, não na intuição e na verdade revelada "divinamente".

A título de introdução, o alcoolismo, se não for interrompido, é um inimigo astuto, desconcertante e persistente que mata 100 mil pessoas só nos Estados Unidos por ano.[18] Em muitos países, mata muito mais pessoas que o câncer de mama. Em longo prazo, porém, a medicina profissional pode fazer pouco para pôr fim ao alcoolismo.

Com certeza, até agora, as profissões médicas e psicológicas não têm um bom histórico de cura do alcoolismo. Muito do que tem sido feito em termos de tratamento científico é, na melhor das hipóteses, placebo e, na pior, logro.[19] Por exemplo, a terapia comportamental cognitiva é menos eficaz do que gostaríamos. E posso dizer isso após ter sido codiretor de uma clínica para alcoólatras durante dez anos. Há 30 anos, o estudo de Linda e Mark Sobell com treinamento de alcoólatras para que voltassem a beber de forma controlada ficou famoso em todo o mundo, até seus pacientes serem acompanhados por dez anos e se descobrir que não se saíram tão bem.[20]

Uma razão para o fracasso da terapia profissional em alterar a história natural do alcoolismo é que, nos seres humanos, o vício em drogas não está sediado no neocórtex, mas no que tem sido chamado de nosso cérebro réptil. Ele deriva de mudanças celulares em núcleos do cérebro intermediário com nomes esotéricos como núcleo accumbens e tegmento superior. Essas mudanças acabam colocando a abstinência para além do alcance da força de vontade, do condicionamento e do *insight* psicanalítico. Jacarés não vêm quando são chamados.

A medicina moderna pode desintoxicar os alcoólatras, salvar vidas e adiar a reincidência. No entanto, com muita frequência, os alcoólatras tratados pela ciência médica moderna acabam tendo recaídas. Em contrapartida, o Alcoólicos Anônimos cura. Na verdade, cerca de 40% de todos os alcoólatras em abstinência estável que conheci em minha vida pessoal, na clínica e por meio da pesquisa atingiram seus dez anos ou mais de abstinência no AA.[21]

Qual é o mecanismo de ação do Alcoólicos Anônimos? O mecanismo de ação da insulina, por exemplo, permite que as células dos diabéticos utilizem o açúcar do sangue. O mecanismo pelo qual o AA "cura" o alcoolismo é evitando a reincidência. O tratamento profissional falha na prevenção da reincidência pelo mesmo motivo que a salvadora hospitalização não consegue curar o diabetes, outra doença crônica. A hospitalização não evita a reincidência. A mudança no progresso clínico do alcoolismo e do diabetes pode ser obtida apenas evitando a reincidência e, citando o médico de Lady Macbeth: "Nesse caso, o paciente tem de curar-se a si mesmo". Muitas vezes, porém, conseguimos curar a nós mesmos apenas se nos voltarmos para um poder superior. Somos incapazes de fazer cócegas e carinhos em nós mesmos. No entanto, facilmente podemos fazê-lo em outra pessoa.

O AA consegue evitar a reincidência oferecendo uma comunidade afetiva. Muitas vezes, o Alcoólicos Anônimos é chamado de grupo de "autoajuda". Nada poderia estar mais longe da verdade. Autoajuda é muito limitado. Com que frequência lemos um livro de dieta que mantém o leitor magro por cinco anos? Por que tão raramente? Porque tais livros dependem da "prisão do ego do eu e do meu", não da comunhão humana. Desejos e livros de autoajuda são autistas e nos isolam. Diferentemente, supostos grupos de autoajuda como o Alcoólicos Anônimos são tão coletivos quanto mutirões.

Existem quatro fatores que costumam estar presentes na prevenção da reincidência, independentemente de o vício ser em álcool, tabaco, compulsão alimentar, jogatina ou opiáceos.[22] Os quatro fatores que evitam a reincidência são supervisão externa, dependência ritualizada de um comportamento concorrente, novas relações de amor e aprofundamento da espiritualidade (o que parece uma lista de afiliação religiosa).

Geralmente, dois ou mais fatores devem estar presentes para que ocorra a prevenção da reincidência. Em outras palavras, a recuperação do alcoolismo não é espontânea, tampouco "milagrosa". Esses quatro fatores são eficazes porque, ao contrário da maioria dos tratamentos profissionais, não trabalham para criar abstinência temporária ou reduzir o consumo de bebida. Trabalham para evitar a reincidência. Praticamente toda supervisão externa depende de emoções positivas.

Em primeiro lugar, a *supervisão externa* no processo de recuperação é necessária porque, surpreendentemente, a motivação consciente e a força de vontade não estão associadas à recuperação. Repetindo: jacarés não vêm quando são chamados. Existe a necessidade de algum tipo de controle sobre a mente dos répteis.

O AA, as religiões e a maioria dos *personal trainers* oferecem supervisão externa. Não confiam no livre-arbítrio, sugerem às pessoas que voltem repetidas vezes. No AA, os membros são encorajados a procurar um padrinho para o qual possam telefonar e com quem possam se encontrar com frequência. O padrinho, por sua vez, encoraja os novos membros a "trabalhar os passos", frequentar as reuniões e tomar parte no serviço em prol dos outros alcoólatras. Cada uma dessas atividades constitui um lembrete diário e involuntário de que o álcool é inimigo, não amigo. Entretanto, o AA também compreende que a supervisão compulsória funciona melhor se for escolhida livremente. Nós nos submetemos de boa vontade às regras severas do nosso treinador esportivo, mas, às vezes, violamos as normas de trânsito e a supervisão paterna com que não concordamos.

Segundo, é importante encontrar um *comportamento concorrente* para o vício. Você não consegue abrir mão facilmente de um hábito sem ter outra coisa prazerosa para fazer. O AA compreende o que todos os behavioristas sabem e o que muitos médicos, padres e pais esquecem: os maus hábitos cedem diante de substitutos, não de proibições. Apenas punições e emoções negativas não mudam hábitos profundamente arraigados. Portanto, o AA e a

Diferença entre religião e espiritualidade

maioria das religiões fornecem um programa agradável de atividades sociais e de serviço na presença de ex-"pecadores", agora curados e que nos apoiam, sobretudo em momentos de grande perigo, como feriados. Leve em consideração que, em feriados, quando tudo o que você consegue é a caixa de mensagens do seu médico, a maioria das organizações religiosas se coloca especialmente à disposição. Além do mais, ao contrário de alguns lugares de adoração, as reuniões semanais dos grupos de AA focam apenas as emoções positivas. Ritualmente, a crítica é substituída por "sugestões afetivas" e respeito positivo incondicional. As reuniões de AA são repletas de celebrações de aniversários de sobriedade, café ilimitado, abraços e bom humor.

Alguns críticos acusam o AA de ser viciante, como os cultos. O mesmo se pode dizer dos filhotes de cachorro. Assim como a heroína e os filhotes de cachorro, as emoções positivas têm um jeito sorrateiro de nos fazer querer mais. Conforme veremos, a química do cérebro tanto no caso do vício como no caso do vínculo é a mesma.

Terceiro, *novas relações de amor* são importantes para a recuperação. Parece importante para ex-viciados ligar-se a pessoas que não feriram no passado e com as quais não possuem uma dívida emocional profunda. Na verdade, é útil para eles ligar-se a pessoas a quem possam oferecer uma ajuda de bom coração.[23] Lembre-se dos meus dois exemplos de transformação espiritual, Bill Graham e dr. Tom Merton, recuperados não apenas porque receberam amor e compaixão, mas também porque ofereceram.

Talvez não seja acidental o fato de o elo entre mãe e filho e a liberação de endorfina (a "morfina" natural do cérebro) andarem de mãos dadas. O amor supera as drogas, como bem compreendeu Cole Porter, grande estudioso das emoções positivas. Ele canta para nós: "I get no kick from cocaine. I get a kick out of you"* e "I'd even give up coffee for Sanka, even Sanka, Bianca, for you".** Assim como na evolução do sistema límbico dos mamíferos, no caso do vício em drogas o amor pode domesticar o cérebro réptil. No século XIX, quando fumar ópio era um luxo de pessoas ricas, Karl Marx gracejou: "A religião é o ópio das massas". Aproveitando o pensamento de Marx, os ri-

---

* N.T.: Em tradução livre: Eu não me divirto com cocaína. Eu me divirto pacas é com você.

** N.T.: Em tradução livre: Eu beberia até café descafeinado; descafeinado, Bianca, por você.

cos vitorianos talvez tenham encontrado nos cachimbos de ópio um senso falso de paz que as pessoas comuns profundamente espiritualizadas alcançavam por meio de oração reservada, meditação e leituras diárias. Conforme vimos na vida da mãe de Eugene O'Neill, os opiáceos serviam como substituto da religião para aqueles que perderam a fé, a esperança e o amor. O "grupo base" do membro de AA torna-se uma família imparcial, na qual há confiança profunda. O AA chama tal companheirismo tolerante de "linguagem do coração". Além do mais, em qualquer congregação com laços estreitos, assim como em qualquer grupo terapêutico, a responsabilidade pela dor é partilhada.

O quarto traço comum na recuperação do vício é a descoberta ou redescoberta da *espiritualidade*. Participar de um grupo inspirador, altruísta e ter fé em um poder superior ao "eu" parece importante para a recuperação. Em *As variedades da experiência religiosa*, William James primeiro articulou a proximidade entre conversão religiosa e recuperação do alcoolismo intratável.[25] Três décadas depois, Carl Jung deu ao fundador do AA, Bill Wilson, o mantra de usar a espiritualidade como antídoto para o vício em bebidas alcoólicas.[26]

Uma vez que é improvável que nossos ancestrais pré-históricos tenham injetado drogas ou fermentado uvas, o circuito do cérebro límbico subjacente ao vício pode ter evoluído inicialmente para facilitar o vínculo humano, a coesão social e a comunidade espiritual, tão necessários para a sobrevivência durante os últimos 2 mil anos. Opiáceos cerebrais são liberados durante comportamentos de vínculo, como limpeza social e vínculos entre mãe e filhotes.[27] Thomas Insel, atual diretor do Instituto Nacional de Saúde Mental dos EUA, resumiu tal hipótese: "Também é possível que os mecanismos neurais que associamos ao abuso de drogas e ao vício tenham evoluído para reconhecimento social, recompensa e euforia, elementos críticos no processo de vínculo".[28]

Permita-me apresentar mais evidências para tal especulação. As áreas dopaminérgicas do cérebro estão na base do comportamento viciante em mamíferos e répteis. O álcool estimula a liberação de dopamina no núcleo accumbens mencionado anteriormente, região central do sistema de recompensa do cérebro. O álcool também diminui a excitação da amígdala e, portanto, o medo e, melhor ainda, a culpa. Evidências experimentais sugerem que vínculo seguro, como inferido a partir de estudos de imagens cerebrais de vínculo entre mãe e filho, também está associado à redução na atividade da amígdala e à elevação na atividade do núcleo accumbens.[29] A liberação de oxitocina, outro efeito do vínculo amoroso, inibe a tolerância ao álcool e, consequentemente, a dependência dessa substância.[30]

Após ter ilustrado seu mecanismo de ação, agora devo demonstrar que o AA é melhor que placebo. Infelizmente, é difícil encontrar informações empíricas sobre a eficácia do AA. Primeiro, como a maioria das organizações espirituais, o AA não tem interesse em pesquisa. Segundo, em virtude de diferenças ideológicas e, imagino, rivalidade inconsciente, os pesquisadores médicos algumas vezes têm dificuldade em avaliar a irmandade destituídos de preconceito. Finalmente, no curso de seu distúrbio longo e crônico, os alcoólatras utilizam muitas formas diferentes de intervenção, geralmente simultâneas. Portanto, ao contrário da maioria dos experimentos formais com drogas, um estudo realmente controlado sobre a eficácia do AA não é possível. Até muito recentemente, não estava claro se a frequência ao AA *causava* abstinência ou se era um mero *correlato* da abstinência e da maior submissão à terapia profissional.

Apesar de tais dificuldades, evidências abrangentes de que o AA funciona como "cura" científica têm sido convincentes. Múltiplos estudos que, em combinação, envolveram milhares de indivíduos sugerem que bons resultados clínicos possuem correlação significativa com frequentar as reuniões do AA, ter um padrinho, liderar as reuniões e envolver-se em trabalho altruísta orientado pelos 12 passos, o que é definido como ajuda aos alcoólatras que ainda sofrem.[31]

Em Stanford, os psicólogos pesquisadores Keith Humphreys e Rudolf Moos realizaram um estudo longo que contrastou frequência ao AA com adesão a um tratamento profissional.[32] Durante oito anos, os dois objetivos – beber menos e manter uma abstinência mais longa – estiveram relacionados de forma fraca ao tratamento profissional, mas de forma íntima à frequência às reuniões do AA.[35] Além do mais, os alcoólatras que receberam tratamento profissional *e* frequentaram o AA apresentaram quase o dobro da taxa de abstinência daqueles que apenas receberam tratamento profissional.[34] Em resumo, o efeito do AA não se baseia apenas na conformidade com o tratamento.

Durante 35 anos, fui diretor do Study of Adult Development. Há 65 anos, esse estudo sobre comunidade acompanha dois grupos de homens: 268 com nível universitário e 456 de classes sociais menos favorecidas. Nesse estudo, 76 homens continuaram abusando do álcool durante toda a vida. Esses indivíduos com fraco desempenho relataram que, ao longo de toda a vida, frequentaram em média cinco reuniões do AA cada um. No mesmo estudo, 66 homens com histórico de cerca de 20 anos de alcoolismo intenso haviam atingido mais recentemente uma média de 19 anos de sobriedade ininterrupta. Eles relataram que cada um frequentou em média 142 reuniões do AA.[36] Em outras palavras, os homens que se recuperaram do alcoolismo frequentaram quase 30 *vezes* mais reuniões do que aqueles que permaneceram alcoólatras por toda a vida.

A terceira questão "científica" que devo responder é: quais são os efeitos adversos do AA? É sabido que, independentemente dos benefícios, cultos e religiões, assim como medicamentos fortes e automóveis, costumam ter sérios efeitos colaterais. Mesmo que o Alcoólicos Anônimos cure o alcoolismo, é seguro? Com certeza, o AA tem detratores. Sua retórica e sua linguagem emocional visam penetrar o cérebro réptil e podem enfurecer jornalistas e cientistas sociais que, de maneira compreensível, temem cultos e demagogia.[37] Sam Harris e Richard Dawkins consideram perigosas todas as organizações baseadas na fé. Alcoólatras que frequentaram grupos de AA incompatíveis ou se ligaram a padrinhos sem empatia contam histórias terríveis sobre a irmandade. Mas, pela minha experiência, são exceção. Os alcoólatras muitas vezes sofreram ainda mais nas mãos de médicos bem-intencionados, mas ignorantes, que prescrevem culpa ou bebida em forma de comprimido, como Xanax, sonífero e, na América do Sul dos anos 1950, morfina.

Então, quais são as salvaguardas que evitam que o AA se torne um culto dogmático? Sugeri anteriormente que o acompanhamento por longos períodos era a melhor forma para julgar a segurança de "cultos" espirituais polêmicos, como o AA e a cientologia. Depois de 20 anos, a cientologia saiu na capa da *Time* com o título "O culto da ganância". Após o mesmo intervalo de tempo, o Alcoólicos Anônimos recebeu o prêmio Lasker, o único "Prêmio Nobel" dos Estados Unidos para a ciência médica. O fundador do AA, porém, recusou-se a sair na capa da *Time*. Violaria o 12º passo do AA: "O ano-

Diferença entre religião e espiritualidade

nimato é o alicerce espiritual de todas as nossas tradições, lembrando-nos sempre que devemos colocar os princípios acima das personalidades".

É verdade que tanto os cultos como o AA se aproveitam do fato de que as pessoas experimentam alívio da angústia emocional quando se sentem envolvidas pelo que Marc Galanter chama de "casulo social". Mas curar por meio de afiliação intensa raramente está restrito aos cultos. Famílias, irmandades e times de futebol também oferecem casulos sociais. Na realidade, na evolução do *Homo sapiens*, a seleção natural tem favorecido a nossa capacidade para criar casulos sociais.

No entanto, o AA tem sido acusado de nível elevado e suspeito de coesão social. É verdade que, além da recuperação e do serviço, a terceira pedra fundamental da irmandade é a unidade. Mas sua unidade dogmática baseia-se nos mesmos princípios que levaram as 13 colônias originais a conquistar a coesão social e formar os Estados Unidos. Nas palavras de Ben Franklin: "Se não nos unirmos, pereceremos separadamente".

Ao contrário da mesquita islâmica, da sinagoga chassídica ou da igreja católica, seguir as normas sequenciais rígidas do AA é como seguir os passos rigidamente numerados de um regime de exercícios: sua participação é voluntária. Quando foi realizada pela primeira vez, a cirurgia de ponte de safena não prolongava a vida do paciente; mais propriamente, a vida do paciente era estendida pelo rigoroso regime de exercícios impostos aos operados, com seu consentimento. O objetivo da rigidez dos programas médicos e dos passos do AA não é, como no caso dos cultos, privar de autonomia, mas apenas oferecer um programa disciplinado que evite a reincidência, de modo que você não retorne aos maus hábitos e morra. Eu também nutro profunda desconfiança em relação ao puritanismo, ao *jogging* e a dietas com legumes e verduras demais. Contudo, se tal comportamento severo evitar que eu morra de doença cardíaca, talvez eu me torne mais tolerante.

Reconheço que as religiões possuem efeitos adversos sérios, mas o AA insiste que não é religião e, além do mais, que difere de religião da mesma forma que a espiritualidade. Primeiro, é difícil pertencer a duas religiões ao mesmo tempo. No entanto, grandes convicções religiosas não impedem afiliação ao AA. Ao longo dos últimos 20 anos, o número de membros do AA cresceu dez vezes na Índia hindu, no Japão budista e na Espanha católica. O número de membros cresceu de forma exponencial na Rússia ateísta.

Vale a pena observar algumas das formas pelas quais o AA tem evitado tornar-se religião ou culto. O alicerce espiritual do AA evoluiu a partir da experiência intelectual de três homens profundamente desconfiados de todas as religiões organizadas. William James, com *As variedades da experiência religiosa*, Carl Jung, com sua prescrição *"Espiritus contra spiritu"* e o dr. Robert Smith, cofundador do AA, eram todos estudiosos dedicados ao que realmente curava em todas as religiões. Portanto, os editores dos 12 passos tentaram, de forma consciente, equilibrar a linguagem para que nem ateus nem aqueles que acreditam profundamente em Deus fossem afastados. No fundo, o AA não tem a ver com religião de forma alguma. Conforme colocou um membro: "Não somos afiliados a uma igreja em particular, mas com certeza gostamos de nos reunir em suas dependências".

Outra diferença entre o AA e muitos cultos de cura é que a espiritualidade do AA não compete com a ciência médica. Sua literatura é muito clara ao afirmar que é "errado privar qualquer alcoólatra de medicação que possa aliviar ou controlar outros problemas incapacitantes de natureza física e/ou emocional" e que "nenhum membro do AA se faz passar por médico".

Exceto pela insistência na abstinência em vez de na moderação, o AA tenta evitar pensamentos extremados. A irmandade não tem normas ou dogmas escritos. Nas palavras do cofundador, dr. Robert Smith, os famosos 12 passos são "sugestões, não dogmas".[41] Em vez disso, o AA acredita na linguagem límbica do coração.

Desde o início, não se fez distinção clara entre Deus e "a irmandade do AA". Sempre houve uma permissão tácita, quando não implícita, para substituir o conceito de Deus pelo outro antídoto de Jung para o alcoolismo: a "parede protetora da comunidade humana", que, por definição, é um poder superior a nós.[42] Em vez de exigir que seus membros acreditem em Deus, o AA pede a cada um que reflita: sou capaz de reconhecer que não sou o centro do universo?

Na verdade, a evolução do Alcoólicos Anônimos imita a evolução da ciência, não a dos cultos. Para distinguir o joio do trigo, o AA, assim como a ciência, procedeu por meio de tentativas e erros. Sem dúvida, ao contrário das re-

Diferença entre religião e espiritualidade

ligiões, possui um medidor objetivo de resultados: a abstinência sustentada. Na realidade, não temos como saber quem vai para o céu, mas sabemos quem permanece sóbrio. Tal objetividade ajudou o AA a evitar o destino da maioria das religiões, nas quais, cedo ou tarde, preconceito, personalidade e superstição parecem afastar os membros dos princípios básicos.

Outra grande diferença entre as religiões e o AA é a sua estrutura de administração. Líderes carismáticos com poderes infalíveis e estrutura autocrática de governo caracterizam cultos e muitas religiões. No AA, "nossos líderes são servidores de confiança; eles não governam". A maioria dos cargos não é remunerada, e todos costumam ser rotativos para que o poder não seja consolidado. Nas reuniões do AA, os falantes carismáticos costumam ser substituídos por membros mais novos e mais tímidos.

Um princípio fundamental do AA diz que "é perigoso impor qualquer coisa a alguém". Portanto, o organograma do AA evoluiu para se tornar uma pirâmide invertida. Os cargos de responsabilidade dentro da irmandade são definidos como "serviço sem autoridade", e os processos legislativos são muito democráticos. Em conferências, encontros e assembleias de representantes eleitos, as questões cruciais para o AA são discutidas, não disputadas, pois o objetivo é consenso, não vitória. Claro que existe política no AA, mas menos que em qualquer outra organização que conheço. Uma tradição fundamental do AA – e de nenhuma outra organização de que já ouvi falar, exceto de bons judiciários – é: "não coloque a personalidade acima dos princípios". No AA, mas não em cultos ou religiões, opiniões dissidentes são respeitadas. Assim como os fundadores dos Estados Unidos, que deram o mesmo número de senadores para Delaware, Rhode Island e para Estados mais populosos como Nova York e Virgínia, em suas deliberações organizacionais o AA dispensa atenção especial à opinião da minoria.

Em todas as comunidades espirituais e democráticas, o campo para jogos é plano. Parte da beleza da primeira igreja cristã era que, assim como as democráticas cidades-Estado gregas em que ela cresceu, era livre da autoridade rabínica passada ou papal futura. Hoje, parte do apelo da medicina "alternativa" é que costuma ser mais democrática do que a medicina "científica". No AA, a definição igualitária de "novato" é "alguém que chega a tempo de manter o padrinho sóbrio".

Uma crítica tanto ao AA como às religiões monoteístas é que, ao contrário de programas espirituais como o budismo, o AA encoraja a dependência. Muitos observadores temem que os membros do AA se tornem tão necessitados da reunião das 20 horas como eram do álcool. Contudo, a dependência engendrada pelo AA difere daquela engendrada por cultos. A dependência pode nos enfraquecer ou fortalecer. Somos enfraquecidos pela dependência de cigarros, máquinas caça-níqueis ou *junk food*. Somos fortalecidos pela dependência de exercícios, vitaminas e família. Um apelido comum para o grupo base do membro do AA é "família".

Outra característica que distingue o AA da maioria das religiões é seu senso de humor. Todas as reuniões que frequentei foram repletas de risos. Ditadores, líderes de culto, mulás, bispos e analistas em treinamento não conseguem observar a venerável regra número 62 do AA: "Não se leve a sério demais". (*Nota bene*: as outras 61 regras não existem.)

Por fim, as 12 tradições do AA refletem os 20 anos de esforço consciente do fundador, Bill Wilson, para abarcar humildade, respeito e reverência por um poder superior.[43] Essas tradições distinguem espiritualidade de humanismo e, ao mesmo tempo, evitam que o AA vire culto ou religião. Várias das tradições do AA ajudariam diversas religiões a se tornarem mais maduras e espiritualizadas. Uma dessas tradições é a pobreza da irmandade. O AA, como as primeiras ordens monásticas, esforça-se, com sucesso, para permanecer pobre. Diferentemente de cultos, universidades, grandes casas de caridade e denominações religiosas, o AA não possui propriedades. São Francisco compreendeu melhor que ninguém que os bens geralmente interferem na espiritualidade. Apenas membros podem dar dinheiro ao AA e, mesmo assim, não podem deixar mais do que 2 mil dólares para a irmandade em seu testamento.

Aonde vamos a partir daqui? O Alcoólicos Anônimos simplesmente tem servido de ilustração concreta da espiritualidade segura em ação. Claro que os princípios de inclusão, serviço, igualdade, pobreza e humildade existem fora do AA. O que quero dizer é que a espiritualidade, em seu melhor, substitui exclusão, onipotência e facetas normalmente dolorosas da religião por uma postura mais aberta, vulnerável e confiante. O dr. Bob sugeriu que até os princípios espirituais dos supostamente invioláveis 12 passos do AA poderiam ser resumidos em duas palavras: amor e serviço.[44] Seu resumo dos 12 passos difere pouco da famosa sinopse feita pelo rabino Hillel da lei judaica quando estava sobre uma perna só: "Não faça aos outros o que não deseja para você. O Torá é isso, o resto é comentário". A Regra de Ouro e "amor e serviço" refletem credos seguros para todos os 6 bilhões de habitantes do nosso planeta.

Com certeza, devemos permanecer abertos à experiência e à dimensão de tempo. Para compreender o papel da fé, da esperança e da compaixão bem-intencionada em nossa vida, temos de focar resultados de longo prazo, não sentimentos. Por um lado, 200 anos atrás, os bons cidadãos de Boston revoltaram-se contra os "falsos" profetas médicos que insistiam em afirmar que inoculações de varíola bovina imunizariam os seres humanos contra varíola. Hoje, os profetas estão inocentados. Graças à adesão "religiosa" à inoculação, o flagelo da varíola foi erradicado de todo o planeta. Por outro lado, já comentei que há apenas 50 anos a ciência médica acreditava (amparada por 700 estudos científicos) que o coma induzido por insulina aliviava a esquizofrenia. Hoje em dia, a ciência médica reconhece seu erro. A terapia do coma por insulina era apenas um placebo poderoso e, como forma de terapia, está tão extinta quanto a varíola. Portanto, o principal motivo por que muitas pessoas preferem ciência à religião é que a primeira admite seus erros mais prontamente. Contudo, abandonar a fé não é a resposta.

A desconfiança que os psicanalistas e a ciência nutrem em relação à espiritualidade me faz lembrar da fábula do mineiro que bebia muito. Ele penhorou a própria mobília, batia na mulher, maltratava os filhos. Então, por meio dos esforços de um padre local, tornou-se membro fervoroso da igreja. No trabalho, os colegas zombavam e diziam que ele estava "virando beato". Um dia, perguntaram se acreditava mesmo no milagre pelo qual Cristo havia transformado água em vinho. "Não entendo nada de milagres ou como funcionam", respondeu ele. "Sou um homem simples, mas sei que, na minha casa, a bebida foi transformada em mobília; o desespero, em esperança; e o ódio, em amor. Para mim, esse milagre basta." Qualquer programa que fomente a emoção positiva vale a pena ser levado a sério. O mel apanha mais moscas que o vinagre. A historiadora Karen Armstrong sugere:

Fé – evidências científicas

O único teste para verificar a validade de uma ideia religiosa, declaração doutrinal, experiência espiritual ou prática devocional devia ser levar diretamente à compaixão prática. Se a compreensão do divino o tornasse mais bondoso, mais empático e o impelisse a expressar tal comiseração em atos concretos de amor e bondade, então a teologia seria boa. No entanto, se seu conceito de Deus o tornasse mau, agressivo, cruel, hipócrita ou se o levasse a matar em nome de Deus, seria má teologia. A compaixão seria o teste de tornassol para os profetas de Israel, os rabinos do Talmude, Jesus, Paulo e Maomé, sem mencionar Confúcio, Lao-tsé e Buda.[45]

Mentes acadêmicas céticas tendem a não aceitar a importância universal da espiritualidade para a vida humana. Muitas vezes, a mera menção da espiritualidade leva os acadêmicos a revirarem os olhos com a mesma descrença – ouso dizer desagrado – com que Skinner tratava a emoção. Os acadêmicos têm desejado manter as verdades científicas e espirituais separadas, insistindo que a científica é mais verdadeira que a espiritual. Creio ser um erro. Mais uma vez, o sociobiólogo Edward O. Wilson vem em nosso socorro: "A essência do dilema espiritual da humanidade é que evoluímos geneticamente para aceitar uma verdade e descobrimos outra".[46] A humanidade evoluiu para aceitar a verdade de que seus valores mais elevados poderiam ser expressos por meio da reverência límbica à beleza e por meio da orientação perseverante das emoções positivas. A ciência que a humanidade descobriu permite a reflexão desapaixonada para validar e, quando necessário, invalidar as percepções dos nossos cinco sentidos. A ciência reflete nosso desejo cognitivo de analisar o mundo e torná-lo consciente e previsível. Nossa tarefa no futuro é integrar as duas verdades de Wilson. Por exemplo, 100 notas de 1 dólar valem mais que 100 cartas de amor. Ainda assim, uma única carta de amor vale mais que 100 dólares.

Em parte, a maturidade do indivíduo reflete sua capacidade de tolerar, integrar e aprender com paradoxos. A título de ilustração: em todo o globo, os automóveis respondem por mais de 100 mil mortes por ano, mas centenas de milhões de pessoas os consideram uma bênção. Em uma base global, a religião "causa" milhares de mortes por ano, mas, para literalmente bilhões de pessoas, constitui um canal para que as emoções positivas entrem e permaneçam na consciência. Portanto, não desejo sugerir que Sam Harris, Christopher Hitchens e Richard Dawkins estejam errados em sua visão da evolução. No entanto, desejo sugerir que, em longo prazo, sentir amor por todas as pessoas e compaixão por todas as crenças religiosas refletirá um avanço cultural evolutivo.

Notas

Capítulo 1

1. Jack Kornfield, *Depois do êxtase, lave a roupa suja* (São Paulo: Cultrix, 2000). *After the Ecstasy, the Laundry* (New York: Bantam Books, 2000), pp. 235-36.
2. António Damásio, *O erro de Descartes* (São Paulo: Companhia das Letras, 1996). *Descartes' Error* (New York: Putnam, 1994), p. 267.
3. Dacher Keltner and Jonathan Haidt, "Approaching Awe as Moral Aesthetic and Spiritual Emotions", *Cognition and Emotion* 17 (2003): 297-314.
4. Michael E. McCullough et al., "Gratitude as Moral Affect", *Psychological Bulletin* 127 (2001): 249-66.
5. Barbara L. Fredrickson, "The Role of Positive Emotions in Positive Psychology?" *American Psychologist* 56 (2001): 218-26.
6. Barbara L. Fredrickson, "The Broaden and Build Theory of Positive Emotions", *Philosophical Transactions of the Royal Society of London* 359 (2004): 1367-77.
7. Alice M. Isen, Andrew S. Rosenzweig, Mark J. Young, "The Influence of Positive Affect on Clinical Problem Solving", *Medical Decision Making* 11 (1991): 221-27; Sonya Lyubomirsky, Laura King, Ed Diener, "The Benefits of Frequent Positive Affect: Does Happiness Lead to Success?" *Psychological Bulletin* 131 (2005): 803-55.
8. Herbert Benson, *Timeless Healing* (New York: Scribner's, 1996).

9. Andrew Newberg, Jeremy Iversen, "The Neural Basis of the Complex Mental Task of Meditation: Neurotransmitter and Neurochemical Considerations", *Medical Hypothesis* 8 (2003): 282-91.

10. Robert Emmons, *Thanks!: How the New Science of Gratitude Can Make You Happier* (Boston: Houghton Mifflin, 2007), p. 4.

11. Barbara Kantrowitz, "In Search of the Sacred", *Newsweek*, November 28, 1994, pp. 52-62.

12. Herbert Benson, *Timeless Healing* (New York: Scribner's, 1996).

13. Richard J. Davidson, Anne Harrington, *Visions of Compassion* (Oxford: Oxford University Press, 2002), p. 17.

14. António Damásio, *O mistério da consciência: do corpo e das emoções ao conhecimento de si* (São Paulo: Companhia das Letras, 2006). *The Feeling of What Happens: Body and Emotions in the Making of Consciousness* (New York: Harvest Books, 2000), p. 54.

15. Gerald Edelman, *Bright Air, Brilliant Fire: On the Matter of Mind* (New York: Basic Books, 1992).

16. Damásio, *O erro de Descartes. Descartes' Error*; Jaak Panksepp, *Affective Neuroscience: The Foundations of Human and Animal Emotion* (New York: Oxford University Press, 1998).

17. David S. Wilson, *Darwin's Cathedral: Evolution, Religion, and the Nature of Society* (Chicago: University of Chicago Press, 2002).

18. Lyubomirsky, King, Diener, "The Benefits of Frequent Positive Affect".

19. Albert Schweitzer, *The Spiritual Life: Selected Writings of Albert Schweitzer* (Boston: Beacon Press, 1947).

20. Harris B. Ackner, A. J. Oldham, "Insulin Treatment of Schizophrenia: A Controlled Study", *Lancet* i (1957): 607-11; W. A. Cramand, "Lessons from the Insulin Story in Psychiatry", *Australia and New Zealand Journal of Psychiatry* 21 (1987): 320-26.

21. George E. Vaillant, *Adaptation to Life* (Boston: Little, Brown, 1977); George E. Vaillant, *Wisdom of the Ego* (Cambridge, Mass.: Harvard University Press, 1993); George E. Vaillant, *Aging Well* (Boston: Little, Brown, 2002).

22. Louis Sheaffer, *O'Neill: Son and Playwright* (Boston: Little, Brown, 1968).

23. Gail Ironson, "The Ironson-Woods Spirituality/Religiousness Index Is Associated with Long Survival, Health Behaviors, Less Distress, and Low Cortisol in People with HIV/AIDS", *Annals of Behavioral Medicine* (2002): 24, 34-38.

24. George E. Vaillant, Janice A. Templeton, Stephanie Meyer, Monika Ardelt, "Natural History of Male Mental Health XVI: What Is Spirituality Good For?" *Social Science and Medicine*, 66 (2008): 221-31.

25. Christopher Peterson, Martin Seligman, "Character Strengths Before and After September 11", *Psychological Science* 14 (2003): 381-84.
26. Barbara Fredrickson et al., "What Good Are Positive Emotions in Crises?" *Journal of Personality and Social Psychology* 84 (2003): 365-76.
27. Karen Armstrong, *A grande transformação* (São Paulo: Companhia das Letras, 2008). *The Great Transformation* (New York: Knopf, 2006), p. 396.

Capítulo 2

1. Russell D'Souza, Kuruvilla George, "Spirituality, Religion, and Psychiatry: Its Application to Clinical Practice", *Australian Psychiatry* 14 (2006): 408-12.
2. George P. Murdock, "The Common Denominators of Cultures", *The Science of Man in the World Crisis*, ed. Ralph Linton (New York: Columbia University Press, 1945).
3. Wilhelm Wundt, *Lectures on Human and Animal Psychology* (New York: Macmillan, 1896); William James, *The Principles of Psychology* (New York: Henry Holt, 1890).
4. Max F. Meyer, "The Whale Among the Fishes: The Theory of Emotions", *Psychological Review* 40 (1933): 292-300
5. Burrhus F. Skinner, *Ciência e comportamento humano* (São Paulo: Martins Fontes, 1985). *Science and Human Behavior* (New York: Macmillan, 1953), pp. 137-208.
6. Harry Harlow, "The Nature of Love", *American Psychologist* 13 (1958): 673-85; Deborah Blum, *Love at Goon Park* (Cambridge, Mass.: Perseus Books, 2002).
7. Jane Goodall, *In the Shadow of Man* (Boston: Houghton Mifflin, 1971).
8. Paul Ekman, *Emotions Revealed* (London: Weidenfeld & Nicholson, 2003).
9. Benjamin J. Sadock, Virginia A. Sadock, *Comprehensive Textbook of Psychiatry* (Philadelphia: Lippincott, Williams & Wilkins, 2004).
10. William James, *Variedades da experiência religiosa* (São Paulo: Cultrix, 1991). *The Varieties of Religious Experience* (London: Longmans, Green & Co., 1902), pp. 486, 498, 501.
11. Michael S. Gazzaniga et al., "Collaboration Between the Hemispheres of a Callostomy Patient: Emerging Right Hemisphere Speech and the Left-Brain Interpreter", *Brain* 119 (1996): 1255-62.
12. António Damásio, *O erro de Descartes* (São Paulo: Companhia das Letras, 1996) *Descartes' Error* (New York: Putman, 1994); Eric R. Kandel, James H. Schwartz, Thomas M. Jessell, *Princípios da neurociência e do*

comportamento (Rio de Janeiro: Editora Guanabara, 2000) Principles of Neural Science, 4th ed. (New York: McGraw-Hill, 2000); António Damásio, "Neuroscience and Ethics: Intersections", *American Journal of Bioethics* 7 (2007): 3-6.

13. Harold W. Gordon, Joseph E. Bogen, "Hemispheric Lateralization of Singing After Intracarotid Sodium Amylbarbitone", *Journal of Neurology, Neurosurgery and Psychiatry* 37 (1974): 727-39.

14. Steven Mithen, *The Singing Neanderthals* (Cambridge, Mass.: Harvard University Press, 2006).

15. Charles Darwin, *The Expression of the Emotions in Men and in Animals* (New York: D. Appleton & Co., 1899).

16. Paul Broca, "Anatomie comparée des circonvolutions cérébrales: Le grand lobe limbique", *Revue Anthropologique* 1 (1878): 385-498.

17. Antoine de Saint-Exupéry, *O pequeno príncipe* (Rio de Janeiro: Livraria Agir Editora, 2006). *The Little Prince* (New York: Harcourt, Brace and World, 1943), p. 68.

18. Joan B. Silk, Susan C. Alberts, Jeanne Altmann, "Social Bonds of Female Baboons Enhance Infant Survival", *Science* 302 (2003): 1231-34.

19. James Olds, "Physiological Mechanisms of Reward", *Nebraska Symposium on Motivation*, ed. M. R. Jones, (Lincoln: University of Nebraska Press, 1955), pp. 73-139.

20. Paul MacLean, *The Triune Brain in Evolution* (New York: Plenum, 1990).

21. António R. Damásio et al., "Subcortical and Cortical Brain Activity During the Feeling of Self-Generated Emotions", *Nature Neuroscience* 3 (2000): 1049-56.

22. Jaak Panksepp, *Affective Neuroscience: The Foundations of Human and Animal Emotion* (New York: Oxford University Press, 1998); Jeffrey Burgdorf, Jaak Panksepp, "The Neurobiology of Positive Emotions", *Neuroscience and Biobehavioral Reviews* 30 (2006): 173-87.

23. Jon-Kar Zubietta et al., "Regulation of Human Affective Responses by Anterior Cingulate on Limbic Mu-opioid Neurotransmission", *Archives of General Psychiatry* 60 (2003): 1145-53.

24. Ver, por exemplo, Burgdorf, Panksepp, "The Neurobiology of Positive Emotions".

25. Joseph LeDoux, *O cérebro emocional* (Rio de Janeiro: Objetiva, 1998). *The Emotional Brain* (New York: Simon & Schuster, 1998), p. 101.

26. Paul MacLean, "Psychosomatic Disease and the 'Visceral Brain': Recent Developments Bearing on the Papez Theory of Emotion", *Psychosomatic Medicine* 11 (1949): 338-53, 52.

27. Martin Luther, *The Table Talk of Martin Luther* (1569), ed. Thomas Kepler (New York: Dover Publications, 2005), p. 79.

28. E. M. Forster, *Howard's End* (1910) (Rio de Janeiro: Globo, 2006). (New York: Edward Arnold, 1973), pp. 183-84.

29. Sylvan S. Tomkins, *Affect Imagery Consciousness*, vol. 1, *The Positive Affects* (New York: Springer Publishing, 1962), p. 112.

30. Jaak Panksepp, Eric Nelson, Marni Berkkedal, "Brain Systems for the Mediation of Social Separation-Distress and Social Reward: Evolutionary Antecedents and Neuropeptide Intermediaries", *Annals of the New York Academy of Science* 807 (1997): 78-100.

31. Michael S. Mega et al., *The Limbic System in the Neuropsychiatry of Limbic and Subcortical Disorders* (Washington, D.C.: American Psychiatric Press, 1997), pp. 3-18.

32. Andrew Newberg, Jeremy Iversen, "The Neural Basis of the Complex Mental Task of Meditation: Neurotransmitter and Neurochemical Considerations", *Medical Hypothesis* 8 (2003): 282-91.

33. Myron Hofer, "Early Social Relationships: A Psychobiologist's View", *Child Development* 59 (1987): 192-207.

34. John M. Allman et al., "The Anterior Cingulate Cortex: The Evolution of an Interface Between Emotion and Cognition", *Annals of the New York Academy of Science* 935 (2001): 107-17.

35. Fredrich Sanides, "Functional Architecture of Motor and Sensory Cortices in Primates in the Light: A New Concept of Neocortex Evolution", *The Primate Brain*, ed. Charles R. Noback, William Montagna (New York: Appleton Century Crofts, 1970).

36. Guido Gainotti, "Emotional Behavior and Hemispheric Side of the Lesion", *Cortex* 8 (1972): 41-55.

37. Allman et al., "The Anterior Cingulate Cortex".

38. Walle J. Nauta, "The Problem of the Frontal Lobe: A Reinterpretation", *Journal of Psychiatric Research* 8 (1971): 167-87.

39. John K. Fulton, ed., *The Frontal Lobes* (Baltimore: Williams & Wilkins, 1948).

40. Melvin Konner, *The Tangled Wing*, 2ª ed. (New York: Henry Holt, 2002), p. 251.

41. António Damásio, "Neuroscience and Ethics: Intersections", *American Journal of Bioethics* 7 (2007): 3-6.

42. P. Thomas Schoenemann, Michael J. Sheehan, L. D. Glotzer, "Pre-frontal White Matter Volume Is Disproportionately Larger in Humans Than in Other Primates", *Natural Neuroscience* 8 (2005): 242-52.

43. António Damásio, *O erro de Descartes. Descartes' Error.*
44. Melvin Konner, *The Tangled Wing.*
45. António Damásio, *O erro de Descartes. Descartes' Error.*
46. Robert D. Hare, "Electrodermal and Cardiovascular Correlates of Psychopathy", *Psychopathic Behavior: Approaches to Research,* ed. Robert D. Hare, D. Scharing (Chichester, England: John Wiley, 1978), pp. 107-43; António Damásio, D. Tranel, "Individuals with Sociopathic Behavior Caused by Frontal Damage Fail to Respond Autonomically to Social Stimuli", *Behavioral Brain Research* 41 (1990): 81-94.
47. Richard Davidson, "Well-being and Affective Style: Neural Substrates and Biobehavioral Correlates", *Philosophical Transactions of the Royal Society, London,* B, 359 (2004): 1395-1411.
48. Richard Davidson, Anne Harrington, *Visions of Compassion* (London: Oxford University Press, 2002).
49. Richard Davidson, "Affective Style, Psychopathology, and Resilience: Brain Mechanisms and Plasticity", *American Psychologist* 55 (2000): 1196-1214.
50. Herbert Benson, *Timeless Healing* (New York: Scribner's, 1996); J. L. Kristeller, "Mindfulness Meditation", *Principles and Practice of Stress Management,* ed. Paul M. Lehrer, Robert L. Woolfolk, Wesley E. Sime (New York: Guilford Press, 2007).
51. John M. Allman et al., "Intuition and Autism: A Possible Role for Von Economo Neurons", *Trends in Cognitive Science* 9 (2005): 367-73.
52. Sandra Blakeslee, "Humanity? Maybe It's in the Wiring", *New York Times,* December 7, 2003, D1 e D4.
53. Laurie Carr et al., "Neural Mechanisms of Empathy in Humans: A Relay from Neural Systems for Imitation to Limbic Areas", *Proceedings of the National Academy of Science USA* 100 (2003): 5497-5502; Giacomo Rizzolatti, "The Mirror Neuron System and Its Function in Humans", *Anatomy and Embryology* 210 (2005): 419-21.
54. Sara W. Lazar et al., "Meditation Experience Is Associated with Increased Cortical Thickness", *Neuro Report* 16 (2005): 1893-97.
55. Francine M. Benes et al., "Myelinization of a Key Relay Zone in the Hippocampal Formarien Occurs in the Human Brain During Childhood, Adolescence, and Adulthood", *Archives of General Psychiatry* 51 (1994): 477-84.

Capítulo 3

1. Adam Sedgwick, carta a Charles Darwin, em *The Darwin Collection* (London: British Museum, 1859).

2. Richard Dawkins, "Is Science a Religion?" *The Humanist* (January-February 1997): 26.
3. Jaak Panksepp, *Affective Neuroscience: The Foundations of Human and Animal Emotion* (New York: Oxford University Press, 1998).
4. Christopher B. Stringer, Robin McKie, *African Exodus: The Origins of Modern Humanity* (New York: Henry Holt & Co, 1997).
5. Michael J. Raleigh, Gary L. Brammer, "Individual Differences in Serotonin-2 Receptors and Social Behavior in Monkeys", *Society for Neuroscience Abstracts* 19 (1993): 592.
6. Thomas R. Insel, Larry J. Young, "The Neurobiology of Attachment", *Nature Reviews Neuroscience* 2 (2002): 129-36.
7. John M. Allman et al., *Evolving Brains* (New York: Scientific American Library, 1998).
8. Yves Coppens, "Brain Locomotion, Diet, and Culture: How a Primate by Chance, Became a Man", *Origins of the Human Brain*, ed. Pierre Changeux, Jean Chavaillon (Oxford: Clarendon Press, 1995), pp. 104-12.
9. John E. Pfeiffer, *The Creative Explosion: An Inquiry into the Origins of Art and Religion* (New York: Harper & Row, 1986).
10. Steven Mithen, *The Singing Neanderthals* (Cambridge, Mass.: Harvard University Press, 2006).
11. Para registro de fósseis, ver Christopher B. Stringer, "Out of Ethiopia", *Nature* 423 (2003): 92-95; para evidência mitocondrial, ver Max Ingman et al., "Mitochondrial Genome Variation and the Origin of Modern Humans", *Nature* 408 (2000): 708-13.
12. Wolfgang Enard et al., "Molecular Evolution of FOXP2, a Gene Involved in Speech and Language", *Nature* 418 (2002): 869-72.
13. Michael Balter, "Speech Gene Tied to Modern Humans", *Science* 297 (2002): 1105.
14. Michael Balter, "Are Human Brains Still Evolving? Brain Genes Show Signs of Selection", *Science* 309 (2005): 1662-63; Patrick D. Evans et al., "Microcephalin: A Gene Regulating Brain Size Continues to Evolve Adaptively in Humans", *Science* 309 (2005): 1717-20.
15. Nitzan Mekel-Bobrov et al., "Ongoing Adaptive Evolution of ASPM: A Brain Size Determined in Homo Sapiens", *Science* 309 (2005): 1720-22.
16. Joan B. Silk, Susan C. Alberts, "Social Bonds of Female Baboons Enhance Infant Survival", *Science* 302 (2003): 1231-34; Elliot Sober, David S. Wilson, *Unto Others: The Evolution and Psychology of Unselfish Behavior* (Cambridge, Mass.: Harvard University Press, 1998).

17. Richard G. Klein, *O despertar da cultura* (Rio de Janeiro: Jorge Zahar, 2005). *The Dawn of Human Culture* (New York: John Wiley, 2002).
18. Derek Bickerton, *Language and Human Behavior* (Seattle: University of Washington Press, 1995).
19. Grahame L. Walsh, *Bradshaw Art of the Kimberley* (Toowong, Queensland, Aust.: Takarakka Nowan Kas Publications, 2000).
20. Steven D. Levitt, Stephen J. Dubner, *Freakonomics* (Rio de Janeiro: Campus, 2005). (New York: Morrow, 2005).
21. Karen Armstrong, *Holy War: The Crusades and Their Impact on Today's World* (New York: Doubleday, 1991).
22. Karen Armstrong, *A grande transformação* (São Paulo: Companhia das Letras, 2008). *The Great Transformation* (New York: Knopf, 2006), p. xii.
23. Ibid, p. 130.
24. Julian Jaynes, *The Origin of Consciousness in the Breakdown of the Bicameral Mind* (Boston: Houghton Mifilin, 1990).
25. *Os persas/Ésquilo*, tradução de Mário da Gama Kury (Rio de Janeiro: Jorge Zahar, 1992). Robert Potter, trad., *The Persians by Aeschylus* (New York: Players, 1998), p. 47.
26. Karen Armstrong, *A grande transformação* (São Paulo: Companhia das Letras, 2008). *The Great Transformation* (New York: Knopf, 2006), p. 227.
27. Ibid., p. 271.
28. *Os analectos*, tradução de Claudia Berliner, (São Paulo, Martins Fontes, 2005). Arthur Waley, ed. e trad., *The Analects of Confucius* (New York: Harper Collins, 1922), p. 68.
29. Karen Armstrong, *A grande transformação* (São Paulo: Companhia das Letras, 2008). *The Great Transformation* (New York: Knopf, 2006), p. 277.
30. Walsh, *Bradshaw Art of the Kimberley*.
31. Pierre Teilhard de Chardin, *O fenômeno humano* (São Paulo: Cultrix, 1995). *The Phenomenon of Man* (London: Collins, 1959).
32. Khalil H. N. Khalil, "Evolutionary Humanism: A Foundation for a Theory of Education", Ph.D. diss., University of Massachusetts (1975).
33. William R. Miller, Carl E. Thoresen, "Spirituality, Religion, and Health", *American Psychologist* 58 (2003): 24-35.
34. Leon Neyfakh, "The Science of Smiling" *The Harvard Crimson*, February 15, 2006.
35. Pierre Teilhard de Chardin, *Toward the Future* (New York: Harcourt Brace Jovanovich, 1975).

36. Francine M. Benes, "Development of the Cortical-Limbic System", *Human Behavior and the Developing Brain*, ed. Geraldine Dawson, Kurt W. Fischer (New York: Guilford Press, 1994).

37. William E. Phipps, *Amazing Grace in John Newton* (Macon, Ga.: Mercy University Press, 2001).

38. Ana Maria Rizzuto, *O nascimento do Deus vivo* (São Leopoldo, RS: Sinodal, 2006). *The Birth of the Living God* (Chicago: University of Chicago Press, 1979), p. 44.

39. Ibid., p. 47.

40. Else Frenkel-Brunswik, "Studies in Biographical Psychology", *Character and Personality* 5 (1936): 1-34.

41. Carol Gilligan, *Uma voz diferente* (Rio de Janeiro: Rosa dos Tempos, 1992). *In a Different Voice* (Cambridge, Mass.: Harvard University Press, 1982).

42. Jean Piaget, *O juízo moral da criança* (São Paulo: Summus, 1994). *The Moral Judgment of the Child* (London: Kegan Paul, 1932).

43. Para estrutura neural do cérebro, ver Walle J. H. Nauta, "The Problem of the Frontal Lobe: A Reinterpretation", *Psychiatric Research* 8 (1971): 167-87; para função neural do cérebro, ver António Damásio, *O erro de Descartes* (São Paulo: Companhia das Letras, 1996). *Descartes' Error* (New York: Penguin, 1994).

44. Benes, "Development of the Cortical-Limbic System".

45. Dawkins, "Is Science a Re1igion?"

46. Jane Loevinger, *Ego Development* (San Francisco: Jossey-Bass, 1976); James Fowler, *Os estágios da fé* (São Leopoldo,RS: Sinodal, 1992). *Stages of Faith* (New York: Harper & Row, 1981).

47. Michael Commons, Francis Richards, Cheryl Armon, eds., *Beyond Formal Operations: Late Adolescent and Adult Cognitive Development* (New York: Praeger, 1984).

Capítulo 4

1. Ajai Singh, Shakurtala Singh, "Gandhi on Religion, Faith, and Conversion", *Mens Sana Monographs II* (Mumbai, India, 2004): 79-87, 84.

2. Gregory L. Fricchione, manuscrito não publicado.

3. Michael Kosfeld et al., "Oxytocin Increased Trust in Humans", *Nature* 435 (2005): 673-76.

4. Dines Anderson, Helmer Smith, eds., *Sutta-Nipata* (1913) (London: Oxford University Press for the Pali Text Society, 1948), p. 26.

5. Albert Camus, *A peste* (Rio de Janeiro: Record, 1997). *The Plague*, trad. Stuart Gilbert (New York: Knopf, 1950), pp. 196-97.
6. Antoine de Saint-Exupéry, *O pequeno príncipe* (Rio de Janeiro: Livraria Agir Editora, 2006). *The Little Prince* (New York: Harcourt, Brace and World, 1943), p. 68.
7. Ibid., p. 67.
8. Herbert Benson, Marg Stark, *Timeless Healing: The Power and Biology of Belief* (New York: Scribner's, 1996).
9. Wilford C. Smith, *Faith and Belief: The Difference Between Them* (Princeton, N.J.: Princeton University Press, 1979).
10. Donald Corcoran, "Spiritual Guidance", *Christian Spirituality*, ed. Bernard McGinn, John Meyendorff (New York: Crossroad Publishing, 1985), p. 447.
11. George Johnson, *Fire in the Mind* (New York: Knopf, 1995), p. 6.
12. Kenneth S. Kendler, C. O. Gardner, C. A. Prescott, "Religion, Psychopathology, and Substance Use and Abuse: A Multi-Measure, Genetic-Epidemiological Study", *American Journal of Psychiatry* 154 (1997): 322-29.
13. Jon Krakauer, *Pela bandeira do paraíso* (São Paulo: Companhia das Letras, 2003). *Under the Banner of Heaven* (New York: Doubleday, 2003).
14. Anthony Storr, *Feet of Clay* (New York: Harper Collins, 1996), p. 15.
15. Sam Harris, *O fim da fé* (Lisboa: Tinta da China, 2007). *The End of Faith* (New York: Norton, 2004), pp. 131, 126.
16. Jeffrey Saver, John Rabin, "The Neural Substrates of Religious Experience", *The Neuropsychiatry of Limbic and Subcortical Disorders*, ed. Stephen Salloway, Paul Malloy, Jeffrey L. Cummings (Washington, D.C.: American Psychiatric Press, 1997).
17. Hugh Milne, *Bhagwan: The God That Failed* (London: Sphere Books, 1983); Storr, *Feet of Clay*.
18. Sam Harris, *O fim da fé*. *The End of Faith*, p. 64.
19. Barbara L. Fredrickson, "The Role of Positive Emotions in Positive Psychology?" *American Psychologist* 56 (2001): 218-26.
20. Rudolf Otto, *O sagrado* (1917), (Petrópolis, RJ: Vozes, 2007). *The Idea of the Holy* (1917) (New York: Oxford University Press, 1958).

Capítulo 5

1. Anthony Walsh, *The Science of Love* (Amherst, N.Y.: Prometheus Books, 1996), p. 31; Erich Fromm, *A arte de amar* (São Paulo: Martins Fontes, 2000) *The Art of Loving* (New York: Basic Books, 1956), p. 7; 1 Coríntios 13:13.1 Corinthians 13:13.

2. Richard Hack, *Hughes* (Beverly Hills, Calif.: New Millennium Press, 2001).
3. Ibid.
4. *Great Soviet Encyclopedia*, vol. 15, 3ª ed., English ed., ed. Jean Paradise (New York: Macmillan, 1973/1997), p. 153.
5. Ali Shari Ati, *Hajj*, trad. Laleh Bakhtian (Teheran: Islamic Publications International, 1988), pp. 54-56.
6. Stephen G. Post, *Unlimited Love* (Philadelphia: Templeton Foundation Press, 2003), p. 3.
7. Helen Fisher, Arthur Aron, Lucy L. Brown, "Romantic Love: An fMRI Study of a Neural Mechanism for Mate Choice", *Journal of Comparative Neurology* 493 (2005): 58-62; Arthur Aron, "Reward Motivation and Emotion Systems Associated with Early-Stage Intense Romantic Love", *Journal of Neurophysiology* 94 (2005): 327-37.
8. Harry Harlow, "The Nature of Love", *American Psychologist* 13 (1958): 673-85,673.
9. Thomas Lewis, Fari Amini, Richard Lannon, *Uma teoria geral do amor* (Lisboa: Editorial Presença, 2002). *A General Theory of Love* (New York: Random House, 2000), p. 84.
10. Robert C. Solomon, *Love: Emotion, Myth, and Metaphor* (New York: Anchor Press, 1981), p. 276.
11. Howard Miller, Paul S. Siegel, *Loving: A Psychological Approach* (New York: Wiley, 1972).
12. Bernard L. Murstein, "A Taxonomy of Love", *The Psychology of Love*, ed. Robert J. Sternberg, Michael L. Barnes (New Haven, Conn.: Yale University Press, 1988), p. 26.
13. John Bowlby, *Apego e perda* (São Paulo: Martins Fontes, 1984) *The Making and Breaking of Affectional Bonds* (London: Tavistock, 1979); Deborah Blum, *Love at Goon Park* (Cambridge, Mass.: Perseus Books, 2002), p. 59.
14. Blum, *Love at Goon Park*, p. 57.
15. Myron Hofer, "Early Social Relationships: A Psychobiologist's View", *Child Development* 59 (1987): 192-207; Thomas Lewis, Fari Amini, Richard Lannon, *Uma teoria geral do amor* (Lisboa: Editorial Presença, 2002). *A General Theory of Love* (New York: Random House, 2000), p. 84.
16. David Spiegel, "Healing Words", *Journal of the American Medical Association* 281 (1999): 1328-29.
17. Frans B. M. de Waal, *Peacemaking Among Primates* (Cambridge, Mass.: Harvard University Press, 1990).
18. Lawrence Shapiro, Thomas R. Insel, "Infants' Response to Social Separation Reflects Adult Differences in Affinitive Behavior: A Comparative Develop-

mental Study in Prairie and Mountain Voles", *Development Psychobiology* 23 (1990): 375-93; Thomas R. Insel, Larry J. Young, "The Neurobiology of Attachment", *Nature Reviews Neuroscience* 2 (2002): 129-36.

19. Richard J. Davidson, Anne Harrington, *Visions of Compassion* (Oxford: Oxford University Press, 2002), p. 116.

20. Griffith Edwards, *Matters of Substance* (London: Penguin Books, 2004), p.138.

21. Jonathan Haidt, *A conquista da felicidade* (Lisboa: Sinais de Fogo Publicações 2006). *The Happiness Hypothesis* (New York: Basic Books, 2006).

22. Judith Herman, *Trauma and Recovery* (New York: Basic Books, 1997).

23. Kerstin Uvnas-Moberg, *The Oxytocin Factor* (Cambridge, Mass.: Da Capo Press, 2003).

24. Marcus Heinrichs, "Social Support and Oxytocin Interact to Suppress Cortisol and Subjective Responses to Psychosocial Stress", *Biological Psychiatry* 24 (2003): 153-72.

25. David Quinton, Michael Rutter, Christopher Liddle, "Institutional Rearing, Parenting Difficulties, and Marital Support", *Psychological Medicine* 14 (1984): 102-24.

26. George E. Vaillant, *Wisdom of the Ego* (Cambridge, Mass.: Harvard University Press, 1993).

Capítulo 6

1. Alta May Coleman, "Personality Portrait: Eugene O'Neill", *Theatre Magazine* 31 (1920): 302.

2. Eugene O'Neill, *Longa jornada noite adentro* (São Paulo: Peixoto Neto, 2004). *Long Day's Journey into Night* (New Haven, Conn.: Yale University Press, 1955), p. 69; todas as demais citações dessa obra são dessa edição.

3. Louis Sheaffer, *O'Neill: Son and Playwright* (Boston: Little, Brown, 1968); Arthur Gelb, Barbara Gelb, *O'Neill* (New York: Harper & Row, 1962), p.78.

4. Sheaffer, *O'Neill: Son and Playwright*, p. 4.

5. Gelb, Gelb, *O'Neill*, p. 434.

6. Karl Menninger, "Hope", *American Journal of Psychiatry* 115 (1959): 481-91.

7. Karl Menninger, *Love Against Hate* (New York: Viking, 1942), pp. 216-18.

8. Thomas Oxman, Daniel H. Freeman, Eric Manheimer, eds., "Lack of Social Participation or Religious Strength and Comfort as Risk Factors for Death After Cardiac Surgery in the Elderly", *Psychosomatic Medicine* 57 (1995): 5-15.

9. Menninger, "Hope".

10. Madeline Visintainer, Joseph Volpicelli, Martin Seligman, "Tumor Rejection in Rats After Inescapable or Escapable Shock", *Science* 216 (1982): 437-39.

11. George E. Vaillant, Kenneth Mukamal, "Successful Aging", *American Journal of Psychiatry* 158 (2001): 839-47.

12. Erik Erikson, *Insight and Responsibility* (New York: Norton, 1964).

13. Menninger, *Love Against Hate*, pp. 216-18.

14. Sigmund Freud, "Os chistes e sua relação com o inconsciente", *Obras completas de Sigmund Freud* (1905), vol. 8 (Rio de Janeiro: Imago, 2006). "Jokes and Their Relation to the Unconscious", *Complete Works of Sigmund Freud* (1905), vol. 8, (London: Hogarth Press, 1960), pp. 225, 233.

15. Reginald Pound, *Scott of the Antarctic* (New York: Coward-McCann, 1966), p.300.

16. Jean Anouilh, *Antigone* (London: George G. Harrap, 1954), p. 84.

17. Benjamin Franklin, *Report of Dr. Benjamin Franklin and other commissioners charged by the King of France with the examination of the animal magnetism, as now practiced in Paris* (London: J. Johnson, 1785), pp. 100, 102.

18. Lee C. Park, Uno Covi, "Nonblind Placebo Trial", *Archives of General Psychiatry* 12 (1965): 336-45.

19. Jerome D. Frank, *Persuasion and Healing: A Comparative Study of Psychotherapy* (Baltimore: Johns Hopkins University Press, 1961), p. 63.

20. Howard Spiro, *The Power of Hope* (New Haven, Conn.: Yale University Press, 1998).

21. Ibid, p. 707.

22. Coretta Scott King, *Minha vida com Martin Luther King* (Rio de Janeiro: Edições MM, 1971). *My Life with Martin Luther King Jr.* (New York: Holt, Rinehart, Winston, 1969), p. 78.

Capítulo 7

1. António Damásio, *Em busca de Spinoza* (São Paulo: Companhia das Letras, 2004). *Looking for Spinoza* (New York: Harcourt, 2003), p. 85.

2. Michael Harner, *O caminho do xamã* (São Paulo: Cultrix, 1995). *The Way of a Shaman* (San Francisco: Harper San Francisco, 1990), p. 22.

3. William R. Miller, Janet C'de Baca, *Quantum Change* (New York: Guilford Press, 2001), pp. 98-100.

4. Joseph M. Jones, *Affects as Process* (London: Analytic Press, 1995), p. 87.

5. Melvin Konner, *The Tangled Wing: Biological Constraints of the Human Spirit*, 2ª ed. (New York: Henry Holt, 2003).

6. André Comte-Sponville, *Pequeno tratado das grandes virtudes* (São Paulo: Martins Fontes, 2001). *A Small Treatise on the Great Virtues* (New York: Henry Holt, 1996) p. 253.
7. Jones, *Affects as Process*, p. 85.
8. Robert N. Emde et al., "Emotional Expression in Infancy: A Bio-behavioral Study", *Psychology Issues* 10 (1976): 1-200.
9. Jaak Panksepp, *Affective Neuroscience: The Foundations of Human and Animal Emotion* (New York: Oxford University Press, 1998).
10. Ibid.
11. Sigmund Freud, *Além do princípio de prazer* vol. 18, *Edição standard brasileira das obras psicológicas completas de Sigmund Freud* (Rio de Janeiro: Imago, 1976). *Beyond the Pleasure Principle*, vol. 18, *Standard Edition of the Complete Psychological Works of Sigmund Freud* (London: Hogarth Press), pp. 75-76.
12. Sigmund Freud, *O mal-estar na civilização* (Rio de Janeiro: Imago, 1997). *Civilization and Its Discontents*, vol. 21, *Standard Edition of the Complete Psychological Works of Sigmund Freud* (London: Hogarth Press), pp. 64-65.
13. Jones, *Affects as Process*, p. 89.
14. Sylvan S. Tomkins, *Affect Imagery Consciousness*, vol. 1, *The Positive Affect* (New York: Springer Publishing, 1962).
15. Ibid, p. 356.
16. Karen Armstrong, *A escada espiral* (São Paulo: Companhia das Letras, 2005). *The Spiral Staircase: My Climb Out of Darkness* (New York: Knopf, 2003), pp. 272, 298.
17. C. S. Lewis, *Surpreendido pela alegria* (Arapongas, PR: Mundo Cristão, 1998). *Surprised by Joy* (New York: Harcourt Brace, 1966), p. 18.
18. Tomkins, *Affect Imagery Consciousness*, p. 421.

Capítulo 8

1. Robert Enright et al., "The Psychology of Interpersonal Forgiveness", *Exploring Forgiveness*, ed. Robert D. Enright, Joanna North (Madison: University of Wisconsin Press, 1998), pp. 46-47.
2. Robert R. Palmer, *A History of the Modern World* (New York: Knopf, 1951), p.698.
3. Joseph Sandler, Anna Freud, *The Analysis of Defense: The Ego and the Mechanisms of Defense Revisited* (New York: International University Press, 1985), p. 185.

4. Andrew B. Newberg et al., "The Neuropsychological Correlates of Forgiveness", *Forgiveness: Theory, Research, and Practice*, ed. Michael E. McCullough, Kenneth L Pargament, Carl E. Thoresen (New York: Guilford, 2000), p. 298.

5. Giacomo Bono, Michael E. McCullough, "Religion, Forgiveness, and Adjustment in Older Adulthood", *Religious Influences on Health and Well-being in the Elderly*, ed. K. Warner Schaie, Neal Krause, Alan Booth (New York: Springer Publishing, 2005).

6. Shin-Tseng Huang, Robert Enright, "Forgiveness and Anger-Related Emotions in Taiwan: Implications for Therapy", *Psychotherapy* 37 (2000): 71-79.

7. Charlotte VanOyen Witvliet et al., "Granting Forgiveness or Harboring Grudges", *Psychological Science* 12 (2001): 117-23.

8. Michael E. McCullough, Kenneth I. Pargament, Carl E. Thoresen, eds., *Forgiveness: Theory, Research, and Practice* (New York: Guilford, 2000).

9. Ibid, p. 21.

10. Luigi Accattoli, *When a Pope Asks Forgiveness* (Boston: Pauline Books and Media, 1998).

11. Michelle Girard, Étienne Mullet, "Propensity to Forgive in Adolescents, Young Adults, Older Adults, and Elderly People", *Journal of Adult Development* 4 (1997): 209-20; Michael J. Subkoviak et al., "Measuring Interpersonal Forgiveness in Late Adolescence and Middle Adulthood", *Journal of Adolescence* 18 (1995): 641-55.

12. Nelson Mandela, *Longo caminho para a liberdade* (Lisboa: Campo das Letras, 2006). *Long Walk to Freedom* (Boston: Little, Brown, 1994).

13. Girard, Mullet, "Propensity to Forgive"; Loren Toussaint et al., "Forgiveness and Health: Age Differences in a U.S. Probability Sample", *Journal of Adult Development* 8 (2001): 249-57.

14. Malcolm Fraser, *Common Ground* (Camberwell, Aust.: Viking, 2002), p. 206.

15. Melanie A. Greenberg, Arthur A. Stone, "Emotional Disclosure About Traumas and Its Relation to Health Effects of Previous Disclosure and Trauma Activity", *Journal of Personality and Social Psychology* 63 (1992): 75-84.

16. Michael Henderson, *Forgiveness* (London: Grosvenor Books, 2002).

17. Coretta Scott King, *Minha vida com Martin Luther King* (Rio de Janeiro: Edições MM, 1971). *My Life with Martin Luther King Jr.* (New York: Holt, Rinehart, Winston, 1969), pp. 129-30.

18. Newberg et al., "The Neuropsychological Correlates of Forgiveness".

19. Henderson, *Forgiveness*, p. 170.

20. Judith Herman, *Trauma and Recovery* (New York: Basic Books, 1997).

21. Louis Sheaffer, *O'Neill: Son and Playwright* (Boston: Little, Brown, 1968).

22. Arthur Gelb, Barbara Gelb, *O'Neill* (New York: Harper & Row, 1962), p. 836.

23. Eugene O'Neill, *Longa jornada noite adentro* (São Paulo: Peixoto Neto, 2004). *Long Day's Journey into Night* (New Haven, Conn.: Yale University Press, 1955), p. 69.

24. John Patton, *Is Human Forgiveness Possible? A Pastoral Care Perspective* (Nashville, Tenn.: Abington Press, 1985).

25. Robert Wuthnow, "How Religious Groups Promote Forgiving: A National Study", *Journal for the Scientific Study of Religion* 39 (2000): 125-39.

26. Henderson, *Forgiveness*, p. 159.

Capítulo 9

1. Richard Davidson, Anne Harrington, *Visions of Compassion* (London: Oxford University Press, 2002), p. 52.

2. Richard Warren, *The Purpose-Driven Life* (Grand Rapids, Mich.: Zondervan, 2002), p. 12.

3. Tania Singer et al., "Empathy for Pain Involves the Affective but Not Sensory Components of Pain", Science 303 (2004): 1157-62.

4. Janas T. Kaplan, Marco Iacoboni, "Getting a Grip on the Other Minds: Mirror Neurons, Intention Understanding, and Cognitive Empathy", *Social Neuroscience* 1 (2006): 175-83.

5. George E. Vaillant, *Adaptation to Life* (Boston: Little, Brown, 1977).

6. Ibid.; George E. Vaillant, *Wisdom of the Ego* (Cambridge, Mass.: Harvard University Press, 1993).

7. Vaillant, *Wisdom of the Ego.*

8. Anne Colby, William Damon, *Some Do Care* (New York: Free Press, 1994).

9. Howard Spiro, *The Power of Hope* (New Haven, Conn.: Yale University Press, 1998), p. 225.

10. Raul de la Fuente-Fernandez et al., "Expectation and Dopamine Release: Mechanism of the Placebo Effect in Parkinson's Disease", *Science* 293 (2001): 1164-66.

11. Rachel Bachner-Melman et al., "Dopaminergic Polymorphisms Associated with Self-Report Measures of Human Altruism: A Fresh Phenotype for the Dopamine D4 Receptor", *Molecular Psychiatry* 10 (2005): 333-35.

12. Jorge Moll et al., "Human Frontal-Mesolimbic Networks Guide Decisions About Charitable Donation", *Proceedings of the National Academy of Sciences* 103 (2006): 15623-28.
13. António Damásio, "Neuroscience and Ethics: Intersections", *American Journal of Bioethics* 7 (2007): 3-6.
14. Moll et al., "Human Frontal-Mesolimbic Networks", p. 15626.
15. Karen Armstrong, *A grande transformação* (São Paulo: Companhia das Letras, 2008). *The Great Transformation* (New York: Knopf, 2006), p. 391.

Capítulo 10

1. René Girard, *A violência e o sagrado* (São Paulo: Paz e Terra, 1998). *Violence and the Sacred* (Baltimore: Johns Hopkins University Press, 1977).
2. Kenneth I. Pargament, "The Psychology of Religion and Spirituality? Yes and No", *International Journal for the Psychology of Religion* 6 (1999): 3-16.
3. Stephen G. Post, *Unlimited Love* (Philadelphia: Templeton Foundation Press, 2003), p. 41.
4. Fetzer Institute, "Multidimensional Measurement of Religiousness/Spirituality", para uso em pesquisa na área da saúde (Kalamazoo, Mich.: John E. Fetzer Institute, 2003).
5. Maren Batalden, comunicação pessoal.
6. Andrew Newberg, Eugene D'Aquili, *Why God Won't Go Away: Brain Science and the Biology of Belief* (New York: Ballantine Books, 2001), p. 2.
7. Carl Sagan, *Contacto* (Lisboa: Gradiva, 1997). *Contact* (New York: Pocket Books, 1986), p. 372.
8. C. Robert Cloninger, *Feeling Good: The Science of Well-being* (New York: Oxford University Press, 2004); "Is God in Our Genes?", *Time*, October 25, 2004, p. 70.
9. Dean Hamer, *O gene de Deus* (São Paulo: Mercuryo, 2005). *The God Gene* (New York: Doubleday, 2004); Katherine M. Kirk, Lindon J. Eaves, Nicholas G. Martin, "Self-Transcendence as a Measure of Spirituality in a Sample of Older Australian Twins", *Twin Research* 2 (1999): 81-87.
10. Kirk, Eaves, Martin, "Self-transcendence as a Measure of Spirituality".
11. João da Cruz e Thomas Moore, *A noite escura da alma* (Lisboa: Planeta, 2007). John of the Cross, *The Dark Night of the Soul*, livro ii, cap. xvii.
12. Gerald Brenan, *St. John of the Cross* (Cambridge: Cambridge University Press, 1973), p. 23.

13. William James, *Variedades da experiência religiosa* (São Paulo: Cultrix, 1991). *The Varieties of Religious Experience* (London: Longmans, Green & Co., 1902), p. 143.

14. John Templeton, *Agape Love* (Philadelphia: Templeton Foundation Press, 1999), p. 44.

15. Lawrence-Khantipalo Mills, *Buddhism Explained* (Bangkok: Silkworm Books, 1999), p. 144.

16. David M. Bear, Paul Fedio, "Quantitative Analysis of Interictal Behavior in Temporal Lobe Epilepsy", *Archives of Neurology* 34 (1977): 454-67.

17. Norman Geschwind, "Changes in Epilepsy", *Epilepsia* 24 (supp. 1, 1983): S23-30.

18. Frank R. Freemon, "A Differential Diagnosis of the Inspirational Spells of Muhammad the Prophet of Islam", *Epilepsia* 17 (1976): 423-27.

19. Norman Geschwind, "Dostoevsky's Epilepsy", *Psychiatric Aspects of Epilepsy*, ed. Dietrich Blumer (Washington, D.C.: American Psychiatric Press, 1984), pp. 325-34.

20. Theophile Alajouanine, "Dostoyevsky's Epilepsy", *Brain* 86 (1963): 209-18.

21. Fiodor Dostoievski, *O idiota* (1872), trad. de Paulo Bezerra (São Paulo: Editora 34, 2002). *The Idiot* (1872), trad. Anna Brailovsky (New York: Modern Library, 2003), p. 244.

22. Kenneth Dewhorst, A. W. Beard, "Sudden Religious Conversion in Temporal Epilepsy" (1970), *Epilepsy and Behavior* 4 (2003): 80.

23. Willian James, *Variedades da experiência religiosa* (São Paulo: Cultrix, 1991). *The Varieties of Religious Experience* (London: Longmans, Green & Co., 1902), p. 157.

24. Kenneth Ring, "Religiousness and Near-Death Experience: An Empirical Study", *Theta* 8 (1980): 3-5.

25. Anne L. Vaillant, "Women's Response to Near-Death Experience During Childbirth", tese não publicada, Massachusetts General Hospital, Boston (1994), p. 30.

26. Bruce Greyson, "Near-Death Experiences and Spirituality", *Zygan* 41 (2006): 393-414.

27. Willian James, *Variedades da experiência religiosa. The Varieties of Religious Experience*.

28. Walter N. Pahnke, William A. Richards, "Implications of LSD and Experimental Mysticism", *Journal of Religion and Health* 25 (1966): 64-72.

29. Radamés Perez et al., "Changes in Brain Plasma and Cerebro-spinal Fluid Contents of Beta-endorphin in Dogs at the Moment of Death", *Neurological Research* 17 (1995): 223-25.

30. Greyson, "Near-Death Experiences and Spirituality", p. 395.
31. Pim van Lommel et al., "Near-Death Experience in Survivors of Cardiac Arrest: A Prospective Study in the Netherlands", *Lancet* 358 (2001): 2039-45.
32. Anne McIlroy, "Hardwired for God", *Globe and Mail* (Canada), December 6, 2003, F-1 e F-5.
33. Andrew Newberg, M. R. Waldman, *Why We Believe What We Believe* (New York: Free Press, 2006).
34. Andrew Newberg, Jeffrey Iversen, "The Neural Basis of the Complex Mental Task of Meditation: Neurotransmitter and Neurochemical Considerations", *Medical Hypothesis* 8 (2003): 282-91.
35. C. Robert Cloninger et al., "The Temperament and Character Inventory (TCI): A Guide to Its Development and Use" (St. Louis: Washington University, Center for Psychobiology and Personality, 1994).
36. Jon Krakauer, *Pela bandeira do Paraíso* (São Paulo: Companhia das Letras, 2003). *Under the Banner of Heaven* (New York: Doubleday, 2003); Anthony Storr, *Feet of Clay* (New York: Harper Collins, 1996).
37. Dostoievski, *O idiota. The Idiot*, p.181.
38. Cloninger et al., "The Temperament and Character Inventory".
39. Solomon H. Snyder, "Commentary on Paper by Griffiths et al.", *Psychopharmacology* 187 (2006): 287-88.
40. Rich Doblin, "Pahnke's 'Good Friday Experiment': A Long-Term Follow-up and Methodological Critique", *Journal of Transpersonal Psychology* 23 (1991): 1-28.
41. Walter N. Pahnke, William A. Richards, "Implications of LSD and Experimental Mysticism", *Journal of Religion and Health* 25 (1966): 64-72.
42. Joseph E. LeDoux, *The Emotional Brain: The Mysterious Underpinnings of Emotional Life* (New York: Simon & Schuster, 1998).
43. R. R. Griffiths et al., "Psilocybin Can on Occasion Cause Mystical-Type Experiences Having Substantial and Sustained Personal Meaning and Spiritual Significance", *Psychopharmacology* 187 (2006): 268-83.
44. Pahnke, Richards, "Implications of LSD and Experimental Mysticism".
45. Hamer, *O gene de Deus. The God Gene*, p. 11.
46. Ibid., p. 77.
47. William R. Miller, Janet C'de Baca, *Quantum Change* (New York: Guilford Press, 2001).
48. Andrew Smith, *Moondust: In Search of the Men Who Fell to Earth* (New York: Harper Collins, 2005).
49. Ibid., p. 197.
50. Ibid., p. 46.

51. Ibid., pp. 58-59.
52. Pierre Teilhard de Chardin, *Toward the Future* (New York: Harcourt Brace Jovanovich, 1975).
53. Newberg, Waldman, *Why We Believe What We Believe*, p. 191.
54. Edward E. Cummings, "voices to voices, lip to lip," manuscrito não publicado, Harvard University (BMS AM 1823.5 [392]), Houghton Library typescript.

Capítulo 11

1. James Fowler, *Becoming Adult, Becoming Christian* (San Francisco: Harper & Row, 1984), p. 71; a tradução do Bhagavad Gita, no capítulo 2, é atribuída a Gandhi, e os últimos dezoito versos da versão de Gandhi são de Eknath Easwaran, *Gandhi the Man* (Petaluma, Calif.: Nilgiri Press, 1978).
2. Daniel C. Dennett, *Quebrando o encanto* (Rio de Janeiro: Globo, 2006). *Breaking the Spell* (New York: Viking, 2006).
3. António Damásio, *O erro de Descartes* (São Paulo: Companhia das Letras, 1996). *Descartes' Error* (New York: Putnam, 1994), p. 126.
4. David S. Wilson, *Darwin's Cathedral: Evolution, Religion, and the Nature of Society* (Chicago: University of Chicago Press, 2002); Mark Hauser, *Moral Minds: How Nature Designed Our Universal Sense of Right and Wrong* (New York: Harper Collins, 2006).
5. Leo Tolstoi, *Anna Karenina* (1877) (Belo Horizonte: Itatiaia, 2007). *Anna Karenina*, vol. 3 (New York: Scribner, 1904), pp. 371-72.
6. Wayne Teasdale, *The Mystic Heart* (Novato, Calif.: New World Library, 1999).
7. Lindon J. Eaves et al., "Comparing the Biological and Cultural Inheritance of Personality and Social Attitudes in the Virginia 20,000 Study of Twins and Their Relatives", *Twin Research* 2 (1999): 62-80.
8. Thomas J. Bouchard et al., "Intrinsic and Extrinsic Religiousness: Genetic and Environmental Influences and Personality Correlates", *Twin Research* 2 (1999): 88-98.
9. Ajai R. Singh, Shakuntala A. Singh, "Gandhi on Religion, Faith, and Conversion", *Mens Sana Monographs* 2 (2004): 79-87.
10. Andrew Newberg, Eugene D'Aquili, *Why God Won't Go Away: Brain Science and the Biology of Belief* (New York: Ballantine Books, 2001), p. 80.
11. Albert Einstein, "A Symposium in Science, Philosophy, and Religion", trabalho não publicado, 1941.
12. Richard P. Sloan et al., "Should Physicians Prescribe Religious Activities?" *New England Journal of Medicine* 342 (2000): 1913-16; Emilia

Bagiella, Victor Hong, Richard P. Sloan, "Religious Attendance as a Predictor of Survival in the EPESE Cohorts", *International Journal of Epidemiology* 34 (2005); 443-51.

13. George E. Vaillant, "A Sixty-Year Follow-up of Male Alcoholism", *Addiction* 98 (2003): 1043-51.

14. Gerald G. May, *Addiction and Grace* (San Francisco: Harper San Francisco, 1991), pp. 6-7.

15. George E. Vaillant, Janice A. Templeton, Stephanie Meyer, Monika Ardelt, "Natural History of Male Mental Health: What Is Spirituality Good For?" *Social Science and Medicine* 66 (2008): 221-31.

16. George E. Vaillant, *A história natural do alcoolismo revisitada* (Porto Alegre: Artmed, 1998). *Natural History of Alcoholism Revisited* (Cambridge, Mass., Harvard University Press, 1995).

17. Arthur H. Cain, "Alcoholics Anonymous: Cult or Cure?" *Harper's* (February 1963): 48-52; Nancy Shute, "What AA Won't Tell You", *U.S. News and World Report*, September 8, 1997, 55-65.

18. J. Michael McGinnis, William H. Foege, "Actual Causes of Death in the United States", *Journal of the American Medical Association* 270 (1993): 2207-12.

19. Lars Lindstrom, *Managing Alcoholism* (Oxford: Oxford University Press, 1992).

20. Mark B. Sobell, Linda C. Sobell, "Alcoholics Treated by Individualized Behavior Therapy: One-Year Treatment Outcome", *Behavior Research and Therapy* 1 (1973): 599-618; Mary L. Pendery et al., "Controlled Drinking by Alcoholics? New Findings and a Reevaluation of a Major Affirmative Study", *Science* 217 (1982): 169-75.

21. Vaillant, *A história natural do alcoolismo revisitada*. *Natural History of Alcoholism Revisited*.

22. Kelly D. Brownell et al., "Understanding and Preventing Relapse", *American Psychologist* 41 (1986): 765-82; Robert Stall, Paul Biernacki, "Spontaneous Remission from the Problematic Use of Substances: An Inductive Model Derived from a Comparative Analysis of the Alcohol, Opiate, Tobacco, and Food/Obesity Literature", *International Journal of Addictions* 21 (1986): 1-23; George E. Vaillant, "What Can Long-Term Follow-up Teach Us About Relapse and Prevention of Relapse in Addiction?" *British Journal of Addiction* 83 (1988): 1147-57.

23. George E. Vaillant, "A Twelve-Year Follow-up of New York Narcotic Addicts IV: Some Characteristics and Determinants of Abstinence", *American Journal of Psychiatry* 123 (1966): 573-84.

24. Jaak Panksepp, Eric Nelson, S. M. Sivity, "Brain Opiates and Mother-Infant Bonding Motivation", *Aota Paediatrica Supplement* 397 (1994): 40-46.

25. William James, *Variedades da experiência religiosa* (São Paulo: Cultrix, 1991). *The Varieties of Religious Experience* (London: Longmans, Green & Co., 1902).

26. Carl Jung, carta a Bill Wilson (1961), publicada em *Alcoholics Anonymous Grapevine* (January 1963): 30-31.

27. Jaak Panksepp, Eric Nelson, Marni Bekkedal, "Brain Systems for the Mediation of Social Separation-Distress and Social-Reward", *Annals of the New York Academy of Science* 807 (1997): 78-100.

28. Thomas R. Insel, Larry J. Young, "The Neurobiology of Attachment", *Nature Reviews Neuroscience* 2 (2002): 135.

29. Andrea Bartels, Semir Zeki, "The Neural Correlates of Maternal and Romantic Love", *Neuroimage* 21 (2004): 1155-66.

30. George L. Kovacs, Z. Sarnyai, G. Szaba, "Oxytocin and Addiction: A Review", *Psychoneuroendocrinology* 23 (1998): 945-62.

31. J. C. D. Emrick et al., "Alcoholics Anonymous: What Is Currently Known?" *Research in Alcoholics Anonymous: Opportunities and Alternatives*, ed. B. S. McCready, W. R. Miller (Piscataway, N.J.: Rutgers Center for Alcohol Studies, 1993), pp. 41-76.

32. Keith Humphreys, Rudolf H. Moos, "Reduced Substance Abuse-Related Health Care Costs Among Voluntary Participants in Alcoholics Anonymous", *Journal of Studies on Alcohol* 58 (1996): 231-38; Keith Humphreys, Rudolf H. Moos, Caryn Cohen, "Social and Community Resources and Long-Term Recovery from Treated and Undirected Alcoholism", *Psychiatrist Services* 47 (1997): 709-13.

33. Christine Timko et al., "Long-Term Treatment Careers and Outcomes of Previously Untreated Alcoholics", *Journal Study of Alcohol* 60 (1999): 437-47.

34. Christine Timko et al., "Long-Term Outcomes of Alcoholic Use Disorders Comparing Untreated Individuals with Those in Alcoholics Anonymous and Formal Treatment", *Journal of Studies in Alcohol* 61 (2000): 529-40.

35. George E. Vaillant, *A história natural do alcoolismo revisitada* (Porto Alegre: Artmed, 1998). *Natural History of Alcoholism Revisited* (Cambridge, Mass., Harvard University Press, 1995).

36. George E. Vaillant, "A Sixty-Year Follow-up of Male Alcoholism", *Addiction* 98 (2003): 1043-51.

37. Stanton Peele, *The Diseasing of America* (Lexington, Mass.: Lexington Books, 1989).

38. Richard Behar, "Scientology, the Cult of Greed", *Time*, May 6, 1991.

39. Marc Galanter, "Cults and Zealous Self-Help Movements: A Psychiatric Perspective", *American Journal of Psychiatry* 147 (1990): 543-51.

40. Alcoholics Anonymous, "The AA Member, Medications, and Other Drugs" (panfleto médico) (New York: AA World Services, n.d.), p. 11.

41. Robert Smith, "Dr. Bob and the Good Old Timers" (New York: AA World Services, 1950, 1980).

42. Ernest Kurtz, Not God: *A History of Alcoholics Anonymous* (Center City, Minn.: Hazelden, 1977).

43. Alcoólicos Anônimos: *Doze passos e doze tradições* (São Paulo: Camargo Soares, 1997). Alcoholics Anonymous, *Twelve Steps and Twelve Traditions* (New York: AA World Service, 1953).

44. Robert Smith, rápidas observações sobre a primeira convenção internacional do AA, Cleveland, Ohio, 3 de julho de 1950.

45. Karen Armstrong, *A escada espiral* (São Paulo: Companhia das Letras, 2005). *The Spiral Staircase: My Climb Out of Darkness* (New York: Knopf, 2003), p. 293.

46. Edward O. Wilson, *Consilience* (New York: Knopf, 1998), p. 264.

Créditos

O autor e o editor gentilmente agradecem o direito de reproduzir neste livro o seguinte material:

Citação de Maren Batalden (p. 171). Permissão de uso concedida por Maren Batalden.

"Lord of the Dance", letra e música de Sidney Carter (pp. 107-8). Copyright © 1963 Stainer & Bell, Ltd. Administração de Hope Publishing, Carol Stream, Illinois. Todos os direitos reservados; utilizado sob permissão.

"Voices to voices, lip to lip", de E. E. Cummings (p. 189). Copyright © 1926, 1954, © 1991 dos representantes de E. E. Cummings Trust. Copyright © 1985 de George James Firmage, de *Complete poems*: 1904-1962, E. E. Cummings, editado por George J. Firmage. Utilizado com permissão da Liveright Publishing Corporation. Também com permissão da Houghton Library, Harvard University, para os materiais com o número bMS Am 1823.5 (392).

"Hope is the thing with feathers" (p. 116), "I can wade grief" (pp. 126), "The brain is wider than the sky" (p. 169) de Emily Dickinson. Reproduzido com permissão dos editores e dos representantes do Amherst College de *The poems of Emily Dickinson: reading edition*, Ralph W. Franklin, ed., Cambridge, Mass.: The Belknap Press of Harvard University Press, Copyright © 1998, 1999 do presidente e membros do Harvard College. Copyright © 1951, 1955, 1979, 1983 pelo presidente e membros do Harvard College.

Índice remissivo

A

Aborígines, 9, 53, 173

África, 113, 144, 153, 154
   evolução e, 10, 45, 56, 98

África do Sul, 153, 154

Aids, 16, 78, 115

Alcoólicos Anônimos (AA), 198-210
   compaixão e, 162, 163, 203, 205
   comunidade no, 200-208
   esperança e, 110, 115, 118, 119
   espiritualidade e, 15, 198-201, 203-210
   liderança no, 207-209
   perdão e, 153
   prevenção de reincidência e,
     199-204, 206, 207

Alegria, 1, 8, 23, 24, 27-29, 67, 80, 81,
    99, 123-139
   amor e, 3, 95, 125, 128-130, 136-138
   aprendendo a suportá-la, 127, 132, 133
   cérebro e, 28, 29, 30-33, 37, 38, 124,
     125, 128, 129, 132-134, 136, 190
   compaixão e, 136, 137, 156
   conexão e, 127, 128, 130-139

dor e, 128, 131, 132, 134-139
espiritualidade e, 5, 123-129, 131-133,
   136, 137, 177, 182
evolução e, 41, 52, 53, 60, 131-133
fé e, 68, 69, 83, 84
felicidade e, 127-135, 138
perdão e, 135-137, 142, 151-154
poder da, 123-126, 130, 131
religião e, 11, 12, 19, 123-128, 131, 133,
   136, 137, 190
reverência e, 124, 125, 173, 175, 177,
   179, 182, 184
triunfo na, 125-128

Alemanha, 79, 166, 167
   perdão e, 141, 146-150

Alington, Cyril A., 125

Amazing Grace (Newton), 58, 59, 131

Americanos nativos, 63, 172

Amígdala, 34, 37, 38, 44, 128, 182, 184,
   203, 204

Amor, 1-3, 5-9, 16-18, 21-25, 27, 28,
   64-67, 85-105, 134-138, 156-163,
   178-182, 190, 191, 209-212

AA e, 200-204, 210
abnegado, 3, 19, 43, 50, 63, 73, 74,
    83, 85, 86, 91-93, 98, 99, 102, 103,
    156, 157, 159
alegria e, 3, 95, 124, 128, 129, 137, 138
aprendendo o, 101-105
cérebro e, 20, 29-36, 38, 42, 48, 74,
    84, 89-91, 94-96, 98, 100, 101,
    105, 114, 159, 203, 204
compaixão e, 3, 17, 92, 96, 101, 103,
    104, 156-160, 162, 163, 210
cura e, 14, 103, 119-121
definição de, 90-94, 108
esperança e, 3, 85, 108-112, 114, 115,
    117, 118, 119-122
espiritualidade e, 5-7, 17, 18, 85-91,
    96, 169, 175, 176, 191, 193, 203
evolução e, 8-12, 42, 47-51, 55-58, 62,
    64, 65, 85-91, 96, 98, 99, 101, 102,
    132
exemplo ilustrativo de, 86-90, 95, 97,
    103, 104, 105
fé e, 3, 68-84, 85, 89, 152, 175
memória, 96, 97, 103, 137
na organização social, 98, 99, 102,
    103
perdão e, 3, 91, 99, 140-142, 149, 150,
    152
qualidade atemporal, 99, 100
reconhecimento pelos psicólogos,
    92, 93
religião e, 2, 19, 87-92, 99, 100, 103,
    105, 158-160, 190-192, 193, 194,
    196, 197, 210, 211
reverência e, 3, 96, 169, 174-177,
    179-182, 185, 186
vínculo no, 85-87, 91-99, 101, 102,
    128, 158, 159, 164
Anna Karenina (Tolstoi), 191
Antígona (Anouilh), 117, 118

António Damásio, 3, 7, 8, 41, 191
    sobre alegria, 123, 135
Antropologia cultural, 2, 21, 53, 56, 196
Área septal, 34, 40, 128-130
Armstrong, Karen, 17, 18, 50, 52, 53
    sobre alegria, 136
    sobre compaixão, 168, 210, 211
Aron, Arthur, 91
Arquimedes, 135
Augúrios da inocência (Blake), 123
Austrália, 145, 146, 167
    evolução e, 47, 48, 53, 54
Autismo infantil, 22, 23, 36, 96, 101

B

Bachner-Melman, Rachel, 164
Bagavadguitá, 190
Batalden, Maren, 171
Bean, Alan, 187
Becquerel, Esther, 1, 199
Beethoven, Ludwig van, 114, 162
    alegria e, 130, 138, 139
Benson, Herbert, 5, 6
Berry, George Packer, 195
Bickerton, Derek, 47
Blake, Williams, 123, 128, 130
Bom humor, 12, 116, 137, 143, 167
    AA e, 202, 208, 209
    compaixão e, 161, 162
Bowlby, John, 23, 93
Bradman, Donald, 9
Broca, Paul, 28-31
Buchenwald, 115, 116
Buda, 17, 19, 49-52, 92, 159, 211
    fé e, 68-70
    reverência e, 175, 176, 180, 181
Budismo, 3, 18, 91, 165, 166, 171, 172,
    197, 198, 206, 207
    espiritualidade e, 170, 171, 174-176,
    208, 209

evolução e, 48-53, 57
fé e, 68, 70
meditação e, 7, 28, 37-40, 52, 172, 182
reverência e, 172, 182, 188

C
Camboja, 57
Campo de concentração de
Ravensbrück, 154, 155
Camus, Albert, 70, 71, 109, 110, 171
Carter, Sidney, 108
Casey at the bat, 126
Células fusiformes, 39, 91, 165
Cérebro, 14, 17-40, 135-137, 169-172
AA e, 200, 205, 207
alegria e, 28, 30-32, 39, 123, 124, 127,
128, 132, 134, 137, 190
amor e, 20, 29-36, 39, 43, 48, 74, 84,
89-91, 93, 95, 96, 98-100, 104,
105, 114, 159, 204
compaixão e, 47, 48, 159, 163, 164, 194
emoções positivas e, 3, 6, 8, 18, 20,
21, 28, 29-31, 34, 35, 37, 38, 184
esperança e, 38, 106, 108, 113
espiritualidade e, 6, 17, 19, 25, 27, 34,
36, 42, 113, 177, 178, 184, 188, 189
evolução e, vii, 7, 8, 11, 19-21, 26-28,
29, 30, 33, 34-37, 41-48, 50-54,
56-67, 77, 99, 102, 106, 165, 172,
184, 185, 189, 192, 203, 212
fé e, 68, 69, 74, 76, 78-81, 83, 84
límbico, 3, 8, 12, 17, 20, 24-26, 28-40,
42, 43, 47, 49, 52, 56, 63-66, 69,
74, 76, 78, 81, 84, 91, 96, 98, 102,
106, 124, 128, 129, 131-133, 159, 164,
165, 170-172, 176, 177, 181-184, 188,
189, 191, 196, 202, 203, 211
neocortical, 20, 25, 26, 28-33, 36-39,
42, 52, 62, 66, 78, 95, 132, 159,
165, 170-172, 182, 196, 200

neolítico, 19, 20, 24, 26, 27, 44, 45, 52
religião e, 19, 25, 27, 29, 42, 195
reverência e, 169, 172, 177-183, 185,
212
Cloninger, Robert, 173, 176, 182, 185
Colonialismo, 10, 11
Como gostais (Shakespeare), 92
Compaixão, 1, 3-8, 22, 23, 28, 29, 67,
98, 99, 136, 156-168, 177, 178, 197,
198, 210
AA e, 163, 202, 206
alegria e, 136, 156
amor e, 3, 17, 92, 96, 100, 103,
156-160, 162, 163, 211
cérebro e, 47, 159, 163, 164, 193
cura e, 103, 104, 162, 163
definição de, 92, 158-163
espiritualidade e, 4, 5, 175, 177,
192-194, 199, 203, 210
evolução e, 4, 8, 10, 11, 23, 47-49, 52,
56, 157, 158, 162, 165, 190
fé e, 70, 72, 73, 83, 84, 163
natureza involuntária da, 156-158,
161, 162
perdão e, 140, 160, 162, 163
religião e, 3, 19, 156, 157, 160,
166-168, 190, 193, 197, 198, 210,
211
reverência e, 181, 186
Comte-Sponville, André, 129
Confucionismo, 49, 51, 52
Contato, 172
Córtex pré-frontal (orbitofrontal)
ventromedial, 32, 34, 35-40, 44, 63,
64, 164, 165
Criatividade, 5, 106, 112, 150
evolução e, 8, 9, 45-48, 53, 54, 57, 58
Crime
comportamento criminoso, 152, 153,
176, 177

Índice remissivo   239

evolução e, 48, 56-58

homicídios e, 2, 3, 9, 10, 48, 56-58, 191

Cristianismo, 15, 113, 170, 171, 192, 202, 207, 208, 210

   alegria e, 123-125, 127, 130

   amor e, 87-89

   cérebro e, 19, 28

   compaixão e, 156, 160, 165, 166

   emoções positivas e, 3, 4

   espiritualidade e, 170,194, 195

   evolução e, 10, 48-50, 54, 57, 59, 62, 66

   fé e, 68, 73, 74, 79, 81-84

   perdão e, 142-145

   reverência e, 172, 178, 181, 182, 189

Crum, John Macleod Campbell, 138

Cummings, E. E., 188, 189

D

D'Souza, Russell, 20

Dalai Lama, 85, 142

   espiritualidade e, 171, 172

   sobre compaixão, 156, 158, 168

Darwin, Charles, 3, 7, 8, 10, 11, 19, 20, 27, 28, 41, 42, 54, 55, 64, 123, 140, 163, 166

Davidson, Richard, 6, 7, 38

Dawkins, Richard, 20, 41, 42, 53, 64, 81, 169, 196, 205, 212

Dennett, Daniel, 81, 169, 190

Descartes, René, 27

Dickinson, Emily, 116, 126, 169, 185

Dissociação, 161

Doblin, Rich, 183, 184

Dor, 9, 10, 14, 15, 27, 38, 103, 104, 121, 122, 184

   alegria e, 127, 131, 132, 134-139

   compaixão e, 156, 158-160, 162, 163, 166

esperança e, 106-108, 110, 111

fé e, 75-78, 82-84

perdão e, 146, 147, 149-154

Dostoievski, Fiodor, 176, 177, 180, 182

Drogas psicodélicas, 181, 183-185, 188

E

Edelman, Gerald, 7

Einstein, Albert, 34, 66, 196

Ekman, Paul, 23

Em busca de Spinoza (Damásio), 123

Emmons, Robert, 6

Emoções, 19-39, 53-55, 131, 159, 191-194, 211

   AA e, 202, 206, 207

   cérebro e, 19, 20, 22, 24-39, 42, 52, 63

   ciência e, 19-25, 27, 28, 30

   evolução e, 30, 31, 49, 52-55, 60, 63-67, 77, 96

   razão e, 53

   religião e, 193, 194, 195-197

   vínculo e, 22

Emoções negativas, 16-18, 22, 26, 67, 157, 165-168, 172

   AA e, 201, 202

   amor e, 91, 98, 99, 159

   cérebro e, 29, 34

   evolução e, 9, 10, 57, 58, 62, 165

   fé e, 71, 73, 74, 79

   positivas *vs.*, 5, 9, 10, 17

   reverência e, 176, 185

Emoções positivas, 1-18, 19-24, 165

   AA e, 15, 201, 202

   cérebro e, 3, 6, 8, 9, 18, 20, 27, 29-32, 34, 35, 37, 38, 184, 185

   ciência e, 7-9, 18, 19, 53-55

   em cães, 27, 30

   evolução e, 3, 4, 7-9, 11, 12, 18, 41, 42, 54-56, 58, 60, 67, 165, 166, 211

   meditação e, 5, 6

negativas *vs.*, 5, 9, 17
poder das, 16, 17
poder transformador das, 3, 16
religião e, 2-6, 8, 18, 19-21, 24, 25, 27, 28, 190, 195-198, 211, 212
sistema nervoso e, 5-7, 26
valor das, 5, 6, 190
Epilepsia do lobo temporal (ELT), 176-181, 183-185
Era Axial, 50
Erikson, Erik, 13, 61, 70, 114
Erro de Descartes, O (Damásio), 3, 7, 41
Escravidão, 10, 59, 127, 128, 143, 144
Espanha, 10, 69, 77, 82, 175, 207
Esperança, 1, 16, 21, 23, 30, 56, 67, 79-81, 98, 99, 106-122, 136, 160, 178, 210
  amor e, 3, 85, 108-111, 114, 115, 117, 119-122
  aprendendo a, 121, 122
  cérebro e, 37, 106-108, 114
  cura e, 13, 14, 112, 113, 118-122
  definição de, 108, 114-118
  espiritualidade e, 5, 121, 122
  evolução e, 10, 106-108
  fé e, 68, 72-76, 79, 106, 108-111, 114, 118-122
  honestidade de, 117, 121
  memória na, 106, 107, 112, 115, 117, 118, 121, 122
  partilha de, 118, 120
  perda de, 107, 111, 112-114, 119, 120, 202
  perdão e, 142, 148, 149, 152
  religião e, 107-113, 120, 191, 197, 198, 210
  senso de comunidade e, 113. 120, 121
  sofrimento *vs.*, 106, 115
Espiritualidade, 1, 3-9, 12-18, 33, 34, 166, 181-212

AA e, 15, 198, 199, 200, 203-210
alegria e, 5, 123-128, 130-132, 134, 136-138, 177, 182
amor e, 5, 6, 17, 85-91, 96, 170, 175, 176, 191, 193, 194, 202
base psicobiológica de, 7
cérebro e, 6, 17, 19, 25, 26, 28, 34, 36, 37, 42, 114, 177, 178, 184, 185, 188, 189
ciência e, 19, 52, 211
comunidade e, 17, 18, 173-176, 191-193, 203
cura e, 13, 76, 197-201
definição de, 4, 5, 108, 169-171
esperança e, 5, 121, 122
evolução e, 7, 8, 10, 14, 47, 50, 51-59, 67, 77, 85-90, 211-212
fé e, 4-6, 70, 71, 74-84, 203
meditação e, 6, 196
metáfora *vs.* dogma em, 196, 197, 199
perdão e, 4, 5, 142, 153, 154, 192
religião e, 15, 17, 18, 169-176, 189-199, 201, 206, 207, 210, 211
reverência e, 5, 169-178, 180-189, 192, 196, 197
Ésquilo, 51, 142, 160
Estágio de operações concretas, 62
Estágio de operações formais, 62, 158
Etologia, 1, 7, 15, 19-21, 23, 42
  amor e, 85, 90, 92, 93
  emoções positivas e, 21, 53, 56
Europa, 93
  evolução e, 10, 11, 45, 46, 48, 56
  perdão e, 141, 142
Evolução, 7-12, 20-23, 40-67, 169, 206, 207
  alegria e, 42, 52, 60, 131-133
  amor e, 8, 10, 11, 43, 47-51, 56-58, 63, 64, 85-91, 95 ,96-99, 101, 131
  cérebro e, vii, 7, 8, 11, 19, 21, 25, 26,

29, 30, 33, 35, 37, 42-47, 50-55, 57-67, 77, 97, 98, 102, 106, 164-166, 172, 184, 185, 188, 193, 202, 203, 211, 212

compaixão e, 4, 8, 10, 11, 22, 47-49, 52, 56, 156-158, 162, 163, 165, 166, 191

cultural, 8-12, 18, 21, 26, 27, 30, 31, 40, 43-58, 61, 65, 66, 76, 157, 158, 165, 166, 191, 211, 212

de indivíduos, 8, 9, 22, 40, 57-67, 77, 98, 99, 131-133, 178, 191

emoções positivas e, 3, 4, 7-9, 11, 12, 18, 41, 53-57, 58, 60, 67, 165, 211

esperança e, 11, 106, 107

espiritualidade e, 7, 8, 11, 15, 48, 49, 52-59, 66, 67, 77, 85-91, 211, 212

fé e, 57-60, 62, 65-67, 77, 78, 82, 83, 106

genética, 3, 4, 7-11, 39, 40, 44-47, 55, 57, 58, 61, 98, 99, 157, 158, 165, 166, 173, 174, 211, 212

perdão e, 8, 10, 140, 142, 143-146, 153, 154

religião e, 8, 10-12, 14, 15, 48-67, 191-193, 211, 212

reverência e, 47, 48, 53, 60, 63, 174, 181, 188

Experiências de quase morte, 179-181, 183

Experiências místicas, *ver* reverência

Expressões faciais, 23, 27, 36

F

Faith and Belief (Smith), 68

Família Stanford, 116, 117

Fantasia, 116, 117, 161, 162

Fantasia autista, 161

Fé, 1, 3-6, 18, 21, 23, 33, 42, 65-84, 171, 178, 189, 195, 202, 203, 205, 210

amor e, 3, 69-85, 89, 151, 174, 175

compaixão e, 70, 71, 73, 84, 163, 164

confiança e, 31, 68-72, 75, 76, 109

crença e, 69, 70, 76, 80-83

cura e, 13, 14, 76, 118-121

definição de, 68-72, 75-78

em crianças, 59

esperança e, 69, 73-75, 79, 106, 108-111, 114, 118-122

espiritualidade e, 4-6, 70, 73-75, 77-79, 81-83, 203

evolução e, 57-60, 62, 65, 66, 77, 82, 106

exemplo ilustrativo de, 72-75

fontes de, 78-84

perdão e, 73, 74, 77, 148, 149, 151

religião e, 68, 69, 73-83, 111, 190, 196, 210

Fenômeno humano, O (Teilhard de Chardin), vii, 55

Fidelio (Beethoven), 130

Fisher, Helen, 91

Forster, E. M., 34

Fowler, James, 64

França, 11, 20, 24, 166

evolução e, 47, 48, 53

perdão e, 140, 141, 146, 147

Frank, Jerome, 120

Franklin, Benjamin, 119, 206

Fraser, Malcolm, 145, 146

Fredrickson, Barbara, 17

Freud, Anna, 93, 94, 141

Freud, Sigmund, 15, 20-22, 28, 78, 116, 125, 169, 196, 197

alegria e, 12, 127, 134-137

amor e, 22

emoções e, 20-22, 93-96

prazer e, 134, 135

Fricchione, Gregory, 69

G

Gage, Phineas, 37, 165, 179
Gandhi, Mohandas, 52, 57, 190
  espiritualidade e, 108, 171, 172, 175, 192, 195-197
  fé e, 69, 75
  perdão e, 4, 143, 144, 154, 155
Genética, 22, 190
  amor e, 91, 98, 99, 103-105
  cérebro e, 44, 61, 62
  compaixão e, 156, 164, 165
  espiritualidade e, 173, 188, 192, 211
  evolução e, 3, 4, 7-12, 39, 40, 44-46, 55, 58, 61, 98, 99, 156-158, 165, 173, 211
  genes egoístas, 3, 4, 9, 10, 31, 46, 91, 98, 99, 134, 156, 173, 174
  reverência e, 173, 176, 184
Girard, René, 169
Giro do cíngulo anterior, 32, 34-39, 91, 95, 102, 147, 159, 165, 183
Goodall, Jane, 15, 23, 56
Grande transformação - o mundo na época de Buda, Confúcio e Jeremias (Armstrong), 50

H

Haidt, Jonathan, 103
Hamer, Dean, 184, 185
Hamilton, Gilbert, 151
Hammerstein, Oscar, 25, 68, 97, 127
Harlow, Harry, 23, 92, 102
Harrington, Anne, 156, 168
Harris, Sam, 81, 83, 196, 205, 212
Hinduísmo, 51, 83, 160, 171, 172, 195, 207
  amor e, 100, 101
  espiritualidade e, 171, 172, 175, 194
Hipocampo, 33, 37, 38, 89, 182, 184
Hipotálamo, 25, 28, 29, 31, 134, 165

alegria e, 128-130, 134
amor e, 91, 96, 99
Hitler, Adolf, 79, 141, 172
Holocausto, 9, 115, 141, 154
Homero, 50-52
Hughes, Howard, 85, 90
Hungria, 166, 167
Huxley, Sir Julian, 54, 55

I

Id, 22, 28, 95
Idiota, O (Dostoievski), 177
Ilíada (Homero), 50, 52
Iluminismo, 20, 21, 53, 56, 58, 59, 63
Ilusões, 92, 111, 162, 176, 182, 196
  fé e, 78-81
In the garden (Miles), 137
Insel, Thomas, 203
Ínsula, 31, 34, 38, 91, 146, 159
Ironson, Gail, 16
Irwin, James, 186

J

James, William, 84, 203, 206
  emoções e, 20, 24, 27
  reverência e, 175, 179, 180
Jaynes, Julian, 50
Jefferson, Thomas, 56, 58, 194
Jesus Cristo, 17, 49-51, 54, 125, 142, 210
  amor e, 87, 92
  fé e, 69, 70, 77, 83
João Paulo II, Papa, 65, 143
Jogos Olímpicos, 166, 167, 190
Judeus, 3, 9, 91, 113, 170, 178, 206, 209, 210
  alegria e, 23, 125-127, 130
  emoções positivas e, 23, 24
  evolução e, 48-50, 65
  fé e, 78, 82
  perdão e, 142-144, 146, 147, 149

Índice remissivo   243

K

Kendler, Kenneth, 77
King Jr., Martin Luther, 75
  esperança e, 121, 122
  espiritualidade e, 108, 121, 171, 172, 191, 195
  fé e, 78, 79
  perdão e, 4, 143, 148, 149, 153, 154
Konner, Melvin, 36
Kornfield, Jack, 2, 3

L

Lewis, C. S., 136
Libido, 22, 76
Lincoln, Abraham, 100, 128, 141, 144
Loevinger, Jane, 64
Longa jornada noite adentro (O'Neill), 109-111, 151
Lord of the Dance (Carter), 108
Love Against Hate (Menninger), 115
Lowry, Robert, 11
Luís IX, rei da França, 48
Lutero, Martinho, 32, 185

M

MacLean, Paul, 28-33
Mal, 41, 49, 56, 65, 81, 146
  evolução e, 8-10
  reverência e, 177, 178
Maltrato infantil, 9, 72, 73, 138
Mandela, Nelson, 9, 75, 108, 117
  perdão e, 4, 143, 144, 153, 154
Marvell, Andrew, 99, 100
Marx, Karl, 17, 78, 136, 195, 202
Mecanismos de defesa, 161
Meditação, 6, 7, 51, 80, 148, 160, 172
  alegria e, 133, 175
  cérebro e, 27, 34, 37-39
  espiritualidade e, 6, 195
  reverência e, 174, 175, 181-184, 188

Menninger, Karl, 111, 112, 115
Mercador de Veneza, O (Shakespeare), 92
Meyer, Max, 20
Miles, C. Austin, 137
Miller, William, 185-188
Mitchell, Edgar, 186
Moll, Jorge, 164
Moralidade, 70, 98, 151, 172, 190
  cérebro e, 36-39
  evolução e, 10, 39-41, 50, 57, 61, 62, 64, 65, 166
Muçulmanos, 9, 82, 83, 123, 167, 206
  amor e, 90, 91
  compaixão e, 157, 158, 165
  evolução e, 48, 50, 56, 65
  perdão e, 142, 143, 149
  reverência e, 176, 177
Mudança quântica, 185-188
Muro de Berlim
  destruição do, 117, 118

N

Neurociência, 2, 6, 7, 13, 19, 20, 24, 25, 31, 41, 53, 55, 127, 132, 195
  amor e, 85, 89, 90, 93
  compaixão e, 161-163, 168
Neurônios espelhos, 38, 91, 146, 193
  compaixão e, 158, 159, 161, 165
Newberg, Andrew, 5, 6, 55, 182, 188, 195
  sobre perdão, 142, 148
Newton, John, 57, 58, 131
Niilismo, 69, 70
Noite dos reis, A (Shakespeare), 96
Noviça rebelde, A, 68, 69
Now the Green Blade Rises (Crum), 137

O

O'Neill, Ella Quinlan, 110, 111, 150, 202

O'Neill, Eugene, 16, 87, 162, 202
  esperança e, 106, 109-111
  perdão e, 150, 151
Ode à alegria (Schiller), 138
Olds, James, 30
Onze de setembro, 16, 17, 157, 158
Operações pós-formais, 65
Oração da paz de São Francisco
  (Becquerel), 1, 198
Organização das Nações Unidas, 51,
  54-56, 64, 190
Origem das espécies, A (Darwin), 41, 54
Origin of Consciousness in the
  Breakdown of the Bi-cameral
  Mind, The (Jaynes), 50
Otto, Rudolf, 84

P

Pahnke, Walter, 183, 184
Panksepp, Jaak, 7, 31
Paracelso, 162, 163
Pequeno príncipe, O (Saint-Exupéry),
  29, 71, 72
Perdão, 1, 3-5, 23, 29, 56, 66, 131,
  140-155
  alegria e, 135, 136, 151, 153
  amor e, 3, 91, 98, 140-142, 148, 149,
    151
  compaixão e, 140, 160, 162
  espiritualidade e, 4, 5, 142, 153, 191
  evolução e, 4, 8, 10, 140, 142, 143-145,
    153
  fé e, 73, 77, 148, 151
  futuro e, 140, 141, 145, 146, 148, 152,
    153
  grupos sociais e, 142, 144, 153
  ignorado na literatura psicológica,
    142
  memória e, 145, 150, 154
  o que não significa, 145, 146

questões para entender melhor,
  145-153
religião e, 3, 142-146, 190, 197
reverência e, 153, 185
vingança e, 5, 141-150, 152-154
Persas, Os (Ésquilo), 50, 51, 142, 160
Peterson, Christopher, 16
Piaget, Jean, 50, 61, 62, 64, 65, 158
Plano Marshall, 141, 142, 144, 145,
  147
Poemen, Abba, 73
Porter, Cole, 202
Post, Stephen, 169
Praga, A (Camus), 70, 71, 109, 170
Primeira Guerra Mundial, 10, 156
  perdão e, 140, 141, 146-149
Psicose, 38, 111, 210
  fé e, 14, 72-74, 81

Q

Quebrando o encanto (Dennett), 190
Quinton, David, 104

R

Religião, 17-21, 166-180, 206-212
  AA e, 200-203, 206-210
  alegria e, 11, 19, 123-128, 130, 131,
    134-137, 191
  amor e, 2, 19, 88-92, 99, 100, 103, 105,
    158, 159, 191, 192-193, 196, 197,
    210-212
  cérebro e, 19, 25, 28, 30, 43, 196
  ciência e, 34, 196, 197, 210
  compaixão e, 3, 19, 159-158, 160,
    165-168, 191, 193, 197, 210
  comunidade de, 64, 191, 193
  cura e, 13, 197, 202
  efeitos colaterais da, 205
  emoções positivas e, 2-6, 18-20, 23,
    24, 27, 28, 191, 195, 197, 210-212

Índice remissivo

esperança e, 106-113, 120, 121, 191, 197, 210, 211

espiritualidade e, 14, 17, 18, 169-176, 189-199, 200, 201, 206, 207, 209-211

evolução e, 8, 10-13, 14, 48-67, 191-193, 211, 212

fé e, 68-70, 73-83, 111, 112, 191, 196, 197 ,210

metáfora *vs.* dogma na, 196-199

perdão e, 3, 142-146, 191, 197, 198

reverência e, 172-174, 176-182, 185-188

Reverência, 7, 21, 67, 169-189, 209

alegria e, 123-125, 173, 175, 177, 180, 182, 184

amor e, 3, 96, 170, 175-177, 179-182, 185, 186

cérebro e, 169, 172, 176-183, 184-189, 211

crenças comunitárias em, 169, 170, 173-176, 184-186, 188

ELT e, 176-181, 183, 184

espiritualidade e, 5, 169-178, 181-190, 196, 197

evolução e, 47, 48, 52, 60, 63, 174, 181, 188

experiências de quase morte e, 179-181, 183

fé e, 70, 79, 80-84

iluminação voluntária e, 181-185, 188, 189

ligação entre sobrevivência e, 172-176

mudança quântica e, 185-189

perdão e, 153, 154, 186

Richter, Curt, 112, 118, 121

Rizzuto, Ana Maria, 59

Rodgers, Richard, 25, 68, 127

Rolland, Romain, 135

Romeu e Julieta (Shakespeare), 105

Rutter, Sir Michael, 104, 105

S

Sagan, Carl, 172

Saint-Exupéry, Antoine de, 30, 71

Santa Teresa de Ávila, 175

Santo Inácio de Loyola, 174, 175, 181

São João da Cruz, 74, 175, 180

São Paulo, 50, 66, 70, 81, 82, 85, 99, 113

Schiller, Friedrich von, 138

Schweitzer, Albert, 10-12, 40, 52, 92

espiritualidade e, 171

Scott, Robert, 117

Sedgwick, Adam, 41, 166

Segunda Guerra Mundial, 65, 113, 146, 193

perdão e, 141, 146-150

Seligman, Martin, 15, 112

Sexualidade, 35, 77, 125, 134, 157, 164

alegria e, 128, 129, 133, 137

amor e, 86, 93, 98, 101, 102

evolução e, 60, 61, 65

Shakespeare, William, 172

amor e, 92, 96, 105

Sharon, Ariel, 149, 150

Síndrome de Asperger, 22, 23, 96, 97

Síndrome de Down, 96

Sistema nervoso, 59

alegria e, 128, 134

emoções positivas e, 5, 6, 27

fé e, 77, 81

perdão e, 142, 146

Skinner, B. F., 22, 24, 27, 34, 193, 211

Smith, Robert, 207

Smith, Walter Chalmers, 84

Smith, Wilford Cantwell, 68

Sobell, Linda e Mark, 199

South pacific, 97, 102, 112, 127
Sperry, Roger, 25
Spinoza, Baruch, 27
Spiro, Howard, 120, 163
Storr, Anthony, 80, 182

T
Teilhard de Chardin, Pierre, vii, 55, 57, 58, 123
Terrorismo, 16-18, 24, 27, 63, 78, 82
    compaixão, 156-158
    perdão e, 142, 146, 147, 151
To his coy mistress (Marvell), 100
Todos os bons cristãos exultem e cantem (Alington), 125
Tolstoi, Leo, 103, 171, 191, 192, 195
Tomkins, Sylvan, 34, 135, 136
Tradição de fé, 69
Tratado de paz de Versalhes, 140, 141, 149
Traviata, La (Verdi), 135
Tutu, Desmond, 140

U
União Soviética, 167, 207
Unidade do conhecimento – consiliência, A (Wilson), 19

V
van Lommel, Pim, 180, 181, 183
Variedades da experiência religiosa, As (James), 24, 203, 207
Verdi, Giuseppe, 26, 135
Vícios, 9
    alegria e, 128, 136, 137, 139
    cérebro e, 36, 102, 128, 136, 137, 164, 165, 198
    esperança e, 109-111, 115, 118, 119
    perdão e, 146, 147, 149-152
    ver também Alcoólicos Anônimos
Visintainer, Madeline, 112
Visions of Compassion (Dalai Lama), 85

W
Warren, Rick, 156
West Side Story, 113
Whitman, Walt, 100
Wilson, Bill, 186, 203, 209
Wilson, David Sloan, 8, 190
Wilson, Edward O., 19, 211

Índice remissivo